The Good News About Bad Behavior:
Why Kids Are Less Disciplined
Than Ever And What To Do About It

不奖不罚

如何让难管的孩子拥有自控力

【美】凯瑟琳·雷诺兹·刘易斯
（Katherine Reynolds Lewis）／著
张越 ／ 译

上海社会科学院出版社
SHANGHAI ACADEMY OF SOCIAL SCIENCES PRESS

推荐语

凯瑟琳·雷诺兹·刘易斯为当代许多快节奏、高压力的家庭敲响了警钟:跟孩子建立联结、良好沟通并且给孩子发展自身能力的空间,实在迫在眉睫。这本书中引人入胜的故事和研究,在地雷密布的育儿之路上,不失为受欢迎的指南。

——南希·K.施罗斯伯格(美国教育委员会高级研究员)

如果你正在养育令人头大的难管的孩子,那本书是你的必读之书;如果你迫切想要教会孩子如何调控自身的行为,并最终得以依靠自己的力量获得成功,那么这本书也定能为你带来启发。

——朱莉·利思科特-海姆斯(畅销书《如何让孩子成年又成人》作者)

如果你讨厌使用关禁闭或是惩罚的手段来规约孩子的话,那么买到这本书算是恰逢其时。这本书揭示了你与其试着操控孩子,不如教导孩子们进行自我控制。

——亚当·格兰特(宾夕法尼亚大学沃顿商学院教授,与雪莉·桑德伯格合著《另一种选择》)

这是本机智而引人共鸣的书,专为21世纪的家长所写。别再把孩子当骡马,前面吊根胡萝卜来哄着走了,这种操控孩子行为的方式实在需要更新一下了。只要遵循书中富有智慧的指点,我们既可以帮孩子挖掘好好表现的内在动机,同时又能缔结持久的家庭联结。

——丹尼尔·H.平克(《纽约时报》畅销书《时机管理》和《驱动力》作者)

为了理解同理心与真挚的人际关联和积极行为结果间的关系,家长和老师们会需要这本书。它告诉我们,孩子如果缺乏自我管理能力和韧性,会带来一系列育儿困境;同时还有许多实用的建议,令我们知道如何为孩子的成长提供更好的教育环境。

——杰西卡·莱西(《纽约时报》畅销书《失败的礼物》作者)

童年历程和育儿模式在过去几十年间的变化之剧烈，已经演变到了如今众多孩子在控制自身方面都极其困难的地步。这就是凯瑟琳·雷诺兹·刘易斯在新书中所提出的主要观点。

——美国国家公共电台

作家刘易斯以秘密跟拍般的家庭实况记录和亲身经历的家长培训课程实例，并借鉴神经科学最新研究成果，为我们铺设了一条令人放心的育儿道路，她还告诉我们，让孩子帮忙洗洗衣服没什么坏处。

——《西雅图时报》

这本书所倡导的育儿模式允许孩子的童年出现乱七八糟的局面。由于当今的孩子们手握着科技与社交媒体，他们玩耍的方式已经彻底改变。而相较于家庭和谐，社会文化更侧重于个人成功。作者认为我们不能再依赖诸如关禁闭之类的陈旧规约模式了。

——旧金山公共广播电台

刘易斯提出，与其依靠一时的惩罚，家长还不如跟孩子们共同讨论，并界定清楚如果破坏了规矩，要面临怎样的后果。

——《华盛顿人》

这是一本颇有见地的新书，作者认为：做家务可以培养孩子的能力、帮助他们提升独立性和主人翁意识、与家人建立联结，并帮助孩子们长成有能力的大人。

——《旧金山纪事报》

刘易斯看到当今的孩子们在自我管理方面面临着怎样的危机，因此针对这些危机写了这本书。她也同时解释了，自我管理能力不足导致当今时代有半数的孩子，长到18岁的时候会出现情绪或行为失调和物质滥用的问题。

——美国有线电视新闻网络

作为记者兼家长培训课程的指导师，刘易斯详实记录了各个年龄段的儿童所共同面临的危机……并且提出了许多具有操作性的建议……这本书适合公共图书馆购入，以便充实育儿类书籍的藏书量。

——《旧金山纪事报》

作 - 者 - 简 - 介

凯瑟琳·雷诺兹·刘易斯（Katherine Reynolds Lewis）是一位屡获殊荣的记者，并持有家庭培育师资质证书。毕业于哈佛大学物理系，曾任纽豪斯新闻社和彭博新闻社的全美通讯记者。长期为《大西洋报》《财富》《美国今日》《华盛顿邮报》《职业母亲》《彭博商业周刊》《纽约时报》等报刊撰稿。她的调研和写作曾得到诸如凯瑞全球善行中心、美国新闻基金会、波因特研究所和马里兰大学凯西新闻中心等机构的资助。如今与丈夫及三个孩子在华盛顿定居。

欲了解作者更多信息，请登录网站www.KatherineRLewis.com。

目录 CATALOG

PART 1　今天的孩子面临着自控力危机　|　001

孩子问题的根源往往都在家长身上，我们可能说得太多、可能用的方法不得当，也有可能总是试图控制自己的孩子。

① 孩子越来越难管，聪明爸妈怎么办？　|　003
② 不听话会传染　|　010
③ "熊孩子"与大脑发育有关？！　|　039
④ 老一套的育儿方法该淘汰了　|　060

PART 2　培养孩子自控力的关键步骤　|　089

传统的奖励或惩罚手段不利于孩子自我管理意识的建立，而自我管理却是在学习、工作以及人生更广阔的范围内走向成功的关键。我们的目标应该是培养一段强韧而健康的亲子关系，把你变成为孩子提供资源的人，而不再是他们前进的障碍。

⑤ 用"学徒型"养育模式代替"命令—服从"模式　|　091
⑥ 真诚联结：缔造强健亲子关系的第一要素　|　116
⑦ 积极沟通：不包办、少命令，共情式聆听　|　145
⑧ 提升自我管理能力：让孩子学会解决问题　|　176
⑨ 确立界限，才能规约行为　|　204

PART 3 "学徒型"养育模式的实用技巧与建议　　|　235

养育孩子都是有相似性的,孩子需要在你有爱的指引下,在生活中进行长期学习,这期间是没有捷径的。我们的任务就是孩子取得胜利的时候为他们欢呼,在他们跌倒的时候把他们托住。同时为孩子祈祷他们能够迎来强劲的离岸风,让他们加速向自己的目标前进。

- ⑩　放弃做完美父母,但要努力成为孩子的榜样　　237
- ⑪　持久改变:建立育儿支持网络　　260

邀请你的孩子一起来做家务吧: 2–18 岁分年龄段适合家务清单　|　283
精华知识要点以及延伸资讯　|　286
鸣谢　|　290
参考文献　|　293

所有父母都想教孩子如何成为负责任的成年人，但有时你只想找到一种让他们按时上床睡觉的方法。经检验，"学徒型养育模式"可以同时做到这两件事。

PART 1
今天的孩子面临着自控力危机

//////

孩子问题的根源往往都在家长身上，
我们可能说得太多、可能用的方法不得当，
也有可能总是试图控制自己的孩子。

1

孩子越来越难管，
聪明爸妈怎么办？

卡米拉·卡伦感觉最近几个晚上饱受折磨，就好像陷在没完没了的打地鼠游戏里面一样。

她躺在床上看书，尽量不去管那些砰砰砰的闷声。随后，她听到房门忽然被推开。她抬起眼，透过半开的房门看到一个小小的身影冲出房间，穿过走廊往楼上跑去。

是玛丽安娜，大概是要去阁楼玩具室拿玩具吧。

卡米拉看了看表。晚上十点。她叹了口气。

她究竟几点能睡觉呢？这样下去，她还能撑几个晚上？

玛丽安娜7岁，她弟弟亚历杭德罗4岁，两个孩子已连续好几天"在入睡时间开派对"了，这是他们的原话。两个小家伙好像在公然造反，而41岁的卡米拉一直镇压未果，终于放弃了。她跟丈夫——42岁的科林竭尽全力，想要让孩子们晚上能安生下来。他们播放轻音乐，躺在孩子身边，威逼利诱，好说歹说，但都没什么持续性的效果。

两口子严重缺觉，人也暴躁起来，关于怎么哄睡吵了好几次，却没得出什么结论。两个人灰心丧气地决定一个星期内都不再唠叨孩子，也不再对他们连哄带吓、软硬兼施，看看会有什么后果。

本该睡觉的时间，家里却变得一团糟。玛丽安娜和亚历杭德罗总能一边激怒对方，一边疯狂大笑，跑上跑下。疯闹半夜之后，第二天的行动就越来越晚、越来越迟缓。孩子们在华盛顿特区的一所公立特许学校上学，已经有两次严重迟到的纪录了。孩子们玩得太累，实在没有办法按时出门。

卡米拉觉得很绝望。她想给两个孩子分房睡，亚历杭德罗相对来说更容易哄睡，他总比姐姐先说自己不想再参加派对了，然后就爬到床上去睡了。但是玛丽安娜有时候可以一直玩到晚上十一点，要么玩玩具，要么盖房子，要么就在屋子里面跳舞。那是2015年的秋天，开学季就要到了，全家人头上都笼罩着一片阴影。

如果两个孩子睡一个房间，卡米拉实在没办法把他们同时哄睡。她给一个孩子送上晚安吻的时候，另一个孩子总是跳下床去——要么去端水，要么去拿毛绒玩具，再不然就有什么其他理由。

"我累死了，"在电话采访里卡米拉向我诉苦，"我什么都做不了，因为所有精力都花在哄孩子睡觉上面了。"

//////

本书中卡伦家这种情况的例子屡见不鲜。实际上，这种情况太常见了，人们早已司空见惯。孩子们似乎越来越难控制自己的行为，或者是越来越不能调适自己的情绪，于是家长们拿孩子们也越来越没办法。官方数据也证实了这一点。美国精神卫生研究所经过广泛研究表示，18岁以下的孩子，每两个当中就有一个会有情绪、行为失调或是药物、烟酒依赖的问题。第2章会有更加详尽的研究数据，从中我们可以看出这的确可以反映儿童成长的变化倾向，而绝不仅仅是由就诊人数增加而导致的误判。

所以，如果你走到哪里都能看见捣乱、没规矩的"熊孩子"，那还真不是你的幻觉。如今的孩子们跟以前大不相同了，他们的自制力的确更差了。

简单来说，我们面对的是自律的问题。

希望本书中的前沿研究以及真实案例能够扭转你对于纪律的看法，并从例子中学到应该怎么做，不应该怎样做。最终你会看到卡伦一家是怎样通过坚持正确方法，克服孩子晚睡的问题。他们吸收了本书的精华，并将之付诸实践之后，哄睡时间反而成了全家人固定的宁静时刻。

本书的基本观点是，如果家长严格管教孩子的不良行为，反而会破坏孩子的一些性格特质，而这些特质正是孩子们能够成长为自律高效的社会成员的关键。如果孩子表现好了就奖励，表现不好就惩罚、禁足，短期来看也许有用。本书将会展示这些奖惩措施的弊端，因为它们不利于孩子自我管理意识的建立，而自我管理正是在学习、工作以及人生更广阔的范围内走向成功的关键。

家长想要将孩子们的调皮一网打尽，是完全可以理解的。但是我们要抑制这种冲动，因为这样做会适得其反。

相反，你应该留心孩子的所作所为。把这些行为当作线索，去解开那些只有在孩子配合的情况下才能解开的谜团。同时，借机帮助孩子培养一项重要的技能。孩子们要学会骑自行车、系鞋带或者做数学题都是需要练习的。殊不知，学会控制自身行为也一样，要经过不断的尝试和一次次失败才能掌握要领。

如果孩子因为没办法自己骑车骑到一定位置再折回来就被罚站的话，也太荒谬了。就是这么回事。首先，罚站完全没有用处，因为它对于提升平衡感和协调力都没有帮助。其次，这样一来反而令孩子失去了极富建设性的学习机会。因此，当你把惩罚的机会成本考虑进去时，就会发现传统的方法不仅不起作用，还会让你偏离你的教育目标。

还有其他的办法可以选择。越来越多的家长、教育从业者和心理学家践行了新型规约模式，这些模式有相关研究作为支撑，拥有三条共同脉络，即联系、沟通和能力。这种新型模式给鸡飞狗跳的家庭带来了久违的宁静，让调皮捣蛋的孩子养成自控力，甚至改善了个别孩子的注意力问题和焦虑障碍。

本书将为您揭秘这项变革中的新模式，让闹腾的孩子们意识到自己的身体和行为模式中蕴藏着巨大的能量，足以令他们掌控自己的未来。第一部分包含第 1 至第 4 章，讲述我们为什么面临自控力危机，并给出支持这一论断的科学发现。第二部分包含第 5 至第 9 章，描述成功培养自控力的三个关键步骤，并向读者介绍四个经过我反复钻研的案例，看看这些家长是怎样引导孩子走向自我管理的。第三部分第 10 和第 11 章是结论，为读者提出践行上述技巧以及有效改变旧有行为习惯的实用建议。

书中所揭示的内容有可能会令你吃惊。你会发现，社交媒体以及家庭活动安排是如何对孩子自我管理能力养成造成负面影响的。你会发现，父母花在跟学龄儿童相处的时间，其实跟孩子的行为和成绩完全无关。你也会了解到，之所以有的人能够营造出和谐的家庭氛围，是因为他们把自己的家当成了学习实验营，而不是求全责备、苛求事事完美。

读完本书之后，希望你再面对孩子言行无状时，不会警铃大作，反而流露出满心期望。与其把孩子调皮捣蛋当成问题，不如以平常心对待：因为调皮捣蛋非但是现代孩子成长的必由之路，而且，这还是个好机会，令你得以把本书中的方法付诸实践。

//////

我第二个孩子是在 2009 年进幼儿园的，从那个时候开始我就很疑惑，想要探究现代的孩子是如何看待纪律的。

那是在初秋，天气还暖和，我志愿帮助幼儿园维护课间秩序。我站在柏油路边，看到几个年纪大一些的男孩玩得很疯，把儿童足球踢得满操场乱飞，差点就撞到旁边一群正在做游戏的小朋友了。我警告他们，不要在弟弟妹妹身边踢球。他们停下来，抬起眼睛看着我。我又走近几步，一边看着他们的眼睛，一边重复了一遍刚刚的要求。

他们压根就没理我，照样玩得又疯又野。

我成长在纽约州北部，现在居住在华盛顿特区的马里兰城郊，这两处都是典型的中产阶级社区，祥和安宁、郁郁葱葱。我小时候，在学校操场上玩耍的孩子肯定不会无视大人的警告。当我跟其他家长交流这一点体会的时候，大家都深有同感。比如说，在社区游泳池游泳的时候，孩子们不听救生员的指挥；幼儿园新生坐不住，手总是四处乱摸。现在的孩子跟以前的孩子差异越来越大，而我们却仍然后知后觉。虽然，探究孩子们为什么会发生这样的变化也很有趣，但是我当下更迫切地需要知道自己应该怎么办，要怎样才能让这些男孩子安全地踢球？我显然需要一种新的规约方式，用一种我的父母和老师都没有用过的方式立规矩。

在我和我先生教养孩子们的时候，同样的问题也出现了。我小时候是个典型的乖孩子，渴望在学校里能够出类拔萃，以此来讨大人们的欢心，还常常待在卧室里面静静读书。我的大女儿萨曼莎现在已经25岁了，性格跟我很相似。但另外两个小一些的孩子简直就像是外星人，跟我本人天差地别。那两个小家伙天生外向，吵吵闹闹地冲进房间，自控力比小狗崽强不到哪儿去。如果他们只是两三岁，吃饭时动来动去也是可以理解的。可是直到八九岁，他们吃饭还是坐不了几分钟——要么从座位上蹦起来跟我们家狗玩，要么跑到我身边来要抱抱。

小女儿3岁半以后，我的育儿日志里就写满了挫败的经历。她要么洗完澡不穿衣服，要么不刷牙，要么不按时上床睡觉，甚至不肯穿鞋出门上学。我家老二现在14岁了，经常直截了当地拒绝参加教会学校的学习，其他安排好了的活动也不出席。我先生小时候也是精力旺盛又有主意，但是他妈妈只要扬一扬手，或者瞪一瞪眼，他就会乖乖听话。有些评论家认为现在的家长对孩子越来越心慈手软，要想对付"熊孩子"，就该态度强硬起来，要确保家长的权威。不过在我看来，使用高压政策来约束孩子从来都站不住脚。本书稍后会解释为什么这种策略尤其不适用于教养现在的小孩。

刚开始，遇上孩子不听话的时候，我会把家庭教育书里的各种方法搬出来，从罚站、数三个数到贴小红花，结果统统不管用，他们还是自行其是。尝试新招的时候可能让孩子们消停一阵，但是没多久又会有新问题出现。有一段时间我特别煎熬，因为每天晚上睡觉的时候，不是我哭，就是孩子哭。

作为母亲，我需要更好的办法，既能让我尊重并维护孩子的个体性，又能防止家庭生活陷入彻底的混乱。做了 20 多年的记者，我在收集信息、分析问题方面有长足的经验，我急于找出原因，看看为什么有这么多家长因为孩子不听话而疲于奔命。周围常见的教养方式都没有多大借鉴意义。无论是高压式的虎爸虎妈，还是对孩子娇生惯养的家长，都没办法把孩子培养成有能力、有自信的人。虽然时间分配相关的研究表明，现代社会以来，我们这一代是为孩子花费时间和精力最多的父母。但我很疑惑，为什么现在教养孩子变得如此艰难。

我重拾在哈佛读物理学本科时的功夫，带着批判的眼光翻阅了数以百计的科研文献，想要看看最新的研究对于这个涉及面甚广的社会问题有什么发现。我开始采访家长和教育工作者，探寻有效的教养方式。随后，2015 年 7 月，《琼斯母亲》杂志发表了我的第一批报告，主题是给孩子立规矩的新技巧，"琼斯母亲"网站全文刊载了这篇报告，几天之内获得了 400 万阅读、79 万脸书分享、6000 封推特转载以及 980 条评论。

这让我很吃惊，似乎我的文章正好切中了社会文化的痛点，我意识到千百万人都面临着同样的恐惧、同样的问题，同样渴望着答案。世界各地的家长和老师反馈说，我的那篇报道改变了他们跟孩子相处的模式。这篇文章还进入了学术会议和大学课程，并引发了瑞典和德国方面的注意。

这些反馈给了我极大的鼓舞。我将探索范围扩大到全国，追踪访问 10 个州的家庭与教师。我走访了佛蒙特州的一些家庭，那里的孩子高高兴兴地承担着家务。在缅因州，我了解到一种新型教养模式，家里、学校里、精神科诊疗室里乃至少管所里，孩子们违反纪律的比例下降了七成以上。我跟最顶尖的神经学家学习大脑功能的相关知识，配合他们做了个实验，用核磁共振仪器测试我跟我女儿的联结程度；我在圣菲观摩冥想师引导焦虑的孩子；我到过巴尔的摩和哥伦布市中心平民区的学校，见证最吵闹的孩子是怎样一听到口琴的声音，就瞬间安静下来。

青少年焦虑症、抑郁症、行为失调以及滥用药物的比例不断攀升，而我找到了这类现象背后的故事。在我越来越相信现在的小孩就是不比从前，无法控制自己的行为、想法和情感的同时，我不断寻访专家来扭转这个认知。我的足迹遍布得克萨斯、威斯康星和马萨诸塞各州，跟数十位父母、教育工作者和心理学家面谈，还见到许多来自各行各业、关心孩子成长的人们。我参加了家庭教育课程，在自己的孩子身上实验课堂上学来的知识，最终取得了家庭教育指导师资格。

采访了一个又一个家长，他们都想为孩子提供最好的一切，大家最关心的问题是：怎样才能让孩子听话呢？我花了 5 年的时间反复调研，不无悲哀地发现，我们关注的焦点有问题。我们应该关注的是：为什么孩子们不听我们的话？

下一章里将详细论述这个问题。

2

不听话会传染

2003年冬天，寒风料峭，两位俄罗斯心理学家——埃琳娜·斯米尔诺娃和奥尔加·古德瑞娃一同踏入莫斯科的一家幼儿园。问候过老师之后，她们走到幼儿园的游乐区。随后，她们开始进行一项简单的实验。她们把孩子一个一个拉到旁边，然后跟小朋友说要站得笔直，并计时看他们能坚持多久。之后，心理学家请孩子们进行角色扮演，演一个护卫宫殿的哨兵，并再度进行计时。

这个研究是对俄罗斯心理学家马努伊连科1948年那场著名实验的复制，即验证孩子们是否在游戏时更有自制力。几个月的时间里，斯米尔诺娃和古德瑞娃一直在孩子们当中重复进行这项实验，同时观察孩子们自由地玩耍。回到实验室之后，她们开始拆分数据，从4岁到7岁按照年龄分组。她们发现自己的实验结果跟马内勒科的相吻合——无论在哪个年龄组别里，孩子们在角色扮演的时候静静站着的时间都更长。

不过她们的第二项发现更有趣：她们所调研的对象不如1948年实验当中的孩子成熟，或者说他们的玩耍习惯更幼稚一些。比如说，只有几个孩子在玩过家家，跟同学一起演出他们自己想象的剧目——而这在60年前却是很普遍的。斯米尔诺娃在邮件访谈之中告诉我："当今大部分学龄前儿童的舞台表演能力相对不成熟。"作为莫斯科国立大学玩具与游戏中心的负责人,她对舞台表演很了解,还写了20多本书,包括一本儿童心理学方面的教材。

实验的第三项发现引起了额外的注意,现在孩子们的自控力与55年前相比大幅度下滑。扮作哨兵的时候,四五岁的孩子所能维持不动的时间仅仅是1948年同龄孩子的三分之一。而六七岁的孩子现在平均能够静站3分钟,可是20世纪40年代的同龄孩子却可以平均保持12分钟。

这也就是说,"冷战"早期一二年级的小学生能够站直不动的时间是现代孩子的4倍。

也许为孩子们的游戏方式担心是杞人忧天。难道当代儿童没有更迫切的问题需要解决吗?

但是玩耍并不是小事。数十年来,儿童发展研究专家反复验证过,玩耍是孩子成长的重要基石,能够帮助他们发展抽象思维、自我控制、社交合作以及其他重要技能。比如说,玩过家家的时候,孩子们脑子里的念头已经不仅仅局限在眼前具体的事物上,如果一个孩子拿起一把带叉的棍子,嚷嚷说自己拿了一把枪,"砰砰砰!你死了!"这时候孩子的思维模式就转变成抽象的了。

游戏还能帮孩子培养自我管理能力。无论是出于游戏本身的乐趣还是为了让游戏持续下去的社交压力,孩子们都会更有控制自身行为的动力。如果哪个孩子对别人生拉硬拽,同伴可能就不跟这个孩子玩了,或者会出手反击。这种反应为喜欢搞破坏的孩子提供了强有力的理由,去压制体内捣乱的冲动,这种动力比任何一个大人干涉都有用。通过在游戏中锻炼自我控制,生活中其他方面的自我管理能力也能得到提升。

正是基于这些原因,在2003年的幼儿园实验里观察到的变化引发了斯米尔诺娃极大的忧虑。在美国,研究者也同样发现了孩子自我管理能力下降的问题。

琼·特文格是在20世纪90年代开始关注代际心理变化问题的，那时候她在密歇根大学读硕士研究生，研究方向是"当代人是否在情感心理上比前几代更优越"。特文格小时候是个假小子，于是她从性别角色开始着手，发现这方面的变化特别大，而且处在持续变化中。她开始对女性的心理疾病感兴趣。有一天，她到苏珊·诺伦·霍克西玛的办公室里聊论文的选题。霍克西玛建议她关注抑郁症代际变化的问题。

特文格回忆起当时的情景说："我记得她从抽屉里拿出一沓文章说：'这些论文都是抑郁症不断攀升的有力论证'。"随后她就把研究方向定在焦虑和神经过敏症这两个问题上。"当然啦，我也注意到这一点。"她发表论文，论证了1993年的大学生和儿童表现为焦虑和神经过敏症的人数较1952年有了显著攀升。

不过，这会不会是因为当代医生对于焦虑症和抑郁症等心理疾病的认识更全面、更深入，而且筛查和诊断得更精准了？

特文格要先验证自己的结果是真实的。为了达到这一目的，她研读了20世纪80年代690万高中生与大学生的调查问卷，并与20年后的数据进行对比。问卷内容分为4个主题，分别是强迫症、抑郁症、焦虑症和注意力缺失症。由于她关注的焦点是病症而非患病率，所以结论不受诊疗实践差别与诊断意识提升的影响。

调查结果令她很忧心——抑郁症和注意力缺失病症在20年间急剧增加。比如说，2012到2014年间无法入睡和无法清晰思考的青少年比1982到1984年间上升了3倍。她发现大学生的叛逆性也在稳步提升。特文格目前已经是圣地亚哥州立大学的心理学教授，她收集到了越来越多的资料，表明我们的文化产生了急剧的变化，因而当今时代的年轻人变得比三四十年之前更加焦虑、抑郁、神经质和自恋。

为什么会出现这样的社会转变呢？原因并不确定，但是特文格提出了不少具有说服力的理论。

"没办法证明导致这种变化的究竟是什么原因,甚至没办法证明这个变化真的其来有自。毕竟谁也不能随意穿越时空,让受访对象到另外一个年代重新活一遍。"她说,"我们知道把焦点放在金钱、名声或者外表上,跟焦虑和抑郁有关系。"

大众媒体、真人秀和名人文化越来越无孔不入,而与此同时抑郁症和焦虑症的发病率也在不断攀升。这些文化影响都令年轻人在探索目标与愿望的时候越来越关注外在,而相对忽略向内挖掘,更少问自己诸如"我是谁""什么事情会令我充满激情""什么事情令我充满好奇心和求知欲"之类的问题。那些更关注外在的人,也就是心理术语中所谓"外在动机行为型"的人,幸福感和生活满意度相对比较低。最好能成为"内在动机行为型",跟随自己内心的方向和兴趣行事。

近年来,社交媒体的出现似乎很有可能是心理疾病攀升的罪魁祸首,因为有研究表明,电子媒体使用越频繁,社会关系就会越疏离,而且同理心也会钝化。另一项实验表明,小学高年级学生参加户外训练营,仅仅5天不用电子设备,就在情商测试中取得了更好的成绩。众多研究均表明,人们在脸书和照片墙等社交媒体上花的时间越多,就越容易感到抑郁。

//////

西莉亚·杜兰特时年47岁,满头金色鬈发,用南方口音慢吞吞地描述她的困惑,因为她实在搞不懂女儿的交际圈和对社交媒体的依赖。她们全家住在达拉斯高级社区,她和丈夫是再婚家庭,除了夫妻俩之外,家里还有她自己的3个孩子——老大卡娅16岁、老二亚历克斯14岁、老幺奥利维亚12岁;丈夫的3个孩子——老大伦敦14岁、老二瓦奥莱特12岁、老幺爱迪生10岁,他们会在休斯敦的妈妈家以及达拉斯的爸爸家之间交替居住。因此,她对网瘾少年的观察是全方位的。在一个春光明媚的日子,杜兰特下班之后,我跟她一起回到家。

我们一起走过她家的私人车道，步入由工匠手工打造的五居室别墅，她们家周围草木葱郁，还附带私人游泳池。

"两个大点的女儿还挺受欢迎的，因此也变得更焦虑——她们如果没带手机，就特别慌，害怕自己错过了什么活动。"杜兰特解释道，并不是说卡娅和伦敦到了需要看心理医生治疗焦虑症的程度，"我是个放养型的妈妈，心态很开放，我们家的孩子大部分都自行其是，我从来不需要督促他们做作业，家庭环境没多大压力。所以我真的觉得这跟社交媒体有很大关系。她们一天到晚在网上聊天，从不停歇，所以有这方面的社会压力。"

上一个春假期间，杜兰特的女儿们发现自己的朋友都一边在欧洲度假，一边在阅后即焚上发动态，但是发的内容却不是欧洲的风景。这是在社交媒体的时代浪潮下，青春期孩子特有的社交方式——这些出国旅行的姑娘把自己的账号交给朋友打理，请朋友每天都发一张照片，让自己所有的联系人都能看到。这样一来，即便远在海外度假，也不会中断打卡。阅后即焚有个新功能，两个朋友连续三天互相推送内容给对方的话，就会出现打卡图标。如果中断了，这个图标就不见了。

杜兰特引见我跟卡娅、奥利维亚、伦敦，还有伦敦的朋友德沃拉认识——德沃拉临时来达拉斯过周末。三只鬈毛狮子狗在我们脚边汪汪叫，很是兴奋。隔着玻璃门，杜兰特把家养的母鸡一一指给我看——玛丽莲、罗西，还有埃莉诺，全都是以知名女性命名的。还有一只名叫碧昂斯的母鸡刚刚去世了。我跟两个大点的女孩一起走向厨房，在一张结实的10人木桌边坐下来。

在她们阅后即焚的账户上，我看到一长串用户名，许多用户名旁边都有数字，数字边上是一个火焰图标。这个数字标示的就是这名联系人连续多少天跟你当前的账号互相推送过信息。

"一旦你开始打卡，即便打卡的对象是学校里某个不太熟的同学，那你也要每天都登录，点击对方的页面。她们账户上可能有好几百个联系人。一人点一遍的话，不就跟上班一样嘛。"杜兰特评价道。

但是女孩儿们似乎并没有觉得这是个负担。卡娅给我看阅后即焚上面的内容，能看到她朋友的"故事轨迹"，包括朋友最近发的视频和照片。屏幕被一分为二，一部分是卡娅看过的，另一部分是未读的。卡娅选中了未读的十几个内容。

"基本上是这样的，你点击这些未读的信息，选中的意思就是说你要把这些内容连续看了。然后账户就开始连续播放，你点一个看一个，直到看完为止。"播放开始了，她一边解释，一边迅速点击那些未读的信息，把未读的提前。视频和照片设定播放的时间是5秒钟，根本来不及仔细看，内容就会消失。

"我不喜欢看这几个人发的东西，我对他们不感兴趣。我得取关他们了。"她说，"基本上你只要点击然后看内容就行，或者也可以像我这样，只点不看。"

我看着屏幕上快速更迭的人脸和页面，然后看到一大片肉。"那照片里的人是没穿上衣吗？"我问道。

"那是个健身达人，总是在宣扬健身套路。"卡娅说。她点开主页，里面是一个修长的年轻女子，穿着运动上衣和紧身裤，倚在休闲椅上。"她特别烦人。一直在炫耀自己的身材。"

"那你为什么不取关呢？"杜兰特问道。

"我得先解除好友关系，但是总忘记。"卡娅说，并进一步解释道。她的阅后即焚账户上有四成的好友，都是她关注了但不认识的人，诸如金·卡戴珊那样的名人，或者是像这位女士一样的网红。

我开始看伦敦的手机。屏幕有点碎了。她也一直点击屏幕，阅后即焚账户上的好友名字序列跟卡娅大致类似，伦敦点击速度极快，点击好友的视频或图片信息的架势就跟电报员一样训练有素。"我懒得回复别人，所以就全选、全打开。"她解释道。

不过有一张照片引起了她的注意，里面是一对少年少女在接吻。她迅速打开摄像头，拍了一张自拍，然后在图片下方打了一行字："啊呀，好可爱的小情侣。"

然后她删掉这行，重新打了一行字："啊呀，大家都很可爱。"发送。

为什么为了这张照片停下来呢？因为那是照片里的男孩私下发给她的，男生知道她是自己女朋友的好友，所以想给她看看两个人的自拍合影。

随后我们把话题转向了照片墙。伦敦玩照片墙的时间比其他社交媒体还要多一些，要么是浏览别人的主页，要么是看美食视频。卡娅喜欢看萌宠视频。他们都会通过搜索功能来寻找更多相关内容的博主，也就是那些跟她们已经关注的博主风格类似的账号。

"看这些很浪费时间，但我真的很喜欢看美食视频。"伦敦说，"就好像自己亲自品尝了一样，不过实际上食物又没有到你嘴里。这感觉，很疯狂。"

我问了问各个社交媒体的不同使用规则。她们在照片墙上顶多一周发一次，而且只发自己特别美的照片，也就是说要妆发齐全、准备出去玩的时候才拍照发图。我去的那天，卡娅和伦敦都穿着T恤衫和短裤，纯素颜，卡娅放学以后刚洗了个澡，湿湿的头发是披散的大波浪，垂在肩膀上。

我去之前跟她通过电话，她们还提到不少青少年有"皂片墙"账号，也就是假的照片墙账号，也是他们背着父母使用的小号。在小号上面，他们发的照片更性感，也会讨论派对甚至毒品的问题。

伦敦的拇指是斜着划屏幕的，上下翻飞、速度快得我根本跟不上，就像个赌场的发牌手。我问她，社交媒体是不是会影响她们的自我评价。

"我觉得如果你关注了好多名人，看到他们的照片之后肯定会免不了跟自己做比较。"卡娅说,"这些照片遍地都是,总是在你眼前晃来晃去。但是现实生活中,只有一成像明星的生活那么璀璨,可是如果这些照片总是无孔不入地出现在你眼前,那你就可能会对现实生活的判断产生偏差。"

"因为照片墙,我有了一些不好的毛病,"伦敦说,"你可能本来觉得自己挺漂亮的,然后看了一张照片,就改变了想法,觉得自己什么都不是。"

"那你为什么一直看这些内容呢?"杜兰特问道。

"总是免不了要看到的。"卡娅说,她的音调拔高了,"你干吗打断我们说话啊?"

"对不起,我只是很好奇。"

"看不看根本由不得自己。这些信息就在那儿,时时刻刻都在你身边。就算不关注,也会看到的。"卡娅说。

"就是,早晚都会看到的,所以没什么分别。"伦敦也附和道。

奥利维亚从走廊那边走过来,头发烫过了,脸上也化好了妆。上身穿着蓝色蕾丝衬衫,下身是白色过膝裤。她在等人来接,去参加朋友的生日聚会。在等车的时候,她一屁股坐到餐桌旁边,抱着狗狗玩。她全神贯注地听着姐姐们说话。

谈话速度越来越快。4个姑娘听和说的转换速率就跟她们划手机一样快。我的目光从一个女孩脸上闪到另一个女孩脸上,快得就像昆汀·塔伦蒂诺电影的剪辑一样。

奥利维亚上七年级,她同龄的同学中有人会通过阅后即焚发送裸照。她们所在的这个社区里,有个16岁的男孩被起诉,罪名是"传播未成年人淫秽影像",因为他把朋友的性爱视频发在了网上。卡娅认识一个男孩,因为发送色情信息的问题,不得不转学。伦敦知道一个姑娘把自己的裸照发给了某个男生,结果却被男生的妈妈看到了。德沃拉也认识一个女孩,通过彩信发自己的裸照给男孩,被男孩的妈妈发现了。妈妈还强令儿子跟那个女孩分手。

女孩子们说，是男生想看裸照的，不是女生自己要发的。男生可能偶尔会发裸照，连奥利维亚也这么认为。女孩们还评价道，如果没有男生要求，女孩就主动发裸照的话，那也太可悲、太蠢了。她们都觉得做出这些事的孩子们太蠢了，蠢得让人吃惊，同时也表达了一定的同情。她们表示，自己是肯定不会发裸照给别人看的。

"有很多奇奇怪怪的事情发生。世道变得很快。"伦敦说，"我们上六年级的时候，可没人干出那样的蠢事。但是我们七年级的时候，低一级的孩子就已经很夸张了。"

"至于在高中里面，人人都发裸照，所以大家并不会特别讨论这件事。但是如果一男一女都没有在约会，女生就主动发裸照给对方看的话，大家才会讨论。"卡娅说道，"男生也变聪明了，不会轻易把裸照转发给别人看，因为他们知道这样做的后果。"

"在休斯敦可不是这样的。男生变得越来越过分了。男生有好多群组，里面聊天的内容没别的，基本上就是他们互相发女生的裸照。"伦敦说，"男生实在太喜欢勉强女生了。我有个朋友实在拗不过男生的软磨硬泡，不得已才发了裸照。她还很年轻呢，所以就——这样也太过了。"

别人发言的时候，听着的姑娘们就会趁机看两眼手机，德沃拉还吐出舌头拍了张鬼脸自拍，发了出去。大家聊了一会儿达拉斯和休斯敦的男生有什么差异，然后我问起她们所用的社交媒体近年来呈现出什么演变轨迹。

"十几岁的女孩应该都会在社交媒体上发自己好看的照片，高中里面的肯定不用说了。从六年级，就有明显变化了。六年级以前还是挺单纯的，"卡娅说，"那个时候你只会觉得，这张照片挺好的，我要发出去让大家都能看到，都来品评一下。"

伦敦跟大家说了说，她是怎样挑选发到照片墙上的内容的：照片一定要高清，背景要美，配文要机智、有趣，甚至是直白。"越多人点赞我越开心，所以不会随便发无关的内容。我想要得到大家正面的评价。"她说。

女孩们还给我解读了潜规则：不能随便发普通的照片；只发自拍，不发花卉或景色；比基尼照片可以发，但是只能发正面照（不过这些女孩都没发过比基尼照）；不要发奇奇怪怪或者长篇大论的配文；如果合照的男生不是自己的男朋友，那就不要发出来，否则别人就会认为你们是在宣告情侣关系；发的内容要积极；如果你为了推掉某个邀约撒了谎，那就不要一直在社交媒体上发消息，不要自己戳穿自己的托词；给朋友发生日祝贺消息要用推特。

至于小伙子们，他们只会发三种内容。伦敦分析道："跟朋友一起玩的照片，大合照。男生特别喜欢发大合照。有时候会发自己捕到鱼的照片，毕竟我们住在南部，靠海，周围的男生不外乎就是这种类型。有时候也会发跟家人的合照。男生不会发自己的单人照。"

社交媒体从初中生展现单纯好奇的所在，逐渐演变成大孩子们探寻自我的平台。"小时候，用社交媒体只不过是因为大家都在用，你很好奇。但是长大以后，那就变成了你的主页，你想要在上面展示自己的'人设'。上高中以后，经常拿自己跟别人比较，常常看别人发布的内容。一开始很有趣，但是后来就越来越有竞争的意味。跟别人攀比反而成了主要内容。"卡娅说，"我觉得，社交媒体肯定给很多人带来了焦虑还有抑郁感，尤其是你只盯着模特们看的话。我觉得社交媒体跟心理问题之间是有必然关联的。"

//////

相关调查也印证了卡娅的论断。密歇根大学的心理学家伊森·克罗斯通过实验发现，大学生使用社交媒体越频繁，就越容易感到孤单、焦虑和难过。此外，社交媒体重度依赖者对于自己生活的总体满意度更低。

心理学家认为之所以出现这样的情况,是因为"社交比较"现象。我们本能地把自己跟周围的人相比,以此验证自己过得好不好。社交媒体不但为了我们提供了更广泛的对比人群,而且还呈现出一种扭曲的假象。大多数时候,人们在社交媒体上都会展现出积极的一面,看起来很美啦,在度假啦,很开心啦之类的,所以比较起来,大家很容易觉得自己不如别人。因为孩子们的大脑还处在发育阶段,社交比较对他们的影响比对大人的影响大。进一步研究表明,被动使用社交媒体比主动使用社交媒体对心理健康的伤害更大,也就是说懒懒地刷评论比计划好、主动登录脸书发布信息或是找某个人的危害大。

克罗斯的研究团队想要验证,他们是不是仅仅关注了已经有抑郁症先兆的患者跟重度社交媒体依赖者之间的关系。统计分析表明,感觉孤单的人的确更有可能使用社交媒体。然而,当研究者把孤单程度的变量加以控制之后进一步发现,即便把孤单的人上社交媒体找人聊天这个因素考虑进去后,社交媒体用得越多,生活满意度就变得越低。

对于科技如何影响年轻人头脑这一问题,社交媒体的壮大提供了新的解读维度。研究者开始关注这一领域,从研究电视和电子游戏与注意力缺失症之间的关联入手,而当前注意力缺失症的发病率已经比20世纪70年代翻了一倍。

1998年的时候,儿科医生德米特里·克里斯塔基斯休了育儿假,以便照顾自己2个月大的儿子。他发现只要电视机打开了,儿子就会被那花花绿绿的屏幕迷住。他明白儿子的大脑还没有发育成熟,并不明白电视节目的语言和含义。这段经历触发了他长达20年的研究兴趣,研究方向就是科技产品对于早期学习、注意力持续时间和冒险系数的影响。他现在出任西雅图儿童研究院儿童健康、行为和发育中心的主管。

毋庸置疑,现在的孩子盯着电子屏幕的时间更长了。1970年时,孩子们大约从4岁开始学着看电视,而现在平均4个月大的婴儿就在看电视了。5岁左右,每个孩子平均每天对着电子产品的时长达4个半小时,这占了他们非睡眠时间的4成。

比起一二十年前,现在孩子们的生活无论在校内还是校外都变得更加固化,也更加静态。坐在书桌后面的时间更长了,进行体育运动的时间却少了。学校里面课业压力攀升,导致体育课与课外活动的时间缩减。孩子们无聊的时候,更愿意拿起遥控器看电视,或者玩平板电脑,跑出去玩的概率相对降低了。媒体资讯爆炸,还有可移动电子设备激增,令家长跟孩子更容易分心,也更容易焦虑。被越来越多的电子设备包围为我们带来了两个困扰,首先是电子设备对孩子发育的影响,其次是它挤占了其他更健康的活动的时间,像是玩探索游戏,或者跟长辈、朋友或是兄弟姐妹互动。

科学家认为,孩子们看电视时间的增长跟注意力问题患病率的增长有直接关联。克里斯塔基斯带领科研团队对全国青年纵向调查报告中显示,对超过1200个儿童的行为习惯进行分析后发现,儿童3岁之前,平均每周看电视的时间增加1小时,7岁时出现注意力问题的概率就上升1成。这一结论已经排除了种族、性别、母亲受教育程度以及其他因素的影响。从另一方面来说,如果家长通过给儿童念书、唱歌、带孩子去博物馆之类的方式刺激儿童的大脑发育,那么每周多做1小时这些活动,就能令注意力问题的患病率下降3成。这个研究跟克罗斯的研究一样,都不能穿越时空来验证实验对象的因果关联,因此研究者使用数据分析的方法来避免相关变量的影响。

研究电子媒体的时候,研究人员得出了类似的结论。使用电子产品的时间越长,孩子出现情绪障碍的概率也就越高,家庭关系的维护力更差,注意力问题也会增多。总之大家需要注意,如果在现实生活当中越感到孤独,年轻人就越可能通过网络寻找有价值的社会支持。比如说,一二十岁的年轻人,如果开始渐渐意识到自己是极少数群体的话，那么社交媒体反而可以成为健康的救生索。

克里斯塔基斯继续进行相关研究，他预测在大脑发育早期的关键阶段，如果孩子面对快速切换的屏幕时间过久，那就会令他们的大脑对于深层刺激产生预设，而等他们长大后渐渐发现现实生活比预期的无聊，就可能导致注意力下降的问题。

为了验证这一观点是否正确，他发明了专门给老鼠看的电视。

在实验室里，他和团队成员大量使用动画片里的声音和脉冲光，对老鼠幼崽进行过度刺激，让它们在童年时期每天都看6个小时的电视。随后研究人员用这些老鼠进行了几项经过精心设计的测试，看它们在日常行为方式上，跟其他普通的老鼠相比有什么不同。这套测试内容已经用来验证过多样化的环境对于啮齿类动物发育的影响，因此科学家们就有了进行对比实验的历史依据。

第一个测试是户外实验。老鼠天性喜欢待在某个空间的角落里，比如说草丛、田野之类的，免得被捕食者发现或者吃掉。有时候为了搜寻食物，它们也会往空间的中段移动，但这种情况非常少见。在实验室里面，老鼠总是绕着盒子的边缘跑，偶尔才会蹿到中间去，这就是这种天性的体现。克里斯塔基斯把受了过度刺激的老鼠放进盒子的时候，它们开始到处乱跑，跑进中心的概率更高，在中间停留的时间也更长。这对于老鼠来说是很冒险的举动。对比人类来说，就好像是把车开得横冲直撞，或者触碰毒品或性生活的边缘。

随后，克里斯塔基斯向老鼠展示了两样东西，一样是它们已经熟悉的，一样是不熟悉的，这是工作记忆的常规测验，也被广泛应用于灵长类动物和人类婴儿身上。对新鲜事物关注更多是顺应哺乳类动物搜寻食物的天性的。一旦老鼠、猩猩或者人类婴儿对某个事物有所了解，停留在它身边的时间就会缩短，这也是科学家用来判断它们是否已经熟悉该物体的标志。

普通老鼠会花75%的时间探索新事物。但是受了过度刺激的老鼠在新旧事物身上花费的时间是一样的。要么是因为它们无法判别新旧事物的区别，要么是因为它们根本不在乎哪个新哪个旧。所以说，这些老鼠要么是短期记忆太差，要么就是学习能力不强。

最后一个实验需要老鼠们走迷宫，迷宫很复杂，但是受了过度刺激的老鼠更快发现出口，因为它们敢于更加无畏地进行探索，可是它们却记不起逃生路线。迷宫走到第四天，普通老鼠已经能够比受了过度刺激的老鼠更快、更轻易地找到出路。

总而言之，过度使用电子产品导致老鼠更喜欢冒险、过度活跃而且学习能力下降。当然，我们不能肯定人类的脑循环一定跟老鼠一样。但是话说回来，眼看孩子们越来越喜欢电子设备，这些实验的结果总归是不乐观。

"我们的大脑进化了千万年来处理现实中发生的状况。严格意义上来说，在传媒出现之前，生活中的所有事情都是在眼前真实发生的，因为我们并没有了解自己生活圈以外事务的能力。"克里斯塔基斯在接受采访的时候解释道，"在之前的研究中我们发现，玩积木能够促进语言发展并增进注意力……从认知的角度来说，比起被动地盯着视频看，孩子们更能参与到活动中来。"

要理解过多使用电子产品对于发育的影响，"分享式注意力"这一现象具有参考价值。克里斯塔基斯说，"如果有人把什么东西指给孩子看的话，那么孩子就会转头过去看，同时本能地转向照顾自己的人，问出最关键的问题——这是什么？这种情形每天都会发生，而且高达上百次。这对于孩子的发育还有大脑的构建异常重要。"

有些孩子大脑的运作方式不太寻常。比如自闭症的孩子，在发育早期就会出现"分散式注意力"比较低下的症状。他们不大喜欢眼神接触，也不大愿意顺着大人的目光看向某个地方，因而也难以通过上述方式理解语言或他人的意图。即便在被正式诊断出自闭症之前，像克里斯塔基斯这样的研究人员也能够通过对于孩子"分散式注意力"

水平的评估来作出预判。

"屏幕以非常霸道的方式主宰着孩子们的注意力，因而就剥夺了'分散式注意力'发展的机会。"他说。据凯泽家族基金会调查显示，8到18岁的儿童与青少年平均每天使用电子设备的时间是7个半小时，除了睡觉以外，哪项活动都没有比对着电子屏幕的时间更长了。

//////

在采访过斯米尔诺娃、特文格和克里斯塔基斯之后，我深感震惊。我疑惑，孩子大脑当中似乎已经发生了非常显著的变化，而这些变化有没有可逆性呢？随后，我又探访过美国精神卫生研究所，通过对研究所专家的采访，我意识到孩子们已经经历了异常巨大的变化，而我们只能继续往前走，因为没有回头路。

在凯思琳·麦瑞康格斯的带领下，美国精神卫生研究所的科研团队首次对青少年精神疾病问题进行了全国范围的调查分析。正如我在上一章当中提到过的一样，他们的发现非常令人震惊。调查表明，18岁以下的孩子当中，每两个就有一个会有情绪、行为失调或是药物滥用或烟酒依赖的问题。这个问题实在需要着重强调。想想看，自己家孩子的幼儿园同学里面，会有一半在高中毕业之前就染上恶习或罹患心理疾病。

这项数据实在令人震惊，也有可能让我们彻底灰心丧气。

但是我拒绝陷入绝望。我相信这个1/2的概率反而能够解放我们。如果孩子被诊断出什么问题，家长无须感到羞耻或孤立，因为出现问题并不是个例。反过来说，那些因为孩子不听话而饱受困扰的父母也不是一个人在战斗，无论孩子是否被诊断有什么确切的病症，成长过程中出现偏差都是很普遍的。

麦瑞康格斯的团队发现，被确诊患有心理疾病的孩子当中有4成患有两种或两种以上的失调症状。那些后来被确诊患有心理疾病的孩子，可能早在 6 岁半的时候就出现焦虑的征兆，随后在 11 岁上下出现行为失调，13 岁左右出现情绪失调，而 15 岁就面临药物或烟酒依赖的问题。上述年龄指的都是平均值，而发生概率仍然是 50%。

如果你遇到一个行为出格的孩子，那就想想看他 / 她是不是符合上述症状。比如说孩子不愿意在课堂上发言，或者原本该去参加足球赛，却发脾气不上车。即便无法言明，但他们的固执可能是因为内在的恐惧和焦虑作祟。

焦虑也有可能会引发社会混乱。有时候，嘲笑或者欺凌的行为是由孩子内心深种的焦虑诱发的。女生团体之间常见的恃强凌弱，也可能是源于施暴者自身的惶恐。比如说，如果女生小团体里面的成员想要排挤其他的成员，有可能是因为她害怕自己不这样做就不被团体接受。美国精神卫生研究所的数据显示，32%，也就是将近 1/3 的青少年都有焦虑倾向和相应症状。

第二个比较普遍的问题是行为失调，有 19% 的青少年出现该症状，如注意力缺失。排在第三位的是占 14% 的情绪失调，最后是占 11% 的药物或烟酒依赖的问题。

这些问题归根结底都是自我管理能力的问题，也就是能否控制自身冲动、情绪、想法和行为。根据实际生活经验还有大众传闻来看，即便孩子并没有被诊断出什么心理问题，也不像以前的孩子那样对于大人的话言听计从、行事规矩了。这也就是为什么现在的孩子越来越不听话了。这也是为什么那些在小学操场上玩耍的男孩子会完全无视我。

心理疾病筛查和诊断率的提高还有一个显而易见的用处，因为儿童自杀率在不断攀升。格雷戈里·普莱蒙斯在范德堡大学梦露卡·雷尔二世儿童医院担任儿科副主任医师，他和同事们经过研究发现，因自杀念头或自残行为而被送入美国儿童医院的孩子在 10 年间翻了一番。与此同时，疾病防控中心的数据显示，13 到 19 岁青少年的自杀率上升了28%，而10到12岁青年的自杀率上升了52%。

普莱蒙斯告诉我："自杀率攀升最快的族群的是10到14岁年龄区间的孩子，也就是最年轻的孩子们，这实在是令人警醒。20年前，我就没有见过八九岁的孩子动过自杀、自残的念头。"

除了克里斯塔基斯还有特文格关注的媒体普及这个原因之外，还有什么其他因素引发了这个变化呢？麦瑞康格斯认为，课业和课外压力增大也是诱因。她还在耶鲁大学任职的时候，本科生得了"良"都会跑来跟她哭。她边回忆边告诉我："孩子们会跑来找我，不想告诉家长自己的成绩。从孩子们开始上幼儿园开始，也就是三四岁的时候，我们就不停地给他们增加竞争压力，而进入大学的竞争显然更激烈。"

这并不是说"直升机式的父母"，也就是望子成龙、望女成凤，时刻监控孩子成长言行的育儿方式触发了孩子们自我管理方面的问题。由于先天遗传和后天环境影响，每个孩子天生的技能不同，遇到的挑战也不一样，这些都不是父母能够控制的。然而，能够支持孩子，并且对于育儿知识有足够了解的教养方式，当然可以帮孩子有效应对各种心理疾病，同时有可能减轻相应症状的程度和影响。

当代中产阶级的父母会把孩子当作成长中的人才来栽培，而不会把他们看作是家庭重要劳力，不指望他们在家务、农活或是家庭生意上挑大梁。不过这样一来却容易让孩子们有个错觉，好像他们的价值都建立在能否成才的基础上。而无论想要在哪方面取得成功，都不是那么容易的事。如果全国有15000个孩子都在踢足球，那你怎么能保证自己肯定可以成为最佳射手？如果只要在视频网站上动动鼠标，就能看到7岁的神童弹钢琴，那你何苦还要挣扎着练琴？除非你真的是天赋异禀，否则无论在哪方面，总会有人比你表现得更聪明、更敏捷甚或更有才华。

从另外一个角度看，孩子们是没有工作的。尽管他们可能整天都要忙于家庭作业、音乐、运动，还有其他课外活动，但是他们并没有肩负家庭或是社会的真切责任。并没有人指望他们照看弟妹、打扫房间或是做晚饭。成年人以为把这些活计包揽下来或者外包出去，有益于孩子的成长。但实际上，连简单的家务活都不让孩子参与，反而令他们丧失了增进新技能的机会，同时剥夺了他们展现自我价值的平台。想想看，一个成年人失业的时候会感到多么的迷茫和丧气，那么一个肩头没有任何真切责任义务的孩子，变得越来越焦虑和抑郁恐怕并不难理解吧。更何况，不教孩子打扫、洗衣、做饭、修自行车、修剪草坪之类的生活技能的话，家长也丧失了跟孩子沟通联结的机会。

这一切都不利于培养孩子的自主动机，也不利于孩子的健康成长。心理学当中的自主理论认为，人要想把生活过好，就需要自主、有能力并且能够跟他人建立有效联系。但是现如今的孩子们，往往对于自己的日程缺乏掌控力、没什么机会增进生活技能，也对于家务没什么贡献。

//////

我是在珍妮弗·王的家里跟她见面的，她家位于弗吉尼亚州的大瀑布城。当时就快下午5点钟了，通常也是她儿子放学的时候。她的儿子约翰，在专门拓展学生天赋与才华的精英公立学校上学。他一般早上8点22分出门，坐1小时的车才到学校。但是放学以后，他真正的任务才刚开始——53岁的珍妮弗如是介绍道。

等约翰放学的间隙，她带我参观了这座法国乡村风格的别墅，实在是美。整座房子有9个卧室，车库里能停下4辆车，房子里有个大套间，还连带热水浴缸、桑拿室和游泳池等设施，占地1.75英亩，里里外外打点得整洁美观。房屋内部看起来很像装潢高雅的奢侈酒店，地板上、角落里或是家具上面都没有一件杂物。

我们在后院的露台聊天的时候，能够眺望游泳池和花园的风景。此时，屋里也有声响。约翰的父亲——同样是53岁的吉尔伯特正在拆中餐外卖的塑料包装。珍妮弗帮他一起把晚饭摆上桌。5点15分的时候，珍妮弗、约翰，还有我开始吃晚餐，而吉尔伯特却回书房去了。他是贸易员，在家办公，所以约翰放学之后补习班的接送大部分都是他的活儿。

晚餐吃得很紧张。珍妮弗想让约翰在6点30分出发练游泳之前，把钢琴练习完成。才吃了7分钟，她就问儿子："你吃好了吗？"

不过约翰看起来并不急着弹钢琴。他溜达到冰箱旁边拿了根芝士棒，然后还要吃蛋糕。但是母亲数了数，发现他盘子里还有7块牛肉，就对儿子说吃完饭以后再吃蛋糕。他答应了。

"好，那就快点吃吧。"她说，那时是5点29分，时间一分一秒地溜走。

约翰想吃切好的芝士条，珍妮弗就风风火火地冲到冰箱旁边，给他拿来一堆芝士。他选了所有黄色的芝士，她就把黄色的芝士都切了。

5点35分的时候，约翰盘子里只剩2块牛肉了，但他又吃蛋糕又吃冰棒的，居然磨蹭到5点52分。在此期间，他妈妈一直在催促。我数了数，总共催了13次，可是约翰置若罔闻。

他终于坐到钢琴前，稍微拖拉了一会儿，然后弹了几首优美的曲子，6点31分的时候，我们急匆匆地钻进汽车。一到游泳训练场，他先是练了9分钟的仰泳，除非泳道里有其他人挡路，中间都没有停息。然后他踢水板踢了半小时，差点把排在他前面的女孩震下来。那个女孩比他大5岁，但是他踢得更快。

每周二，约翰下课以后都会直接去上高数班，接下来去游泳。每周四他会跟随一位技艺精湛的老师——芭芭拉·威尔逊学钢琴。早在几年之前珍妮弗就想要让约翰拜芭芭拉为师，但是芭芭拉觉得约翰还太小，就介绍他去了另外一家琴行学习。约翰终于在去年通过了芭芭拉的面试，成了她的入室弟子。

"我们跟他说了，芭芭拉是位非常严格的老师，只收最好的学生。

那么他就要格外努力才行。"珍妮弗解释道。芭芭拉·威尔逊只教那些能够完成每日练习量的学生，而每位学生都要天天打卡，记录练习时长。随着年龄的增长，练习的时长也要随之增加。通常，她的学生都能够进入全国顶尖的音乐学院或者文理学院。

周末的时候，约翰每天都要游泳4小时，有时候还会练得更久。如果因为周二的高数课耽误了的话，他还要补足钢琴练习的时间。

总体算下来，约翰每周一到周五要有11个小时的时间参与各种各样的活动。周末的时候又有密集的练习和比赛。这对于一个年仅9岁，体重70磅的孩子来说，实在是很繁重的压力。

像约翰这样成就超群的孩子会引发我们心底的竞争欲和焦虑感，我开始担心：我是不是应该多给孩子一些压力呢？如果早点让他们开始接触音乐和运动项目会不会更好？他们现在还有没有机会变成最杰出的运动员或音乐演奏者呢？

约翰的姐姐——莉莉是大学网球队的队员，画画出类拔萃，从弗吉尼亚北部的名校高中毕业后，顺利进入常春藤大学，并顺利毕业。她刚刚签了合约，要到一家私人股权公司工作。"我告诉过她，只有挣的比花的多时，你才能保持富有。"珍妮弗如是说。1991年时，她从中国到美国念硕士，身上只揣着300美元。"我尽量教她在工作中既能做得成功，也能展现出足够的智慧。"

珍妮弗说约翰很喜欢那些课外活动，而且大部分时候都能按时完成各项任务。但是约翰的日程表里面唯独没有玩耍的时间。他没什么机会在邻里间的后院里大吼大叫，也不能跟其他小朋友玩老鹰捉小鸡。"偶尔会有玩伴到家里来找他，不过这种机会并不多，因为他自己挺忙的。"珍妮弗解释道，"每天上游泳课的地方也有几个朋友。他会跟那些孩子聊天、玩耍，甚至用他的话来讲，会跟他们做买卖。当然用的不是现金，而是精灵宝可梦的卡片。"

这一番话险些就把我体内潜藏的虎妈呼唤出来。

通过对动物王国的观察，我们可以明白玩耍的重要性。从海豚到乌鸦再到狗，动物本能地跟身边的物体玩，跟其他动物玩，这样才能不断健康成长。实际上，只要没有在吃饭或者睡觉，哺乳动物的幼崽通常都是在玩耍。

如果失去了玩耍的机会，老鼠和猴子就会变得更有侵略性、更可怕。对猴子的研究表明，那些没有玩伴的小猴子长大之后没办法搞清楚其他猴子的情绪，而且会遇到社交上的困难。与此相反，经常玩耍的老鼠会分泌出更多神经可塑性所需的蛋白质——换句话说，它们学习能力会更高。

考虑到人类社交的复杂程度，对孩子来说玩耍一样重要，甚至可能更重要。通过游戏，孩子们学会怎么做决定、解决问题以及控制情绪。

"人类孩童天生就是要靠玩耍来学习的。无论是身体上的，智力上的，还是情感上的发育都需要玩耍来促进。"彼得·格雷说。他是波士顿大学的名誉客座教授，同时还写了《玩耍精神：会玩的孩子真的有出息》。他解释道："当今社会，我们已经把孩子的童年摧毁殆尽。孩子们多多少少都在被大人们指挥着、监督着、保护着过生活。他们没有机会练习安排自己要做的事情，没有机会练习怎么跟小伙伴们商定规则，因为大人无处不在，替孩子们把这些事情都处理了。"

格雷列举了一系列的事例来说明相对散养长大、更有自主性的孩子，他们的学习能力、创新能力更强，也更能为自己的行为负责。科罗拉多大学的研究人员发表了一篇论文，指出时间安排更自由的孩子展现出更高的执行力，也就是说，他们通过控制自身言行来达成目标的能力更高。这项发现尤为重要，因为执行力更强的孩子更有可能取得学业和事业上的成功。通过长期追踪对比之后，研究者甚至发现这些散养的孩子长大之后连身体都比其他孩子更健康。

值得关注的是，能否取得好的学习成绩，执行力竟然比智力还关键。

哥伦布市的俄亥俄路小学三年级学生都喜欢玩"戴维斯老师说"的游戏——无论老师说什么，他们都迅速跟着重复，但如果老师只是做动作却没有下指令，就不能做动作：

"戴维斯老师说把手放在头上！"

"戴维斯老师说摸摸脚指头！"

"戴维斯老师说单腿跳！"

"接着跳。"

如果错失了一个指令，他们会好脾气地叹口气，然后就要坐下来。接下来他们就睁着大大的眼睛，好好观赏同学们是怎么竭力避免掉进戴维斯老师的坑里的。

他们没有意识到，这么一个小小的游戏其实是在帮助他们培养自我控制力。看到老师做动作的时候，他们要监控自己想要动作的冲动，确认大脑接收到了老师说的话，并且要听准了"戴维斯老师说"这句话之后再行动。他们在游戏的过程中对自我控制力锻炼得越多，就越能在其他环境中控制自己的冲动，像是不要在排队的时候推推搡搡，或是不要在课外休息的时候争抢玩具之类的。

"孩子在学校里能不能表现好的关键，就是看他们能不能坐得住，还有能不能跟别人处得来。"凯西·赫什派赛克说。赫什派赛克是天普大学教授，并且跟人合著了《变得聪明：关于培养成功的孩子，科学告诉了我们什么》这本书。他还说，"他们也许看上去是在玩耍，但实际上是在锻炼相关的技能。"

另外一个发展执行力的简单办法是击鼓传花或节奏游戏。孩子们得互相看着对方，同时听准节奏，并根据其他人的节奏来调整自己的节奏。

"这些游戏都有一个特点，就是需要孩子自我控制，要在行动之前想一想，停一下。如果我能让你在行为之前思考一番、顿一顿的话，那就营造了社会规约的空间。"赫什派塞克说。

过家家里面蕴含着几项重要的社交技能，这些技能可以培养孩子的自我控制力。首先他们要计划玩什么，通过指定谁当小狗、谁当老师来分配角色。随后他们就要克制自己的冲动，并遵循虚拟场景的规则。比如说医生病人的游戏里面，病人一定要克制自己，不能去玩听诊器。因为拿听诊器的应该是医生。最后，过家家还能促进孩子们了解其他人的想法，也就是提升观点采择能力，因为孩子们需要尝试不同的角色。这项能力很重要，有助于提升同理心，并且能够抑制自恋。

"看孩子们玩游戏的时候，我看到的东西跟其他人不一样。"赫什派塞克说，"我会带上不同的滤镜，关注那些有助于孩子健康成长成才的重要技能。"

可悲的是，过于关注学业和成绩让学校越来越不重视课外活动和玩耍。从1981年到2003年，学龄儿童玩耍的时间下降了1/3。过度繁重的课业压力并不只是体现在课堂上，即便是3岁的孩子也会报名参加课后辅导班。教育行业发展得轰轰烈烈，在美国已经占据40亿美元的庞大市场。

很多家长都心怀希冀，想要养出约翰或莉莉那样优秀的小孩，在运动、音乐和学业方面样样杰出，最终找到好工作。但是有关游戏和执行力关联的研究却提醒了我，杰出的孩子不是靠死板的训练硬性培养出来的。原本这些孩子已经很有天赋、颇具好胜心，并且小时候就出类拔萃。孩子们有自己的成长步调，而小时候就过度压榨他们，可能会造成才能的流失。最后，我决定以孩子的性格、职业道德和独立性来判断他们是否成功，而不看他们得了多少奖牌和奖状。

//////

如果孩子们跟伙伴玩耍之后就赶去练足球然后忙着回家的话，他们对自己的日程没什么话语权，也就会错失随性的、孩子式的游戏。

他们基本没有机会可以跟玩伴协商什么问题，解决什么矛盾，控制自己的情绪，或者为了继续玩游戏而作出即时的反应。这些技能都是在学校里和生活中走向成功的关键技能。但是，由于时时刻刻都有大人在监视，随时准备干预，孩子们就没有机会锻炼这些技能。

我自己的孩子们从5个月大就开始上全托，一直上到进入幼儿园。他们也是在大人监管下跟别的小朋友玩的。老师时刻在旁边看着，万一有矛盾就马上调停。等老大上三年级、老二上一年级之后，他们每天都要参加有组织的课外活动，一半是为了学点东西，一半是为了找个有人看管的地方。也就是在这个阶段，我开始渐渐了解到随意玩耍的好处。

因此我决定逐渐缩减这些有组织的活动。没过多久，孩子们放学以后就只剩下一两个活动要参加了。其他时候，他们要么去找邻居家的小伙伴玩，要么轮流到别人家的院子里玩，或者在我们邻里间的树林里跑来跑去。有好几次，他们一去就去了好几个小时，搭建堡垒，踢足球，等等。偶尔哪个孩子因为跟朋友闹别扭，回来得早一些。有一回我女儿一边冲进门、一边抱怨着自己的上衣被撕坏了，因为在玩足球的时候邻居家男孩动作太野，直接把她扑倒了。她好几天都不跟那个男生玩，我估计在此期间那个男孩在没有伙伴一起玩的情况下，就不免会对自己的行为控制有所反思了。

自控力危机并不仅仅局限在中产及中上阶级家庭。在社会经济天平的另一端，孩子们一边要克服创伤的影响，一边要面对生活中充满变数的环境，注意力缺失症、焦虑症以及其他失调问题也在节节攀升。甚至没有什么安全的游戏场地可供这些孩子玩耍，自然也无法在玩耍的过程中培养那些有益的社交技能，诸如跟伙伴互动以及自我管理能力等。在外面，孩子没有办法进行探索式的游戏，无法从中锻炼自我控制力；在家里，也没有办法在家长的指导下做家务，因此没办法感受自己对于家庭的贡献。

如果孩子承受过家暴造成的身体创伤或是家长吸毒的心理创伤，会更容易在成年之后陷入焦虑、抑郁以及毒品或烟酒依赖的问题。情感上缺乏关爱的孩子可能会更孤僻、对他人缺乏关爱，在小学阶段的成绩可能也会比较差。从某种程度上讲，跟其他的主流国家比起来，美国对孩子的保护相对缺乏，比如体罚是合法的，而且美国是唯一没有签署联合国《儿童权利公约》的国家。

这样看来，十几岁孩子的心理疾病患病率越来越高，长到二十多岁的时候人生变得越来越不顺利，还有什么好奇怪呢？

举个例子，来看看新泽西州拉姆森市的伊丽斯·大卫吧。自从幼儿园开始，她就忙个不停。这小家伙瘦得皮包骨，长着一头棕色的头发，活力旺盛，既踢足球、跳舞、练体操，又出演话剧、学唱歌、参加女童军。她每周的日程表就像个布满活动和课外班的大棋盘。

三年级的时候，伊丽斯被诊断出注意力缺失症和焦虑症。她妈妈苏珊·大卫感到精疲力竭，拼命想要跟上青春期的女儿无常的情绪变化，拼命配合她完美主义的要求。伊丽斯活得如履薄冰，一旦有一样事情出了差错，比如跳舞的时候漏了一步，或者把足球衣放错地方的话，一切就会轰然坍塌。

"如果她预感到某件事情做起来很困难，她就不会做，因为她害怕失败，"苏珊如是说，她是个承办酒席的自营老板，也是个单亲妈妈。"她大部分时间都觉得很沮丧、很伤心，因为她觉得自己让其他人失望，也让自己失望。看着自己的孩子过得这么艰难，实在很难受。"

但是苏珊并不认为女儿的日程能变得轻松起来。伊丽斯的同学和邻居家的小孩也跟她一样忙着上各种课外班，所以即便伊丽斯自己有时间，也很难找到合适的玩伴。

我们不能说孩子的焦虑就是课内外压力过大或者虎爸虎妈的教养方式造成的。心理和行为上的病症有多种诱因，是先天的敏感脆弱和后天环境的综合结果。这也就是为什么同一个家庭长大的兄弟姐妹会变得那么不同。但是当今中产家庭的生活有可能会让相对敏感的孩子濒临崩溃，从而更容易患上某些心理或行为失调病症，而几十年前，他们却能够平平安安地长大。这说明压力越来越大显然不是什么好事情。

家长如果允许孩子们顺应本心、好好玩耍的话，可能就会形成一种保护，让他们不用像伊丽斯、卡娅或者伦敦那样焦虑。

20世纪初的时候，心理学家开始认为各种恐惧症的根源是从前的创伤性体验，即便受创伤者本人都记不太清楚了，这种后遗症仍然会起作用。伊万·巴甫洛夫的著名实验是这些心理学理论的依据，在实验中伊万观察到，如果每次喂食之前都先摇铃，那么狗就会渐渐把铃铛的声响跟食物联系在一起。另外一个心理学依据是约翰·华生那个有争议的实验，他让一个小孩在看到小白鼠的同时听到巨大的声响，孩子到最后看到小白鼠就会感到害怕。20世纪90年代中期，诸多科学家都开始对调节假说提出质疑。

质疑者之一是新西兰临床心理学家里奇·波尔顿，他策划实施了但尼丁追踪研究，这也是个体身体与行为健康范畴内最复杂、历时最久的数据调查之一。研究选定1000名在1972和1973年生于新西兰东南部奥塔戈岛玛丽女王妇产中心的小孩。在孩子们3岁、5岁、7岁、11岁、13岁、15岁、18岁、21岁、26岁、32岁、38岁的时候分别向研究对象身边的人，比如他们的父母搜集相关资料。这个研究很出名，因为与其他追踪研究相比，中途退出者很少。波尔顿及其团队成员竭力把研究对象的不便之处降到最低，比如接送研究对象往返研究中心，并在提问与心理测试环节当中留出充足的休息时间。

通过家长的调查问卷，几位研究员发现早期创伤与孩子的恐惧症之间并无关联，波尔顿就在想自己有没有可能在进行调查的时候问一些更尖锐的问题。回顾性研究，也就是被调查者需要回忆过往事件的研究，通常都没有针对当前经历进行回答的研究来得更准确。

波尔顿开始挖掘数据库，并选择从跌落这个主题入手，因为这是小孩子们身上最容易发生的意外，孩子们总有可能从各式各样的地方掉下来，比如娱乐设施上面、梯子上面，或者什么其他地方。他看了看3岁到9岁之间曾经因为跌落而受伤就医的孩子们，然后就开始研究他们长到11岁和18岁的时候所经历的小恐惧，并分析曾经经历跌落事件的孩子是否更容易得恐高症。

他的确发现了两者之间的关联，但是这种关联并不是像巴甫洛夫和华生的实验证实的那样。小时候经过跌落事件的孩子并没有变得恐高，反而比寻常孩子更不畏惧高空环境。那些不恐高的小孩反而容易在童年的时候经历摔伤。

这是怎么回事呢？

他又照本宣科地研究了一遍怕水的小孩，想看看他们童年的时候是不是有过溺水的惨痛经历。但是并没有发现两者的关联。接下来他继续研究分离焦虑症，发现那些幼年经历过与父母分离的孩子，反而在长到11岁和18岁的时候更不容易患上分离焦虑症。

经历受伤和恐惧其实并不会令孩子长大之后变得恐惧、焦虑，甚至患上各种恐惧症，而想要保护孩子、不让他们在小时候经历任何伤害和恐惧的冲动，反而变成了心理疾病的根源。波尔顿的研究表明，我们应该在合理的范围内放手让孩子进行略带风险的游戏和探索，并且让他们自然而然地应对相应的后果。通过这样的过程，他们才能了解自己的极限，并且树立自信心。

不幸的是，过去60年间，孩子们无拘无束、跑到户外肆意玩耍的时间锐减。有报道指出，跟1970年相比，能够供孩子们在没有家人监管的情况下到处疯跑的地方减少了九成。会发生这样的变化，并不仅仅是因为孩子们的课内外压力越来越大了，还因为家长担心如果不看着孩子、让他们肆意乱跑的话，孩子可能会受伤，甚至可能会被绑架。更显著的社会变化在于，由于女性参加工作的比例和离婚率一起升高，传统的男人挣钱、女人持家的模式已经不复存在。现如今，大部分都是双职工家庭，孩子放学以后，家里并没有大人在，所以孩子们也不能跑去后院或者街边玩耍，只能跑去上课后托管或是全托班。

作为一名在职母亲，我并不认为重回20世纪60年代的家庭模式是个好方法，更何况我们也根本回不去。但是明确这些巨大的社会变革对孩子们的影响，并尽可能采取补救措施却很重要。这也是为什么作家丽诺尔·斯克纳兹发起了"放养孩子"运动，支持家长们放手让孩子们走路或者骑车上学、让孩子们在没有成人监管的情况下玩耍、让孩子们逐步迈向自立。某篇专栏报道指出，斯克纳兹让自己9岁的儿子独自搭乘地铁穿越纽约市，引起舆论猛烈的抨击，这也让斯克纳兹全国闻名。

我刚开始采访那些研究游戏的专家、刚开始了解休闲的好处时，心里沉甸甸的。也许我把孩子们给毁了。毕竟他们还不会走路的时候就在上全托班，总是有个负责的大人在旁照看。怪不得他们总是把自己的毛衣或是作业单弄丢！他们怎么能培养出足够的执行力呢？研究者所指出的损害自我管理能力的3个元素他们都占齐了，包括媒体和电子科技的快速发展、注重学业和能力而忽视具体贡献和个体性格培养、随意玩耍和户外活动的时间不足。

面对当今社会各种与日俱增的弊端和失调，我们很容易束手无策。但是既然我们不能使时光倒流，就必须要找到前进的方向。我们必须要明白并且接受一个事实，那就是世界已经变了。我们不像祖辈那样住在乡村里面，新手爸妈没有办法在自己的父母还有姐妹的帮助下带孩子，孩子们也不能再肆意奔跑，从这一家串到那一家也不再安全。

孩子对于规矩的反应已经发生了彻底的变化，而这种变化是不可逆的、永恒的。几十万几百万的孩子可能都变得调皮捣蛋，甚或患上焦虑症、注意力缺失症、抑郁症之类的心理疾病，我们不能就这样放弃他们。让孩子听话已经不再是我们的目标，横亘在我们面前的是时代的挑战,那就是让孩子学会自我控制。

缺乏自控力导致各种失调的数量急剧上升,我对这些情况越了解,就越明白为什么自己家的孩子会出现种种闹脾气和不配合的行为。我发誓要帮助他们重建自控能力。但是要从哪里下手呢?我需要对大脑的运作模式多加了解,既要了解成长发育中的孩子们的大脑是怎么运作的,又要了解需要提升自控能力的孩子们的脑回路是怎么回事。于是我探访了下一站,去神经科学实验室找答案。

3

"熊孩子"与大脑发育有关？！

一名中年男子平躺在核磁共振仪的床上，等着听母亲对自己说出批评的话，以便让科学家研究他对于母亲语言的反应。

他穿着灰色的袜子，两只脚尖朝上、正对着天花板。一张白色的毯子盖住了他的全身，只露出了头和脚。他的头搁在一个装有高马力核磁共振仪的仪器里，这个仪器里面有四根环形电线，只要有电流通过的时候就会形成磁力场。核磁共振仪的塑料机身很庞大，将近2.6米见方，占了整个房间将近三分之一的地方。

3名科学家围着参与实验者忙活，手上拿着各种线，一边把线连到仪器上，一边解释自己操作的目的。那名中年男子的目光随着科学家的操作而移动。他的头枕在一个塑料罩里，眼睛的位置有摄像头。机器开始运作之后，那个塑料罩里面的线就可以在男子头部周遭形成磁场。

进入实验室之前，科学家用机场安检那种金属探测器检查过被测试者以及所有团队成员，确定没有人身上携带了任何金属物品。机器可以放射出磁量达到3特斯拉的磁场，相当于电冰箱磁场的60倍，所以但凡核磁共振仪周围出现了任何计划外的小金属物体，都有可能引发危险。比如说，哪怕只是忘了摘发卡，就有可能造成灾难性的后果，一个小小的发卡会在磁力的冲击下弹射出去，向着磁场急速飞蹿。

我是在实验室隔壁观看实验过程的，当时我坐在一排桌子前，对着各种各样的电子监视器、手机、电线，还有不少挺有年头的设备。自从开始为本书进行调研以来，我一直都想要观摩功能性核磁共振实验。现在终于要如愿以偿了，就在哥伦比亚大学医学中心的纽约州立精神研究所。

这项实验是社会研究新学院的教授温迪·丹德烈亚和匹兹堡大学通力合作的成果，为的是研究批评对于大脑的影响，研究的对象是曾经患有抑郁症、情绪失调症、边缘性人格障碍、焦虑症和心理创伤的人。研究的目标是为了搞清楚罹患心理疾病的人在压力袭来的时刻是怎样失控的，并且找到能够帮他们重获自制力的方式。通过这项实验，我得以观摩情感神经科学的运作模式，所谓情感神经科学是专门研究情感、行为、动机以及与大脑的生理构造有关的各项关系的学科。

纳迪亚·尼夫斯是新学院下属创伤与情感神经科学实验室的主任，而且已经跟被测试者相处3天了，并在此期间内引导被测试者完成了一系列的心理任务与调查问卷。该被测试者是多年的重度抑郁症患者，但是由于当前状态稳定，所以仍然是实验的一员。

尼夫斯请他回想自己生命中一个重要的人，比如说是他的母亲，然后开始想象母亲批评自己的情形。尼夫斯要求被测试者写下那些母亲责骂自己的话，心理学家把这些内容叫作"剧本"，因为每次都是同样的台词，就跟演戏一样。而这些内容就是对于批评与自我管理研究的整体研究的核心内容。

科学家们离开核磁共振室，坐在了我身边。尼夫斯调整了一下身前的仪器上的转盘，紧接着一个女性的声音传出。

"他是个完美主义者，要求时时处处都要完美——"

声音忽然截断了。尼夫斯不小心把"剧本"的原文播放出来了。

她在屏幕上打了几个字，想看看被测试者能不能读得到。她调整了音量，又从显示器上查看被测试者的心跳和呼吸模式，而这也是身体对压力与情感的最主要的反应标识。随后，她与技术专家娜塔莎·戈登一起调整扫描仪。

扫描仪打开了。

我听到机器巨大的轰鸣声，随后又有三声响亮的鸣响，节奏是固定的。随后是一声又长又高的啸叫。又是一声啸叫。就好像20世纪60年代航空飞船指挥室发出的动静似的。

在另一边，戈登调出了被测试者大脑头像的断层截面图。看起来很像是X光射线，不过还多了些细节，也多了些白色的不同结构。又有三张图片出现了，每张角度都不一样。又有一连串的哔哔声传了出来。

"太大声了。"被测试者反映。他的声音从尼夫斯面前桌上的话筒里传出来。她看向戈登。

实际上，磁共振成像扫描仪里面的确特别吵。机器内部的各个零件运作的时候，时不时会发出一大声"鸣"，有时候还伴随着零件相互敲击的声音。扫描仪距离被测试者的面颊也就不到10厘米的距离，这个测试环境实在是很容易触发幽闭恐惧症的，更何况被测试者还被要求要尽可能地平躺、不乱动，免得测试图像一片模糊。许多被测试者都难以承受。

"恐怕扫描仪的声响是没办法控制的，"戈登对尼夫斯说，"我们还能给他再加点隔离层，但是你也看到了，现有的隔离层已经够厚了。"

"你希望我中止扫描吗？"尼夫斯对着面前仪器上的迷你麦克风问道。

"是啊，先停一会儿吧。"

戈登点了点键盘。房间安静了。我把两手交握在一起。

"嘿，你还好吗？"尼夫斯通过迷你麦克风问道。

"嗯，我会好起来的。我想尽快把这个实验做完。"

"如果你觉得扫描仪声音太大是个问题的话，恐怕我们也无能为力。"她告诉被测试者。

"好吧，没问题，咱们继续吧。"

戈登又点击了一次键盘。扫描仪收集数据的时候发出的哔哔声又出现了。扫描结束之后，被测试者告诉我，校准的过程是最难受的，因为你只能干躺在那儿，被噪声团团围绕着。他只好用尼夫斯教给自己的重构技巧来控制压力。他想象自己是躺在家里的床上，正在看电视。一旦要完成任务，把注意力放在任务上面能让他感觉不那么难受。

接下来的90分钟里，戈登和尼夫斯指导被测试者进行了一系列的练习，诸如问他对某些字词有没有什么特别印象，或是让他猜硬币的正反面之类的。他有三种方式进行回应，第一种是口头回应，第二种是通过他手里的塑料设备回应，第三种是利用贴在腿上的鼠标回应。

随后尼夫斯播放了那些批评的话，这个过程也被实验室的研究员称为胡利法，根据发明这种测试方法的科学家而命名。被测试者的脚指头抖动了一下，但是从扬声器里听到母亲的责骂声并没有让他变得太不安，而与此同时科学家们也在密切关注他大脑的反应。整个场面看起来异常平静，教我很纳闷，因为我知道他脑子里肯定很生气。

//////

神经科学家近几十年以来一直在致力于研究大脑内部的运作方式。他们已经摸清了每个构造的大致功能。前额皮层负责高位任务，比如思考、情感控制、计划和解决问题等等。杏仁核，有时候也被称为求生大脑，控制着我们对于情感的心理反应，比如恐惧或是兴奋。研究者们会检测核磁共振仪器里大脑结构的静止图，并通过功能性核磁共振实验研究分析大脑的实时变化，也就是像我观摩的这种实验一样，通过这样的实验可以看出人们在看视频、回忆过去或者体验到某种情绪的时候，具体会触发哪个神经元。在用小白鼠做的实验里，科学家还会在白鼠体内注入刺激物，以便观察其大脑究竟是哪个区域发生变化。

经过多年的研究，科学家发现学习和重复性经验可以改变大脑的生理结构，能够构造出新的神经元路径。这一点对于孩子非常重要，因为他们的大脑更有可塑性。

人类在哺乳动物里是很特别的，特别之处就在于人类的幼年时期特别长，这个时期的大脑都处在发育阶段，直到二十四五岁才会发育成熟。神经科学家认为近25年的发育期对人类大为有利，在此期间大脑可以被塑造得有创造性、有解决问题的能力，有应对社交活动的能力，并且有适应新环境的能力。如此一来，家长就扮演了很重要的角色，要给孩子创造学习、发育和成长的环境。我们自身的基因和内在性情只不过是成长的起点，至于究竟会长成怎样的人，还是跟后天环境有很大的关系。（孩子内在性情也会影响父母对他们的教养模式。有些研究也表示，那些最不好带的孩子会促使父母和其他没有血缘关系的成年人动用铁腕政策来管孩子。）

我们知道父母很重要。这是显而易见的，而且还有几十年的人类行为研究作为基础。但是随着神经科学的成熟，像丹德烈亚这样的学者已经开始把行为和脑回路联系起来，因此在做这两方面的关系研究。人的情绪和社交行为都有神经学特征，这是一个越来越显见的事实。科学家已经开始按照大脑的生理构造来确认心智的运作脉络了。

研究者尤其想要弄明白亲子关系究竟是如何影响大脑自我管理能力的发展的。他们想研究的问题有这么几个：亲子之间的身体接触和亲昵行为是如何影响大脑反应的？那么亲子移情反应又有什么影响？当孩子被父母唠叨或者叱骂的时候，大脑的反应又有什么不同？母亲的鼓励又是如何滋养大脑的？孩子叛逆的时候大脑是怎样运作的？他们听话的时候又有着怎样的脑回路？

童年经验对于大脑的影响是可以持续终生的。比如说，孤儿院里长大的孩子经常会承受持续的大脑变化，因为即便生理需求得到了满足，他们也无法与照顾自己的人形成稳定的情感联系，而且始终承受着慢性压力。针对罗马尼亚孤儿院长大的孩子进行的儿童大脑研究表明，孤儿院里平均 1 个大人要照顾 10 个婴儿，而孩子们的前额皮层和杏仁核里都出现了异常。结果是，孩子们变得更容易冲动，而且注意力和智力都有欠缺。

这是不是意味着，经历压力对孩子完全都是坏事？

并非如此。对婴儿和幼儿来说，学着承担适当的压力并且感受释放压力的快感，其实是很重要的。比如说，婴儿饿哭了，身边有个及时照顾自己的母亲，婴儿大脑里就会释放出一股内啡肽，而内啡肽会充斥神经系统。这些就是运动之后我们所感受到的、令自己开心的激素。这个循环通过促使自我管理神经模式发育，并且让婴儿相信自己的需求是会得到满足的，从而达到调理婴儿大脑的功用。

同样地，孩子们跟父母分离，开始上幼儿园的时候，可能会感到沮丧，也可能会哭。如果家长能给予安慰，如果就像父母许诺的那样，孩子们放学后还能跟家长团聚的话，他们会有信心，那么长大以后就不那么容易焦虑。反复经历分离或是焦虑的情绪，随后又得到安慰而且平静下来，实际上是有保护作用的。从来不面对压力的孩子更有可能会滋生出焦虑感，也更有可能会出现过激反应，因为他们不常常应付压力。

大脑包含将近 900 亿个神经元，神经元也就是独立的神经细胞，它们通过反复学习会得到经验，会不断形成新模式和新联系。你受到挑战并进行自我管理的次数越多，相应的神经网络就会越强大。换句话说，这样你的大脑就越善于自我管理。

孩子们被忽视或被虐待的时候，就有问题了。如果从来都没有一个积极负责的大人照顾的话，孩子们的自我管理系统就不会发育出相应的辨别力，从而在面临威胁的时候分不清真假，产生过激反应。在实验的过程中，压力环境会令那些情感上不够有安全感的人的大脑神经反应中出现异样反应，而且他们面对压力的时候还比那些情感上安全感足的人恢复得慢。这些经过强化的神经反应会诱发具有攻击性和危险性的行为。实际上，心理学家和社会工作者经过几十年的研究发现，早期童年的创伤会对心理和生理健康造成长期危害。这是不可避免的，人类的大脑是非常有弹性的，而且在青春期会出现大幅度的变化，但是早期创伤有可能会令你面对诸多不良后果。

20 世纪 90 年代中期，科学家开始明白创伤后遗症是怎么回事。疾病控制和预防中心和凯泽医疗机构共同组成的研究团队研究了 17000 多个案例，其调查对象大多是白人、中产阶级并且受过大学教育的成人。他们咨询这些人童年的时候是否经历过一到两类常见的心理创伤，这些创伤包括心理的、生理的、性虐待的、情感或是生理上被忽略、跟滥用酒精物质或毒品的成人生活在一起、跟患心理疾病的成人生活在一起、跟进过监狱的成人生活在一起、父母离婚或分居以及目睹过自己的母亲被虐待等 10 种。

研究者发现三分之一的人都有过至少一种上述童年不良经历，而八分之一的人经历过四种以上上述童年不良经历。通过比对健康者与有过童年创伤者的童年不良经历指数，研究者发现指数越高的人越危险，美国民众死亡原因前十名里面，有 7 个都跟童年不良经历指数高的人呈正相关。他们还发现指数高的人更有可能得抑郁症、遭遇失业、染上烟酒或毒品依赖、有自杀倾向或陷入有问题的关系当中。自从那时候起，进一步研究都会强调这些童年经验对于身心健康的广泛影响。

说到守规矩，那些承受体罚的孩子，包括被打过屁股的孩子，长大之后更有可能变得有攻击性、走上犯罪道路以及具有虐待他人的倾向。另外，心理学家开始挖掘严厉的语言批评与行为问题和抑郁症之间的关联，使用的研究方式跟摸索身体虐待与这些问题的关联是类似的。

匹兹堡大学心理学教授王明德研究了孩子处在青春期的将近 1000

个家庭中言语训斥规约的情况，在孩子表现不好之后大喊大叫、咒骂或侮辱孩子的情况都在讨论范围内。他在 2014 年发表论文，指出将近一半的父母会使用言语训斥的规约方式，但是这对于管教孩子并没有什么用处。实际上，第二年进行追踪查访的时候，那些曾经被言语训斥过的孩子，更有可能行为出格或是出现抑郁症的症状。那些跟孩子基本能保持亲近关系的家长，也不例外，他们朝孩子大吼大叫或者辱骂孩子带来的负面影响程度也并不会降低。

总之，大人朝孩子嚷嚷或是骂孩子的效果跟打孩子是类似的。言语训斥的规约方式以及言语虐待会让孩子进入一种战斗或逃跑的状态，这个时候他们大脑中的高阶部分是无法正常运作的，他们既不能推理也不能从自身经历中学习到什么东西。鉴于家长是压力的源头，他们也就没法让孩子冷静下来，不能充当那个让孩子恢复理智的角色。如此一来孩子就会持续处在反叛情绪中。

那么究竟有什么办法可以让孩子听话呢？要靠亲子依恋和同理心。科学家越来越认为，当家长或是令孩子信赖的成年人能够表现出同理心或是给予孩子安慰的话，孩子反而更能进行自我管理，并且逐渐靠近认知的基点，学会有意识地控制自己的行为。他们越能自己平稳情绪，大脑里的沟壑就发育得越深，换句话说，他们的自我管理能力就越高。

//////

心理学家吉姆·科恩设计了一个不寻常的实验，想要验证在管理情绪的过程中同理心有多重要。他找来 16 位女性，组织她们一个一个进行核磁共振测试，给她们播放蓝色 O 形字母或红色 X 形字母的图片，同时观察被测试者的大脑反应。红色 X 形意味着她们面临着 20% 被吓着的风险，而蓝色 O 形意味着她们是安全的。科恩让被测试者以三种不同的状态进行实验，先是让她们单独进行实验，再让她们握着陌生人的手进行测试，最后是让她们握着配偶的手进行测试。

等 O 形或是 X 形出现的时候，"你的大脑就会像圣诞树一样亮起来，"科恩说，他在威斯康星大学攻读博士后的时候就进行了这个实验，现在他在弗吉尼亚大学任教。杏仁核可以触发身体对于潜在威胁的反应，这种反应既包括心理反应，诸如流汗、心跳加速、呼吸变快等，同时身体会把能量分散到身体的肌肉上，这样需要逃跑或是战斗的时候，就可以在第一时间作出反应。与此同时，前额皮层紧绷起来，让你的身体保持平衡，你可能很想喊一句"出事了，赶紧跑吧"，但是紧绷的前额皮层也会抑制这种冲动。

前额皮层是大脑最顶部、最外层，位于前额下方，围绕着大脑边缘系统，而边缘系统包括了下丘脑和杏仁核。你可以把杏仁核和下丘脑当作负责短期求生的部位，时刻准备着行动。与此同时，前额皮层管控着高阶功能。

在科恩收集资料的时候，他发现不少令人震惊的模式。在第一种测试情境里，被测试者是单独进行测试的，大脑的反应如前所述，跟遇到威胁的典型反应一致。在第二个测试情境里，被测试者是握着陌生人的手进行测试的，大脑内与心理反应有关区域的活动减少了，也就是战斗或逃跑的反应减弱了，表明有了他人的支持，被测试者平静了下来。在第三个测试情境里，被测试者是握着配偶的手进行测试的，大脑安静了许多，对威胁的反应也没有那么敏锐，这一点在心理层面和大脑的高阶功能方面都有体现。比如负责分泌调控压力的激素——皮质醇的下丘脑，在第三个测试里展现出接近正常的活动水平。

简单来说，握着伴侣的手实际上有效帮助被测试者管控了自己的情绪，而科学家可以从神经生物学的角度验证这个结论。这是很重要的，科学家认为，当你可以在有压力或是有困难的时候能够管理自己，头脑的理性部分和解决问题的部分就发育得越好，相应地，也不会走上心理的下坡路。

"你越意气用事，就越难以思考。如果你觉得自己过得很艰难，那么管控情绪就更重要了。"我第一次采访科恩，并试图了解他所研究的成果时，他是这样说的。自从他发表了配偶同理心实验之后，已经被引用好几百次了，这就说明其他的科学家也认为这个研究很有突破性。科恩随后又找到了数量更多、背景更广泛的测试者进行实验。

早在为约翰·戈特曼当实验室协调员的时候，科恩已经对伴侣和自我管理之间的关系产生兴趣了，而戈特曼算得上是婚姻关系方面最著名的研究者。科恩在那里目睹了婚姻关系紧密的夫妻是如何在矛盾中仍然相互支持的，经常用一个爱抚或者信息就化解了彼此之间的紧张气氛。

等科恩到亚利桑那大学继续攻读临床心理学博士学位的时候，又想起了这些场景，结合他当时对于二战退役军人创伤后应激反应的临床治疗，有了新的发现。一名病人甚至拒绝基础治疗，连打仗时的经历都不愿意谈。

"就连最简单的放松术他都不愿意配合。所有的心理练习都会让他很害怕。"科恩说。

第三次参与治疗的时候，那位患者提出想让自己的妻子参与后续的疗程。科恩欣然同意了。第四次治疗的时候，他引导患者进行一系列深度的肌肉放松疗程，每块肌肉都收紧蜷曲又放松下来。患者的妻子提出要陪他一起做这些练习。

只要握着妻子的手，病人的表现就彻底变化了。忽然，他就做好了心理上的准备，可以配合科恩的工作了。握手带来的效力持续了整个疗程。只要患者一陷入困境，他的妻子就会牵起他的手，患者就放松下来了。

"如果不是握着妻子的手，他就什么都不跟我说。握手这个简单的动作，就跟魔术开关似的。"科恩说。"妻子没有牵着他的时候，他就表现得很紧张，浑身战栗，也不敢跟我有眼神接触。这时候他的妻子就会探过身去，抓住他的手，然后我就能跟他继续聊了。他不会再在异度空间神游，想着那些我难以触及的思绪和感受。这真是让我印象深刻。"

//////

为了彻底搞清楚亲密关系对于我们心理健康和自我管理的影响，咱们还要回到20世纪50年代的英国。具体来说，要回到伦敦东南的坎伯威尔区，看看英国社会学家乔治·布朗是如何带领团队跟踪研究曾经住过2年以上精神病院的男性病人的。他们想要弄清楚，为什么长期在医院住院的精神病人很难重返社会。他们跟踪的病人里面，有的回归家庭、跟配偶或者父母住在一起，有的只能花钱去住提供膳食的寄宿公寓。

让布朗吃惊的是，那些回到家人身边生活的精神分裂症的病人，过得反而不如那些跟陌生人一起生活的病人。原本我们以为跟家人一起生活能给病人更多的人际支撑，但是病人反倒更容易复发。

这是怎么回事呢？布朗却没发现任何研究可以解答他的疑惑。没有一位英国科学家研究过精神分裂症患者的生活环境对于他们的心理健康有什么潜在影响。

怀着这样的疑问，布朗团队设计出一套研究方案，来探索家庭关系对于精神分裂症患者的康复有什么影响。布朗团队采访患者及其家人的时候，渐渐摸索出患者生活中情绪气氛的模式。当病人跟经常挑剔他们、带着敌意或是情感过度依赖的家人，比如父母或是配偶生活在一起的时候，他们的后续恢复就变得更艰难。但是住在提供膳食的寄宿公寓里的病人却不需要承受这些。

通过这些调查，布朗跟同事提出了一个概念，叫作"情绪表达"，在近60年中，科学家发现这个因素对心理健康起着举足轻重的作用。情绪表达特指心理疾病患者的近亲以挑剔、敌对或情感过度依赖的态度说起患者。研究团队设置了一系列的问题，也就是所谓的坎伯威尔家庭问卷，要答完需要 1 到 2 个小时的时间。对话是有录音的，编码员会核实患者家人的说法，以此评估情绪表达的指数。

如果家人对患者的评价是负面的，又或者他们对患者的语气是批评性的，都算是批评性的表达。对于患者的诽谤，比如"她很自私，只顾着自己"之类的，对于患者的拒绝或是表达厌恶的话，比如"我不能再跟他待在一起了"，都算是敌对的表达。对患者表达出戏剧化或是过度保护的态度，比如说出"我们不能分开，分开的话我会死的"之类的话，都算是情感上过度依赖。

在一系列的论文当中，布朗的研究团队证明，精神分裂症患者的家人如果情绪表达指数高的话，患者就更容易复发。科学家们进行了更多的跟踪研究。一项发现表明，当情绪表达指数高的家人进入房间的时候，患者的血压就会飙升；相反，情绪表达指数低的家人来到身边的话，反而能够帮助病患进行自我管理。

后来几十年间，各项研究表明高情绪表达指数对于患有抑郁症、躁郁症、焦虑症、创伤后应激障碍、饮食失调症的病人以及烟酒和毒品滥用者都有负面影响。实际上，抑郁症患者受高情绪表达指数的影响程度比精神分裂症患者受影响的程度还要高，即便抑郁症患者家人的情绪表达指数还没那么高，患者的复发率却比精神分裂症患者的概率高。

这项突破性的发现能够帮助医生预测哪些病人在康复期间需要更多支持，患者家人的情绪表达指数越高，病人就越需要特殊关照。医生可以为这些家庭提供额外的辅导和治疗，并且帮助他们培养沟通技能。但是评估情绪表达指数需要好几个小时，先要进行 1 到 2 个小时的家庭采访，然后是 2 到 4 个小时的评估，评估者都是经过特殊训练的，能够准确辨别出被测试者语气中暗含的批评。光是这种训练本身就需要 2 个星期，有时候还不止 2 个星期的时间，而且训练通过的难度很大。这种训练对于大部分忙于工作的医生们来说是很不实际的。

于是研究者们开始找捷径。

其中有一对研究者就闯出了一条新路，他们是哈佛大学的心理学教授吉尔·胡利和英国剑桥医学研究委员会约翰·蒂斯代尔。他们试图通过简单的采访来完成实验，他们找到一些精神疾病患者，问他们最重要的关系有哪些，又问他们这些关系人究竟在他们心中占多重要的位置，按照1到10打分，问到这些关系人对他们抱着多重的批评情绪，患者对关系人有多重的批评情绪，还问到病人被批评的时候有多难受，以及对方被批评的时候有多难受。

这种评估方式被称为"批评感知"，在复发率的预测上，其实跟"情绪表达"指数评估一样有效。胡利和蒂斯代尔发现因抑郁症住院的患者，只要给自己的配偶打的分数在6分或6分以上的话，就会在9个月内复发。而在同样的时间段内，给配偶打的分数在2分或是2分以内的话，却没有出现复发的状况。

这项评估方式极其简要，一分钟就能完成完成，因此极大地促进了批评感知指数高跟烟酒和毒品依赖者、强迫症患者、广场恐怖症患者和精神错乱患者的复发率之间的关联研究。批评感知还能用于躁郁症患者日后入院概率的预测。

我们猜测，家人言语攻击力强的患者康复起来会更艰难。相较之下，在这些研究里面，批评的程度相对比较轻。

"大多数人并不会把这个当作问题隐患。因为这些言语表达的只不过是不喜欢：'他走到屋里，把泥巴都沾了一地毯，让我特别烦躁。'"胡利告诉我。"这样的言语自然会导致不良后果，这是可以想见的。我们特别想知道究竟是什么原因触发了这个后果。"

毕竟，人的生活里面总免不了批评。我们是通过这样的方式学习的。我们的头脑跟社会情境有无可分割的关联。教养孩子也是很难避免批评教育的。

容易罹患抑郁症、焦虑症或是其他精神疾病的人，内心一定有什么特质让他们比一般人脆弱。

胡利开始研究这些深层的原因。她的实验室找到一些有抑郁症病史的大学生，同时他们在参加测试之前至少已经有 6 个月没有犯过病了，而且当下已经没有什么情绪问题了。他们还请了另外一批并无病史的学生，来当作实验对照组成员。

随后，胡利采取了令众人都害怕的实验方法。在被测试者允许的情况下，她给被测试者的母亲打电话，并把她们的批评性话语录了下来。

"妈妈们通常都是这么开头的，'凯瑟琳，你有时候总接近超速的边缘，这让我很担心。你开车的方式也让我担心。我特别希望你能慢点开。'"她说。

接下来，每个被测试者都进行了核磁共振扫描。整个实验团队把被测试者母亲的批评话语播放了出来，并对被测试者的大脑反应做了分析。

"被测试者背外侧前额皮层的活力明显减弱，"胡利说，"一听到批评性话语，他们的大脑就表现出受到冲击的模式。"

根据胡利团队 2005 年发表的论文来看，只有患过抑郁症的人呈现出类似反应。与此相反，实验控制组的被测试者就没有出现这种情况，他们的前额皮层活动并没有减少。

这些反应都是不为被测试者所知的。曾经患有抑郁症的和没有心理疾病病史的被测试者都反映，自己听到录音以后有点轻微的不高兴，但是他们的表述并没有体现出自己大脑巨大的反应差异。

"就好像这一切区别都只是出于潜意识的。他们没觉得事情很糟糕。他们的反应特别平常，也就是说'是啊是啊，这是我妈说的话。'"胡利说。"不难看出，这些相对柔和的批评是怎样开始刺激那些心理相对脆弱者的大脑的。这个过程引发了轻微的压力。"

胡利和同事继续研究这个问题。2009年的论文里，他们指出那些罹患抑郁症而后康复的人的复发概率很高，尤其是当他们的亲戚持鲜明的批评态度时，因为这样的批评会令大脑里面消化抑郁信息的部分变得很活跃。基本上，罹患抑郁症的人一旦从最亲近的家人嘴里听到这些批评时，大脑在处理信息的时候就开启了抑郁模式。

对于批评感知的进一步研究包括两部分，既有批评话语中实际的内容，又有被批评者自己的解读。更有可能得心理疾病的人，相对来说对于负面评价更加介怀，也更难调控自己的情绪反应，就好像负面评价对他们的影响更严重似的。

临床治疗师已经可以把这些研究的成果运用在实践中了。测试病患的批评感知指数之后，他们就能对于该病患的患病可能性作出判断。他们就可以相应作出适当的治疗方案。

这对于父母的潜在启示是很大的。你可能不知道自己家的小朋友或者青少年会不会比较容易患上心理疾病、染上烟酒或毒品依赖或是出现饮食失调症之类的问题。但是从第2章的内容我们已经知道，至少一半的孩子有可能会遇到上述某一种问题。为了安全起见，最好把自己对于孩子的批评控制到最低的限度，不遇到必须指正的问题，就不提出批评。要注意控制那种日常带着唠叨、满是烦躁感的语气。

第一次听说这个研究的时候，我吓得心头发紧。自从孩子们出生以来，我就对他们提出了诸多批评，而且对于他们的选择总是很关心，出了很多主意！但是我强令自己放松下来。明天又是崭新的一天。想要开启更松弛的教养模式，总还是有机会的。与其对过去抱着悔恨，我尽可能地感激自己有机会能够重塑现在和未来。

///////

从这个研究当中，我们明白批评会带来伤痛。但是有什么办法能对孩子的成长有所帮助呢？

科学家尽可能地把实验条件的个体性因素的影响降到最低，免得研究结果因为某个人所未见的因素而改变。近来一项有关患有焦虑症儿童的研究发现，有些孩子提出在接受核磁共振扫描的时候要妈妈陪在身边。这项研究是匹兹堡大学的研究生发现的，他当时正在格雷格·西格尔主管的神经科学实验室里干活。而这些只不过是寻常的儿童体检，科学家们都同意了。但是研究者禁不住好奇：这会改变实验的结果吗？

研究者把这些孩子的实验数据调了出来。他们发现，那些被诊断出焦虑失调症的孩子跟其他孩子的大脑扫描图没有什么显著差异，但这有一个前提，那就是这些孩子在接受扫描的时候有妈妈陪在身边。那些焦虑的孩子如果单独进入扫描室，下丘脑、前额皮层和腹外侧前额叶皮层周遭的活动就会更频繁，而这些部位都是大脑里面负责对恐惧和压力作出情感和心理反应的部位。当一个焦虑的孩子有妈妈陪在身边的时候，这些孩子大脑里的上述部位看起来却跟普通孩子没什么区别。

"这绝对是个意外的发现，"西格尔回忆道，"当我们身边有另外一个人在，尤其是当这个人还在轻抚我们的时候，似乎对于调控我们的情绪反应很有用。这有助于让我们恢复到受控的状态。"

那么这是不是意味着只要妈妈在旁边，孩子们的焦虑失调症就能被治愈呢？

不要这么急于下结论。首先，对焦虑症的治疗手段包括让患者承受一些微小的恐惧感，这样孩子们的大脑就可以经历刺激—舒缓的循环，以此促进自我管理能力的生发。如果身边一直都有家长陪，这些孩子就错失了接受治疗的起始条件。

其次，西格尔对于一有什么神经科学的发现，还没有经过充分的科学论证就立马把它推广给家长，十分警惕。"把神经科学上的发现转化成普世推广的实践方法是很难的，不能因为某些东西之间在实验上有关联，就假定这个因果链一定是放诸四海而皆准的。"

然而，这仍然是个非常有前途的研究领域。而且家长还可以自己试试，看看握着手或是表达出同理心能不能帮自己的孩子应对负面情绪。如果你发现一个对孩子有用的好方法，你还会在乎这个方法有没有经过科学验证、被测试者是不是一群随机抽样的年轻人，而且实验排除了偶发性吗？正如西格尔所言，"神经科学可以为我们提个醒，注意孩子成长过程中要规避什么问题。"

已经有越来越多的实验关注这个领域，探析有同理心和社交支持的情况下，甚至是在亲人的肢体亲昵的表达下，大脑里负责自我管理区域的神经元是怎么运作的。这些研究是有前人基础的，可以追溯到20世纪60年代心理学家哈利·哈洛的猴子实验。本书涉及的许多研究者都曾有过合作：西格尔和胡利在2012年写过一篇论文，主题是批评感知。尼夫斯的导师温迪·丹德烈亚和西格尔共同合作了我在哥伦比亚观摩的那场实验。

另外一个实验的结果很令人吃惊，那是加州大学洛杉矶分校的内奥米·艾森伯格主持的，研究表明如果一名被测试者受到了其他被测试者的排挤，那么其大脑活跃区域就和身体受伤者的大脑活跃区域是一致的。

这些新研究回应了一个问题。有人认为孩子们越来越不听话是因为家长的教养方式越来越温情。这些人批评道，我们对于孩子的教养方式应该严厉一些。受到虎妈的感召，有许多关于铁腕教育的书籍都在宣扬同一个价值理念，就是我们应该控制好孩子的言行，好让他们在音乐、体育和课业方面能够出类拔萃，以便进入精英高中和大学。

《魔法教养123》《培养意志坚强的孩子》《五天改变孩子一生》之类的书籍都鼓励家长采取铁腕政策，并且保证如此一来孩子们的行为就会大为改观。如果你唯一的目的就是养出一个听话的孩子，却不管他们的心理健康状况，那么这些方式也许有用，但问题是这个传统的教养方式，无论是吼叫、责骂还是限制孩子，都有可能会导致孩子言行出格或抑郁。

这种严酷的教养方式还会降低孩子的内在主动性。罗切斯特大学的心理学家爱德华·德西和理查德·瑞恩就发现，那些想要控制学生行为的老师，也就是不那么关注如何帮助学生进行自我控制的老师，会削弱孩子生成自我管理能力的关键因素，包括独立性、有能力的感觉和归属感等。被家长严厉控制的孩子，就更难学会自我控制了。如果孩子或是年轻人缺乏管控情绪的心理工具的话，他们就只好从外在寻求疏解，无论是在性行为上表现出格，还是滥用毒品或酒精。

尽管体罚和责骂似乎能在短期内提升孩子的行为表现，但仍然免不了要承担长期的风险，而且风险概率跟那些承受生理折磨的孩子一样，无论这生理折磨源自毒品和酒精滥用、抑郁症、心脏和肝脏疾病、自杀未果还是性行为出格冒险等问题。

///////

大脑的研究也是理解孩子们不听话关键的第一步。神经系统科学家都很清楚，前额皮层是管控执行功能的中心，而所谓的执行功能也就是控制冲动、给各项任务排序以及统筹各项计划的能力。研究表明那些具有攻击性或者叛逆心理强的孩子们，前额皮层要么是没发育，要么就是发育得比普通的孩子缓慢许多。这些孩子可能压根就没有发育出能够帮助他们管控自身行为的大脑功能。不管人们怎么看，但是执行功能跟智商是没有关系的。有天赋的孩子尽管具有不错的智能，也有明确表达自身想法的能力，但他们还是有可能会意气用事，或者是很难相处。即便是发育一切正常的孩子，前额皮层也还没有发育完善。

我第一次听说情感管理跟大脑发育的关系，是在"父母鼓励计划"的宣讲会上，而父母鼓励计划其实是个肯辛顿的家长教育中心，就在马里兰州，离我家不远。2010年我和丈夫布莱恩一起去那里上过课，那时候我们家的老幺正在经历所谓"可怕的3岁"时期。一旦我搞清楚，她乱发脾气的时候脑子里是怎么运作的，也弄明白了她的前额皮层基本上都还没有发育，我就不再把她发脾气看作是冲我来的了。父母鼓励计划教会了我很多育儿工具，让我能够在不影响亲子关系的前提下给孩子立规矩。他们那里有的课我都上了。到了2011年，我开始在班上当助教，以此更深入地进行观摩和学习。2013年，我开始代课，后来慢慢开始主持课程，最终成长为具有专业资质的家庭教育指导师。

有一次在我的课堂上，有个学生讲起了自己家3岁儿子的事，有一天孩子从幼儿园回家来，但是因为跟小朋友打架而受到了批评。被问到打架缘由的时候，孩子说那完全就是个意外。他妈妈吓坏了，觉得孩子这么说肯定是在撒谎，说不定还有反社会人格。

"打人怎么还能是意外呢！"她说。

"嗯，"我回应学生道，"也许对孩子来说，他其实是没办法控制自己的行为。也许刚刚感受到打人冲动的时候，他还没有反应过来就出手了。也许在他看来，这的确是个意外，至少是出乎他的意料的。也许这么看，更符合孩子发育的实际。"

她看着我，满脸震惊，不过似乎放宽了心，毕竟看起来幼儿园出了打架事件，并不意味着孩子将来一定会走上暴力犯罪的道路。

我在给家长上课的时候，也研读了许多大脑发育方面的文章，这些知识点积少成多，终于让我有所领悟。如果大人想要通过奖惩措施来控制孩子的行为，实在是事倍功半。首先，许多孩子的大脑发育根本没有达到能够满足父母期望的程度。即便是大脑发育程度相对完善的孩子，一旦面临冲突，或者碰上发脾气的时候，就没办法启动大脑中负责学习与践行理智念头的功能了。到了那个时候，无论是威胁还是奖赏，他们都是听不进去的。

这并不是说，我们应该接受孩子们不听话，或者给他们调皮捣蛋找借口。孩子们需要信号和指导，这样才能弄清楚家长期待自己怎么做。他们需要通过许多年的持续锻炼，才能掌握自我控制的能力。但我认为，上述科学发现可以帮助我们认识到，其实孩子们发脾气或者行为无序的时候，并不意味着他们在存心捣乱，其实只不过说明孩子需要得到指导和帮助，提升自我管理的能力。从某种意义上来说，孩子们的前额皮层完全发育成熟之前，我们大人就需要帮助他们培育执行功能。我们要一点点地减少相关的支持，不断挑战孩子们的自我管理能力，直到孩子们可以完全独立的那一天。

这些科学的新发现对于每一个跟孩子打交道的人来说都非常重要：家长实际上可以促进孩子大脑神经纤维的成长，而这些神经纤维连接的都是大脑中负责情绪管理的部位，而要想做到这一点，家长需要在孩子发脾气的时候，能够跟他们建立起真正的联系。孩子们学会并且不断练习相应技巧之后，就能渐渐控制自己的行为，并且往好的方向发展，从而真正达到重塑大脑的目的。

面对一个不听话的孩子，大人的选择其实影响深广。家长可以采取单边行动，比如让孩子罚站、给孩子一些好处或是跟孩子大吼大叫，而这些行为都会加剧孩子的自我管理障碍，而且还会让亲子关系越来越疏远，会让孩子感到更加绝望。现在的实验结果表明，反复经历负面的教养惩罚的话，孩子只会在调皮捣蛋的路上越走越远。我们还有一个选择，那就是趁机加强亲子关系，帮助孩子重获自我管理的能力，甚至还可以跟他们合作设计一个方案，来强化那些孩子们有待加强的技能，好让他们更好地应对当前的局面，或者更好地应对那个让他们调皮捣蛋的导火索。这样一来，才有可能促使孩子大脑里负责自我控制和自我激励的部分发育，最终让孩子在人生中取得长期的成功。

这种模式其实组合了几种不同的功能，从跟孩子建立有效联系、跟孩子沟通到系统地培育孩子的大脑机能，不一而足，其实囊括了本书中所有有效规约孩子行为的方法，同时彰显出我们对于培养和教育出有韧性、有能力、能够引领社会未来的下一代的真诚渴望。

4

老一套的育儿方法该淘汰了

> 孩子们,我真不知道今天这些孩子们都怎么了!
> 孩子们,他们简直就是不听话、没礼貌的呆子!
>
> ——李·亚当斯《再见了,小鸟》(1960)

> 随着年纪急速增长,人们越来越不敬父母,甚至对父母百般挑剔、报之以刻薄言语,这些人根本是铁石心肠,完全不敬畏上帝。他们不会回报父母的养育之恩,因为可能有一天赡养老人已经不再是每个人的义务。
>
> ——古希腊诗人赫西奥德(公元前700年)

一旦孩子进入青春期,家长就开始不停地抱怨,自己家孩子这一代简直是最差劲的、最垮掉的一代。这个抱怨的历史源远流长,至少能追溯到荷马时期。可是我现在偏偏要证明,当代年轻人的确是最糟的一代,连我都能感觉到这种先知式的灾难预言多么讽刺。

不过还请稍存耐心,听我慢慢道来。正如我们在前一章讨论过的,孩子们管理自我情绪和行为的能力正在逐年下降。不可否认,随着媒体、科技、生活方式以及其他现代社会条件的变化,我们的大脑不可抑制地受到了影响。

为了搞清楚为什么当今时代我们需要学习新的教养方式，不妨先回溯往昔。

我的父亲和他的两个姐姐生长在20世纪50年代，他们家在美国东北部的康涅狄格州，家教森严。每个星期日，我的两位姑妈都要戴上手套和帽子去教堂做礼拜，而我父亲也在那所教堂担任唱诗班的表演者，负责童声高音。家里不允许嚼口香糖，也不允许看漫画书。骂粗话更是被严厉禁止。他们轮流到餐厅跟父母共进晚餐，以此来学习餐桌礼仪，而这个时候没有轮到的兄弟姐妹只能在厨房吃饭。

对于偶尔的惩罚和教训，他们都记忆犹新，因为他们大部分时间都很听话，言行举止合乎家长的期待。彭尼姑妈还记得，有一次他们兄弟姐妹在后院里起了争执，然后她爆了粗口，就被母亲，也就是我的玛丽奶奶喊到了厨房门口。奶奶表情冷酷，拽起姑妈的胳膊就把她拖进了浴室，抄起一块象牙牌的肥皂就开始清理姑妈的嘴巴，而那个时候姑妈只有7岁。滋味实在太恶心了，但是彭尼姑妈甚至都没有表现出一丝反抗。

"我压根就没想过要拒绝受罚，"当我问到她为什么不把嘴巴闭紧的时候，姑妈这样回答我，"大家都不会这样做的。尽管受罚之后会后悔自己没有抵抗，但是在当时那个情况下，还是不会为了逃避惩罚就把嘴闭紧。"

随后，姑妈和父亲也都有了孩子，在养育我们这一辈的时候，他们也没有遇到多大的困难，因为我们基本上不会反抗，也不会提出什么疑问就直接听从了大人的吩咐。这也是祖父母对于现代育儿方式感到颇为困惑的原因之一，他们不明白为什么现在的父母要跟自己的孩子讨价还价，又为什么要忍受孩子的脾气。在他们的记忆中，管教孩子很简单。只不过需要告诉孩子该做什么，然后再给出几个选项，孩子们通常就会不带任何疑问地遵从。即便孩子偶尔表现出一些孩子气的情绪，也能很快平息，一个严厉的眼神、一顿扎实的批评，甚至是狠狠打一下屁股，就都解决了。他们这一代人常常说"当年我就是这么养你，没有问题呀"。

他们成长的那一代是《老爸最知道》盛行的年代，那个时候男人们在工作中说一不二，女人们在家里也奉行铁腕政策。父母对于孩子视而不见，充耳不闻。心理学家管这种教养方式叫作独裁主义模式，在那个兢兢业业地干一份工作50年、肯定不会下岗，而且退休的时候还能得到一块金表作为奖励的年代，这种教养模式其实是有作用的。这是崇尚一生只做一份工作、追求工作稳定的时代，人们可以苦干到退休，然后换来一大笔稳定的养老金，直到离开人世都有收入。

那么，为什么现在这种教养模式就不灵了呢？

首先，现在教养孩子的大环境已经变了。无论是在学校里、工作中，还是政府里面，我们已经渐渐抛弃了从前那种命令与掌控的模式，越来越重视合作，以及双向尊重的新模式。在大学校园里，19岁的大学生们会跟教授们对峙，一旦发现一丝微小的种族主义倾向，就要求对方道歉。在这样的环境下，孩子会挑战权威，实在是再自然不过的了。他们越来越认为自己跟成年人是平等的，至少在做决定的过程中，自己也应该得到父母的尊重，而且自己也有平等的话语权。即便是小学生，在家里或者在社区里，也会挑剔比自己年长的孩子的态度。更何况他们每天看的少儿节目，比如迪士尼或尼克斯少儿频道出品的那些内容，总是少不了能言善辩的青少年主角。

其次，我们对于孩子的期待也跟长辈完全不同了。在我执教的父母培训中心，每次第一节课，我都邀请家长们来分享自己期待孩子成年的时候会变成什么模样。他们希望孩子到时候能拥有怎样的特质或者是价值观呢？他们希望自己的孩子长成什么样的人？

没有一个家长说，希望自己的孩子18岁的时候对他人言听计从。家长们所使用的形容词复杂而深邃得多，比如独立、富有同理心、自信、有责任感、诚实、乐观、有韧性、值得信赖、幸福、以服务为导向、勇敢、善良、有礼貌、勤奋、有创造性、聪明、心理健康，以及有好奇心。

当家长希望为孩子多储备情感上、心理上以及道德上的正向资源时，立规矩显然就变成一个非常复杂的问题，不仅仅是让孩子听话这么简单。家长也意识到，变化的速率正在加快，而他们的后代需要适应这些变化，以便在他们成年步入社会的时候，能够融入现实。他们希望能把孩子培养成独立的思考者，希望孩子能够明白社会不断变化的规则，也希望孩子不会盲目服从权威。

//////

这是学期中的一天，已经晚上七点四十五分了。在马里兰州肯辛顿的一所浸信会教堂里面，速溶咖啡和鹰嘴豆沙的味道交融，飘散在教堂最顶层。这一层铺满了地毯，埃里卡·罗伯茨就坐在我对面，她是来参加我跟我的先生布莱恩一起教授的家长培训课的，在课上，来学习的家长们围坐了一圈。

她声音洪亮，笑容亲和，在分享的过程中说起了自己的困惑，那就是她不知道该如何面对自己5岁女儿艾玛的反叛情绪，比较起来，大她4岁的哥哥埃文在她那么大的时候，却听话得多。如果埃文在公众场合发脾气，埃里卡就会直接掉头走人。这样儿子就会冷静下来，紧紧跟上妈妈的脚步，免得被母亲落下了。

"可是艾玛却不吃这一套。"她对当时一起上课的二十几位家长说，"她会大喊大叫，完全沿着跟我相反的方向，而且一路继续哀号。"

她的先生也表示，自己最困惑的地方就是不知道该怎么样让孩子配合，孩子们不听话，总能把他搞到发脾气的边缘。班上的家长纷纷点头表示赞同。他们依次表示，自己在养孩子方面存在这样或那样的问题。

从兄弟姐妹相互争宠、哄睡困难、乱发脾气到孩子死心眼不听劝、对于孩子即将面临青春期的恐惧、想要找到并非负面也不带惩罚性的约束方式，乃至孩子起不来床、出不了门、导致早上总是迟到之类的，大大小小的问题应有尽有。

当时来上课的家长里面有4对夫妻、3位单亲家长，还有另外9位是自己来上课，因为伴侣需要在家负责孩子们的晚饭和哄孩子们睡觉。他们的孩子小到3岁，大到14岁，不过其中5到9岁的居多。家长们几乎是因为共同的困惑和挣扎，迅速打成一片。

课程将近结束的时候，我请各位家长头脑风暴，设想出理想的家长应该具有哪些特质。

家长们给出的答案很多，包括有耐心、能够因材施教、觉察力强、富有同理心、有礼貌、有爱心、有创造性、有趣、对孩子信任、能对孩子的努力给予支持、从来不会感到疲惫、诚实、持之以恒、活在当下、沟通能力强、愿意为孩子提供帮助、能够放手、冷静、在孩子需要的时候能及时出现。

"别太有压力啊，想不到就算了。"白板上都挤不下大家头脑风暴出来的答案了，但是大家的想法仍然源源不绝。他们还在继续列举自己心中的答案。

包括什么对于世界有整体的体认、能够当好孩子的老师、具有求知欲、有好奇心、思想开放、有反思精神、能够无条件地爱孩子、能够支持孩子，而且具有自我成长的意愿。

"当大家看着这长长的单子的时候，心里有什么感受呢？"布莱恩问道。

"感觉特累。"一位母亲回应道。

"感觉自己简直是垃圾。"埃里卡的丈夫说得很直接。

"说到点子上了。"布莱恩接话。

"想想看吧，如果你是一个5岁或者8岁的孩子，会发脾气，"我就着话头说，"有的时候会忘东忘西，经常会把事情弄错。想想看，如果你的父母总是对你保持耐心，而且觉察力特别强、谦和有礼、让人如沐春风、沟通能力强、聪明、冷静，总能在你需要的时候出现，永远都表现出求知欲，永远都富有同理心。我必须再次强调，是时时刻刻、分分秒秒都保持这种理想的状态。那这样一个家长对你来说又意味着什么呢？"

所有人都笑了，"我会想吐。"其中一位家长说。

"如果你是个5岁或者8岁的小孩，正在摸索自己到底是个什么样的人，如果你的家长特别完美，你还会觉得自己有可能会长成父母那样的人吗？"

"估计你就会变得不正常，因为你跟父母实在是太不同了，想要变成他们那样，简直没戏。"一位母亲说道。

"我弟弟比我小很多，我曾经亲眼看着他对我父亲说你完全不会理解我的感受，因为对你来说这一切都很容易，所以你不可能了解我所经历的痛苦。"一位30岁出头、带着两个女儿的单亲妈妈分享道。

"说得很有道理，"我说道，"做这个练习的目的之一就是让大家能够了解，即便你真的能够变成完美的父母，那么对不完美的孩子来说，实在是很容易让他们灰心丧气的、难以企及的标准。"

"当然，你的配偶也许也会很有压力。"布莱恩插嘴道，引得大家一阵哄堂大笑。

"而且我认为，太过完美的父母也会扭曲孩子们对于这个世界的观感，让他们的安全感发生偏误。"另外一位母亲说道，在她的分享中我们了解到她的女儿天生反骨，拒绝主流。

"很好，现在我们面前的基本路障已经清除了。在这堂课里面，我们要做的就是列出那个完美父母的清单，然后把它团成一团，扔到窗外。毕竟这世界上没有任何人是完美的。"我说。

"我倒觉得咱们应该把那个清单留起来。"布莱恩开玩笑道。

"我才不要留下，那会让我觉得自己是个垃圾呢。"我回应。

"我们这门课的核心就是帮助大家鼓起足够的勇气,以此来面对自己的不完美。"布莱恩说。"我们的基本观念是,教养孩子的方法千千万万,有的行得通,有的行不通。而你的任务就是逐一尝试,在尝试的过程中可能会成功,也可能会失败。但总体的目标就是,在尝试的过程中,你总会有所收获。具有接受自己不完美的勇气,实在是很难得的。这就是我们的目标,大家就尽量试一试吧。"

"接受自身的不完美,其实也是孩子成长过程中必经的,他们需要经过这样的过程,才能融入现实世界当中,也才能学会接受自己的局限。而他们要如何学着接受自身的不完美,就要看我们是如何言传身教的了。"我对于课程主旨进行了总结。

课程就此步入正轨。接下来两个月的课程里,我和布莱恩向各位家长介绍了家长培训课程的基本原则。这套课程体系以奥地利已故精神治疗医师阿尔弗雷德·阿德勒的正向教养模式为中心。我们教给家长许多技巧,让他们更好地跟孩子建立联系、跟孩子沟通,并且教孩子学习各项日常技能、教孩子应对强烈的情绪,也教他们理解家里的规矩、搞清楚父母要他们守规矩的意义。尽管各位家长平时都很忙,但他们还是在繁忙的工作结束之后,抽出工作日里可怜的休息时间,挤在并不十分舒适的金属椅子里,尽力学习着课程的内容,希望自己的家庭生活能够越过越好。

//////

现在的家长之所以表现出对于有效规约模式的强烈兴趣,是因为他们看到了一味想跟孩子做朋友、总是鼓励孩子却对孩子的行为不加约束的模式危害巨大。20世纪90年代的时候,社会上过分强调自信心的重要性,把它当作人生取得成功的最关键因素。这样一来,许多家长总是无条件地赞美自己的孩子。孩子参加的各种社团活动或比赛项目,不问具体的表现情况,只要出席都能领到奖牌或者奖杯。家长都不再惩罚孩子，反而时时处处想要宽慰他们，希望孩子能成长得开心快乐。许多家长大包大揽，替孩子在学校里还有各项活动当中发声，有时候还一直管到大学乃至于孩子上班。

这是所谓的宽容型父母大行其道的年代，这个概念是威廉·西尔斯在1993年的著作《西尔斯亲密育儿百科》当中提出的。其中研究了婴幼儿时期成长经验以及安全依恋对于一生成功的重要影响，从而强化了父母养育子女的责任，并且为后续一系列针对母亲负疚感展开的研究奠定了基础。

就好像20世纪50年代的家庭主妇觉得把孩子放在儿童围栏里面好几个小时都没关系，自顾自就去忙家务了，20世纪末、21世纪初的妈妈们习惯于跟孩子同一个房间睡觉，走到哪儿就把孩子带到哪儿，基本上没有给孩子留下什么私人空间，甚至在孩子上厕所或者洗澡的时候，也会同出同进。不得不说，我自己就犯了后两条。正如宽容型父母这个名词本身所代表的内涵一样，奉行这个准则的爸爸、妈妈很容易模糊孩子跟自己之间的边界，有的时候连基本的规矩也放弃了。

20世纪90年代中期，社会学家跟心理学家联合发起了一系列的新型研究，重点分析宽容型父母的教养模式对于孩子的影响。他们对3种教养模式进行了比较，第1种就是上述的宽容型教养模式，第2种是之前提到的类似于《老爸最知道》书中所倡导的铁腕政策，而第3种是权威型教养模式，这种模式融合了亲子温情与联系以及明确的教养规矩。奉行铁腕政策的父母会给孩子下指令，要求孩子绝对服从、说一不二，而权威型父母会跟孩子解释立规矩背后的原因，而当孩子据理力争的时候，也有可能会表现出一定的让步。不要把这两种教养模式给搞混了，他们其实是非常不同的。

我如饥似渴地学习这些研究的成果，想要解决自己面对的婚姻争端。我更倾向于采取宽容型教养模式，而布莱恩则希望施行铁腕政策。我们是不是扬长避短、从而采取中间路线，成为一对权威式的父母呢？如果是的话，又有没有可行性呢？

我梳理了无数研究，想要看看这3种不同的教养模式下，孩子们的情绪健康程度、调皮捣蛋的程度以及学习成绩有什么差异。在这些研究中，有三篇论文引起了我的注意。

几个心理学教授组成了研究团队，找来272名宾夕法尼亚州公立高中的学生，通过一系列的问题，来评估他们父母的教养模式以及这些学生自身的状况。这些问题当中有的涉及权威型教养模式，比如"你的父母到底对于你的业余生活有几分了解"。还有其他的问题，比如"如果父母想要我做什么事情的话，他们会先解释清楚动机"。根据这些问题，研究者会作出相应的评估。

根据被测试者对于这些问题的答案，研究人员把被测试者的父母分为四种模式，也就是权威型父母、铁腕型父母、溺爱型父母和缺位型父母。无论是溺爱型还是缺位型，都属于宽容型的教养模式。溺爱式父母顾名思义，指的是父母对于孩子都非常宠溺，亲子关系充满温情、联系紧密，但是父母却很少给孩子立规矩。至于缺位型的父母，他们跟孩子的情感联系疏远，基本上不怎么对孩子进行监管，这样一来孩子也可以为所欲为。

通过对各项结果进行分析和比对，相关研究者在2006年发表了一篇论文。论文中指出，权威型母亲养出的孩子更有自尊心，对于生活的满意程度也更高，同时这些孩子身上抑郁的表征更少。缺位型父母养出的孩子，各项结果都最糟糕，而铁腕型父母和溺爱型父母养出的孩子状态居中。

第二篇论文关注的是烟酒滥用、反社会行为以及抑郁等问题。科恩·路克斯是在比利时鲁文大学工作的心理学家，而他的伙伴是来自美国俄勒冈研究所的伊丽莎白·蒂尔迪斯利。在他们的带领下，整个团队进行了《俄勒冈州青少年物质滥用调查报告》的研究。这是一项前瞻性研究，包括设计出相应的问题，并在搜集资料之前对于各项参数进行研究分析。学界普遍认为，这种研究模式比回顾性研究更可靠，因为这种研究模式尽可能降低了偏见或不相关因素的干扰，结果相对准确。

他们对 5 个年级的学生及其家长进行了问卷调查，调查一年一度，持续了很多年。首次接触调查的时候，最小的孩子上一年级，最大的上五年级。调查一直追踪到最小的孩子上了八年级，也就是最大的孩子升上了十二年级。参与调查的孩子共计 1049 名，参与调查的家长有 1075 位。有 4 成的被测试者是冲着免费简餐来的，这些被测试者当中有 86% 是白人。

在 2012 年的论文中，研究人员指出，权威型父母养育出来的孩子，在研究评估的各个方面都比其他的孩子表现得更好。缺位型父母养出的孩子表现最糟，而且这个悬殊逐年增大。高中最后一年，在抽烟和喝酒的比例上，这些孩子比权威型和铁腕型的父母调教出来的孩子足足高出了一倍。

第三篇引起我注意的论文是 1991 年发表的。被测试者是来自威斯康星州和加利福尼亚州的青少年，参与者共计 4100 名，他们的父母同样被分为权威型、铁腕型、溺爱型和缺位型 4 种。研究者仔细甄别了这些孩子的心理发育状况、学业成绩、身上的问题行为，以及诸如抑郁和焦虑之类的内在苦痛。在这里，心理发育状况指的是在学校以及家庭的社会环境中，孩子个体性格的成熟度。

研究者发现，权威型父母养出来的孩子心理能力最强，同时心理和行为偏差率最低。而缺位型父母养出来的孩子却正相反。铁腕型父母养出来的孩子在遵循规则方面表现得非常好，但是跟其他的被测试者相比，自我信念的分数偏低。与此相反，溺爱型父母养育出的孩子更加自信，但更容易沾染物质滥用、在学校里调皮捣蛋，或者是学业表现不佳等问题。

我想，铁腕型父母养育出来的孩子大概会在行为上表现得比较好，但是可能心理健康状况堪忧，而溺爱型父母养出来的孩子可能内心的矛盾挣扎少一些，但是行为上的问题却比较多，这些孩子通常学业不佳，对待毒品与性行为的态度比较随意。

80后和90后的父母，往往是在铁腕型父母的教养下长大的，他们成长过程中家规严格，亲子关系相对疏远，所以他们想要弥补这个缺憾，可惜似乎矫枉过正了。为了跟孩子更亲密，很多重要的原则都被模糊掉了。事实证明，从长期效果上讲，宽容型的教养模式甚至比铁腕型的更糟糕。从20世纪90年代至今，有无数的研究都表明这两种教养模式下长出来的孩子罹患抑郁症以及自我控制能力低的概率不断攀升，与此同时在宽容型教养模式下成长的孩子学业成绩更不好。

经过这些研究，我决定采取中间路线：既要跟孩子建立亲密的情感联系，又要给孩子立好规矩。我会对于孩子的个体性表示尊重，尊重他们的目标和发展前景，与此同时也要求他们做家务，并且遵循我们共同的价值观念和家庭规则。我把那些有用的技巧都记下来，取其精华，并且融会贯通，形成了我独创的"学徒型"教养模式。本书中所提供的一切有用的教养体系都有3个共同点，第一是跟孩子建立真诚联系，第二是发生问题的话跟孩子沟通，第三是培养孩子的能力。在此基础上，父母和子女之间会设立下有益的规矩，并且划清恰当的界限。

在我们家里，布莱恩和我都信守一个信念，那就是先干活再玩耍。我们俩都是家里的老大，当眼前有更重要的事情需要完成，我们都会优先选择延迟满足，把事情做完。而我们的孩子还在摸索期，会不会养成这种思维模式，还要看他们后续的发展。与其唠叨着让他们做家务，不如简简单单立个规矩：餐盘都放进洗碗机、书包也都整理好了之后，我们就可以去游泳池玩了。有的时候他们会立马开始打扫，但有的时候他们也会磨蹭，看会儿书、做做拼图，再不然就是逗逗狗。最后他们才会静下心来干活。不过这都是他们的选择。

我们尽可能用一种平静的心情对待孩子们的各种行为，不想总是催促或者是唠叨。如果他们磨蹭到天黑以后，或者是气温已经转冷了，那我们就不能去游泳了。我们这样做，是从长远考虑的。与其敦促孩子们好好完成当天下午的各项任务，不如教会他们如何在人生中为自己负责。当他们因为不能去游泳而感到失望的时候，我们也能感同身受。我们既不会跟孩子说，"我告诉过你，应该动作快点的吧。"也不会趁机教育他们"下次你就应该这样……"我们希望他们从自己的实际经验当中得到教训。

提起权威型教养模式，有些家长会说，一想到这种模式所需要花的时间和精力就觉得头疼。可是我不得不说，宽容型教养模式更加耗时耗力。如果孩子们都不帮你做家务的话，什么活你都要自己干，从打扫、做饭、购物到安排家庭活动，一干就是好多年，甚至要持续到孩子们都长大成人为止。虽然教孩子们处理这些事情需要花费更多的时间，可是尽早把这些家庭职责分出去不是更好吗？

我对于铁腕型教养模式的看法类似。也许单纯立规矩是很简单的，但是这有一个前提，那就是孩子们要听话才行。随着他们年龄的增长，孩子们自然想要更多的自主性，所以他们一二十岁的时候更有可能会变得叛逆，无论是明目张胆的叛逆，还是暗中背着你的叛逆。我建议大家在孩子们小的时候要建立起一个协商体系，一旦遇到不同意见，应该养成互相商量的习惯，这样一来，等他们想要争取更多独立性的时候，家里就有规矩可循，无论发生什么异动，孩子跟你还是有商有量的。对于这一点，我们会在第9章详细展开。

再说，无论我们使用哪种教养模式，当今时代，家长都愿意在孩子身上倾注更多的时间。

虽然1965年到2015年之间，越来越多的女性投入到劳动市场当中，女性从业率从41%攀升到71%，但与此同时母亲陪伴孩子的时间也有所增长，从每个星期10小时上升到每星期15小时。与此同时，父亲陪伴孩子的时间几乎翻了三倍,从每周 2.5 小时攀升到 7 小时。总而言之,在过去的 30 年当中,育儿方式渐渐从命令、控制和惩罚的模式发生转变,开始向着亲密育儿以及积极规约的方向发展,因此在这个阶段里父母们也更多地参与育儿的实际过程中,并且展示出通力合作的趋向。尽管这个趋势还没有普及,但是这些特征已经能显示出一大批中产阶级父母在育儿方面的真实转变。

然而近期研究表明,孩子最需要的并不一定是跟父母相处的时间越来越长,他们最需要的是高质量的亲子时间。

2015 年,一批社会学家揭开了密集母职(intensive mothering)这个概念的神秘面纱,它指的是母亲应该倾尽时间与精力来陪伴孩子的成长,以此确保孩子心理健康并且学业有成。密歇根大学自 1968 年起就开始对 18000 名测试对象进行长期追踪调查,并对于这些人的生活质量进行评估。在这个调查过程中被测试者每一年都会被问到许多问题,涉及受雇用情况、收入情况、健康情况、各方关系情况、教育情况以及其他情况。自从 1997 年起,相关研究者也开始跟踪这些被测试者的孩子成长情况,而研究密集母职的这一批社会学家正是充分利用了密歇根大学这一组数据。

密歇根大学的数据非常有价值,不但因为这组数据十分庞大,而且因为数据采集的方式是通过对于被测试者的日常活动实时记录得来的。这个方式的准确性备受推崇,因为它是实时记录的,而不是依赖被测试者对于过去某一段时间自己究竟做了什么的回忆。

梅丽莎·米尔琪是多伦多大学的社会学家,她的团队仔细研究了 1997 年到 2003 年的数据,以便分析出父母陪伴孩子的时间对于儿童成长发育的影响。他们的研究涉及行为问题、情绪问题以及学业成绩等方面。行为问题包括孩子会不会说谎、会不会总是顶嘴、是不是很难集中精力、有没有欺凌行为以及有没有多动症的症状。如果被关注的测试对象是青少年,研究团队还会把问题拓展到冒险行为方面,诸如有没有出现毒品烟酒滥用以及性行为。具体的不良行为方面，研究者会问到被测试的青少年是否存在在父母或学校规定的宵禁时间之后回家的情况、有没有偷过东西、有没有损害他人财物、有没有在学校惹麻烦、有没有重伤过他人或是引起过警察的注意。研究者把父母陪伴孩子的时间分为两类，一类是父母有空的时间，另一类是父母跟孩子产生真正交流的时间。

研究结果非常令人震惊，对于年龄在12岁以下的儿童来说，无论父母有空的时间或者是跟他们产生真正交流的时间有多少，都跟这些孩子在行为、情绪以及学业上的表现毫无关联，一点关系也没有。

但是跟青少年有关的结果就产生了一些变化，跟母亲有更多真正交流的青少年不良行为更少。而如果青少年能够跟父母双方都有充足时间真正交流的话，他们的行为问题、烟酒滥用以及不良行为都会更少，而且数学成绩相对更好。跟父母双亲都能够有效相处的青少年使用毒品的概率更低。

这项研究告诉我，即便经济上允许，辞职回家全勤带孩子也并不会有助于他们的成长。与此相反，我还不如多花一点时间学习，如何成为一个权威型母亲，与其注重跟孩子相处的时间长度，不如提升相处时间的质量。

权威型教养模式不但被越来越多的父母所青睐，而且还有充足的研究基础作为背后支持，相关研究表明独立、自主以及与他人的关联感不但会触发个人的前进动力，而且令人有能力获取幸福。我们看到越来越多的例子，发现教养孩子的本能反应往往会有副作用，无论你对孩子的本能反应是赏是罚还是不停给他们收拾烂摊子，都未见得会取得良好的收效。越来越多的新研究正在提示我们应该采取新的教养手段，比如斯坦福大学的卡罗尔·德韦克就做过一项研究，证明夸奖可能会减弱孩子的自主行为动机，也让孩子不愿意尝试新的挑战。宾夕法尼亚大学的安琪拉·达克沃斯的研究表明，在提升个人韧性的过程中成长的障碍其实是功不可没的。还有很多像是《如何让孩子成年又成人》以及《失败的礼物》之类的畅销书都在提倡父母不要在育儿过程中过分忧虑，让孩子体验到失败没什么不好，不要再一味盯着孩子取得的成绩。

当今的父母正在试图寻找一条中间道路，在早期铁腕型教养模式以及 20 世纪 80—90 年代的宽容型教养模式之间探求平衡。不过虽然家长们对于惩罚孩子越来越有意见，而且越来越重视跟孩子的沟通和相互尊重，但是忽视了教养孩子当中的关键一环，那就是立规矩。如果家里每一个人都被同等尊重，民主又是我们当今世界最受推崇的价值观之一，家长想要给孩子立规矩的时候可能就会变得很尴尬。试图学习权威型教养模式的父母往往会竭力避免把自己的意志强加在孩子的身上，除非孩子一直哼哼唧唧又或者是把家里搞得乱七八糟、把家长搞得忍无可忍，否则家长都不大情愿对孩子提出要求。可是忍无可忍的时候家长们却又开始使用铁腕手段，这就跟我们童年经历的教养模式没什么差别了。

当我开始研究孩子们的行为根源时，原本只是想找到调教孩子们小毛病的方法，可以让他们不要动不动就彻底失控，又或者是减少几回手忙脚乱找不到作业的情况就够了。但是随着研究的深入，我的心情愈加沉重了，整个探索过程显得非常有用也非常重要，因为我对于下一代的未来越来越担忧。广泛深入国家的腹地进行走访调查让我意识到，整个国家都已经处在危机当中。

//////

在我见到达伦·亨利的时候，他有点无精打采，虽然还不至于绝望，但是显然对于自己所做的事情并没有什么必胜把握。他在俄亥俄州普特南县的莱比锡小学工作，办公室靠近小学的大门。当我问到为什么孩子会调皮捣蛋、现如今该用什么方法来对付他们的时候，他斜仰在自己的椅子上陷入沉思。

他回答说："该用什么办法对付他们？我也想知道啊，我还想问问你有什么好建议呢。"

之前在电话上预约时间的时候亨利已经告诉过我他的成长经历，他是在俄亥俄的乡村长大的，随后成了一名教师，再之后就变成了莱比锡小学的校长。那些常常因为调皮捣蛋而被他请进办公室的"熊孩子"们往往也有"熊父母"，而那些"熊父母"基本上都是亨利20多年前执教期间最头疼的学生。这种调皮捣蛋的循环甚至让他怀疑有些事情就是没救的，而且现在的孩子们在调皮捣蛋的路上似乎变本加厉。跟他们父母那一辈相比，现如今刚刚入学的5岁小孩便坐不住了，而且一旦遇到什么争端也更有可能动拳头。他觉得家庭生活越来越糟糕，甚至已经开始影响整个社区的大环境。

"有一些孩子回家之后根本就不担心自己是不是应该要好好写作业，他们满脑子想的都是等一下要吃什么饭，家里到底有没有人会给我做饭之类的问题。"听他说话的同时，我环顾四周，发现办公室里全是一摞摞的学生档案，还有孩子们用蜡笔写的感谢卡。

他告诉我20年前如果走过城镇中心的话，随处可见孩子们在打篮球、骑自行车或者在棒球场上一起玩耍，但是这种场景现如今已经非常罕见了。

"对于我们这样的小城镇来说，能有两个大公园已经很不错了。我们却看不到多少孩子在公园里玩。"他说道，"学校并不仅仅是为了教孩子考试而已，我们也想教给他们一些社交技巧，还想让他们在群体里面能够自处。孩子们有必要学习怎么跟其他人一起协作、一起玩耍。"

就在我采访亨利的那个春日，隔壁办公室就有一个三年级的小孩被请来接受教育。班级里面组织活动庆祝春季学期的期末，可是他在这个过程中表现实在是太不好了，已经调皮捣蛋了好多回。这个孩子上面还有一个哥哥，底下有一个弟弟，兄弟三人都常常被课后留堂。

"他们每一个都是自己班里最聪明的孩子，"亨利说，"但是也很顽固，实在是不好管，如果他们真的不想合作，那么老师怎么说都没用。"

这一天，期末派对刚开始老师就让这个麻烦三兄弟当中的老二到校长室报到了，不过这个孩子直接无视了老师的要求。老师给亨利打电话，后者只能带着一肚子的忧虑赶去教室里。他已经把这个孩子强拉硬拽出教室好几回了，实在有点不耐烦再用同一招。这个学期刚开始的时候男孩总是在挖了自己的鼻涕之后抹到同学的身上，当时亨利就已经跑到班里去对付他好几次了。

"把孩子们强拉出来可不是什么好受的事，"亨利说，"一遍一遍把这些调皮捣蛋的男孩子们拖出教室我也很烦。与此同时，我也不想丢了校长的饭碗。"

于是亨利在这半个月以来采取了一个新策略，对这些调皮捣蛋的孩子极尽和颜悦色。每当需要去教室里面把这些捣蛋鬼请出来的时候，亨利都会蹲到孩子的高度，非常有礼貌地请对方到自己的办公室来。

"一开始他会跟我稍微顶两句嘴，然后我就对他说拜托了，我真的特别需要你来一下，紧接着又拍了拍他的后背，试图用正向的情绪来引导他，然后他就跟我来了，这一招还是挺有用的，希望以后也能持续生效。"他对我解释道。

对于教育从业者来说，一旦没有办法好好控制自己行为的人有了孩子，那么这家孩子就更没有什么希望会遵守纪律了。"有的时候当校长特别累，几乎让我受不了了。因为你特别想要帮助每一个孩子，而这个过程是会消耗你自己的，"亨利向我敞开心扉说，"在我们学校里，很多孩子在家里只能听到父母的叫骂声，所以我觉得嚷嚷是没用的。我也在试图把这一点告诉老师们，如果你因为孩子们没有交作业就大吼，那么孩子们只会捣蛋得更起劲，因为这就是他们条件反射的行为模式。"

在距离亨利任教的莱比锡小学西边不远的威斯康星州，我也听到了类似的理论。那里的小学老师三木告诉我在过去20年中学生们的家庭以及他们自身的行为都发生了极大的变化。1998年的时候她刚刚上岗，那时候学生普遍会有一位家长是全职待在家的，而现如今大部分都变成了双职工家庭，而且家长们都忙得很。"也许学生的父母还处在婚姻过程中，也会回家，但是家长在家的时间太少了。这种情况实在是很要命，因为它会触发一系列的多米诺效应。"三木是这样告诉我的，"小孩子们可能四五岁就被送到学校来了，父母觉得自己陪孩子的时间太少，于是满怀愧疚，所以就想讨好孩子，跟孩子做朋友。"

假如真的孩子不但更不听话，更不尊重权威，而且老师给家长打电话反映孩子纪律问题的时候也受到了更多的阻碍。"家长总是会说，我孩子才不会那样呢，或者总是为自己孩子的言行找借口，想要怪到其他孩子身上，家长似乎特别害怕在家里给孩子立规矩，所以特别不愿意正视孩子们在学校里的不良行为，这样一来，孩子们到学校里就更无法无天了。"

跟刚开始执教的时候比起来，三木觉得现在的孩子更容易哭，也更容易发脾气。不过最关键的转变是孩子们总是会质疑老师下的指令，而且跟同学发生争端的时候一旦觉得自己受了委屈，就更有可能采取打击报复。

"孩子们不知道要怎么跟其他人公平相处，他们完全不懂要想得到他人的尊重，自己必须要先尊重他人。"三木如是说，"孩子们总是想当然地认为自己想要什么就该得到什么，他们把这种习气带到了学校里。"

在教室里面像是"把铅笔放到桌子上"这样简单的指令都很难贯彻执行，因为孩子们总是不停地说话，感觉老师下的命令跟他们无关。三木说几年前也许一个班里会有一到两个孩子的纪律需要被反复提醒，但现在大多数的孩子都不听话了。

"他们完全不会意识到自己属于一个集体，而这个集体是比个人更大更重要的。他们不认为自己的存在会令这个世界变得更美好，他们全都太自我中心了。"三木这样评价道，"只要一遇到什么事情，每个孩子都要立即满足自己的意愿，根本就没有商量的余地，除非你能够给我帮什么忙，我才理你的死活。"

除了社会的急剧变化之外，她认为无论是在家里还是在课堂上电子产品的使用量都急剧增加，也是造成孩子们越来越难管的另外一大因素。现如今孩子们无论是在学校里，还是在休闲的时候，都过得越来越静态，基本上一直都坐着不动。"之前孩子们都会在操场上或者公园里面玩耍，这样就会有自然的社交接触，也有助于培养他们的个人责任感，但现如今这种情况都变了，孩子们只是对着电子屏幕玩耍，而电子屏幕上一切反馈都是即时的，但是发出议论的人却都可以安然地躲在一个屏幕后面。"三木是这样对我说的。

///////

儿科医生杰弗里·布罗斯科经常近距离观察到那些行为举止稍有异常的孩子。自从 1970 年开始，被诊断出注意力缺失症的孩子越来越多，从比例上来说大约翻了两倍，这引起了布罗斯科的关注和思考，他开始研究孩子们肩负的考取好成绩的压力是不是跟这个病症爆发率的上升有关。毕竟注意力缺失症的诊断是在学习的环境中延伸出来的，医生们会观察孩子在学习时候的行为，同时还要通过询问来判断孩子学习能力的高低、是否善于跟同学相处、是不是会有效地听从老师的指令并且遵守规矩学校纪律，即是否善于跟成年人打交道等等。鉴于在近些年当中学校的各项活动都变得越来越以学习成绩为指向，也越来越静态，对于布罗斯科来说探寻在这样一个环境下是不是会有更多的孩子出现异常行为就显得很合理了。

"我小时候上幼儿园，只需要上半天，大家都只是跑来跑去，从来没有家庭作业，我基本上是到高中才开始写作业的。大概在过去 50 年来教育方针有一个非常大的转向，大家都开始认为小孩子的学业成绩越来越重要，而且需要越来越严格要求了，"布罗斯科说，他在迈阿密大学米勒医学院担任临床儿科的教授，"我们已经知道，如果从神经科学的角度来研究注意力缺失症的话，这个病因主要跟额叶和前额叶的成熟度有关。患上注意力缺失症的孩子更难抑制自己的本能冲动，也更难集中精神，对于环境的各项要求他们都不能很好地适应。"

布拉斯科跟医学院的学生安娜·博纳仔细研究了学业成绩要求变化的各项数据，比如美国教育部关于各年级家庭作业量的统计以及孩子们时间分配的调查等。"这些数据都有一个共同的趋势，"布拉斯克说，"学前班的孩子差不多是在4岁上下开始学习字母数字并且试着开始写日记。对于6到8岁学龄儿童的课业要求也在不断提升，这一点在家庭作业量的增长以及休息时间的压缩两方面都有所体现。"

布拉斯科和博纳在2016年于《美国医学会小儿科期刊》上发表的论文称，在过去的20年当中老师们教3到5岁的孩子学字母和数字的时间提升了19%，而且越来越多的孩子已经开始上一整天学，而不再是半天，具体来说1970年的时候上整天幼儿园的小朋友只占17%，到了21世纪初这个比例就攀升到了58%。这篇论文还指出1997年的时候6到8岁的学龄儿童，每周用于做家庭作业的时间大概是两小时以上，这比1987年的时候翻了两倍还不止。

跟注意力缺失症的确诊率不断攀升联系起来，布拉斯科认为孩子们生活和学习环境的变化跟这一病症的扩散更有关联，毕竟在这几十年当中人类的大脑并没有发生多么显著的改变，在把内因排除之后，外因就变得更为紧要。此外，随着孩子们身体健康水平的极大提升，内科医生和家长们更应该好好考虑考虑孩子们心理和行为健康的问题。

"50年前孩子们因为罹患感染病而死亡的比率很高，"布拉斯科说，"但是如今孩子们的身体非常健康，这样我们反而就有了闲情逸致来关注孩子们行为上的差别，毕竟现如今小儿麻痹症已经不再那么流行,教大人们得以观察到孩子们有可能在学校里面没有办法集中精神之类的问题。"

那么现在应该采取什么措施呢?布拉斯克的研究以及其他相关文献都表达了这样一个观点,他们觉得对于刚开始上学的孩子们来说,与其不断提升课业量,不如让他们多多参加体育活动。这项研究还提出了一个具有实际检验意义的忠告,那就是如果刚开始上学的孩子们课业量越来越大、活动的时间越来越少的话,那么注意力缺失症的爆发率势必会随之攀升的。

"啊,如果具有注意力缺失症的孩子没办法跑来跑去,而是要静静地在桌子旁边一连坐上几个钟头,完成许多从里到外都非常无聊的任务的话,他们犯病的概率就高出许多。"他说,"在我们不断提升对于孩子们学业要求的同时,必须意识到许多孩子也会随之被贴上心理或行为失调的标签。"

对于还没有上中学的孩子们来说,做家庭作业其实是很有用的。杜克大学的心理学教授哈里斯·库珀所做的研究尤为重要,他仔细分析了180个针对家庭作业对孩子所产生影响的研究后,发现在小学期间家庭作业量跟孩子的学业成绩之间的联系非常小。即便到了初中和高中的阶段,家庭作业量跟学业成绩之间的联系也并不明显。因此库珀认为家长们与其逼着孩子们写作业,不如鼓励孩子多参加体育运动,同时注意跟孩子们做课外的亲子交流。如果家长能跟孩子进行亲子共读或者在做晚饭的时候融入算数练习是最好的,但是要注意这些练习都应该是少量并且有趣的。

"我们已经有足足 30 年的研究数据可以表明多做家庭作业并不意味着可以提升学业成绩,我发现如今的家长越来越把作业当成了自己的事,这样一来反而削弱了孩子的学习自主性。"布拉斯科说。

那么过去的 30 年当中,有没有发生什么正向的变化呢?儿童传染病被消灭显然对于孩子和整个国家来说都是好事。另外还有一个有益的变化就是在育儿的过程当中父亲们亲身参与的越来越多了，这对于孩子们学业成绩的提升以及心理健康的发展都有好处。尽管父亲们更有可能使用铁腕式育儿手段，但父亲独特的带娃方式总归是能够让孩子少受焦虑的影响。现代以来以母亲为主的育儿方式已经成为时代的主流，而父亲更多参与进来以后是对这一趋势的有益扭转。

//////

我主教的家长培训课一级班总计前后持续 8 个星期，这也是我们所工作的家长培训中心核心课程的前半部分。这一回课程已经进行到了第五节，时钟指向了七点二十九分，课程马上就要开始了。参与培训的家长们自然随意地进入了教室，领取自己的名牌、倒上一杯咖啡，然后就座。他们已经对于上课的流程驾轻就熟了。

跟大家问过好之后，我就开始询问他们这一周过得怎么样。上一节课的时候，按照我们家长培训课程所遵循的阿德勒学说的大框架，他们已经学习到了 4 种儿童行为偏差的类型。其中第一种就是寻求额外关注，所谓额外关注是跟有益而且适量的关注相对而言的；第二种是亲子权力斗争；第三种是报复；第四种行为偏差是先入为主地认为自己能力不足，这样一来孩子们无论面对什么样的情况都倾向于选择直接放弃。

阿德勒学说的基本观点认为人类一切行为的本质都是源于寻求归属的内在意愿。如果人找不到诸如在一个团队里面起领导作用或者是贡献自己的力量这种有效寻求归属的方式，那他们就会采用无效的手段来寻求归属，比如化身成戏精。这种情况对于孩子来说也是一样的。

我问各位家长学习到这几种行为偏差类型之后，他们有没有开始用全新的角度来看待孩子们的行为。

"我不再跟孩子进行亲子权力斗争了。"泰隆·罗伯茨说，听到这话以后，我很吃惊地望向他，他居然露出了微笑，一米八二的大个蜷缩在小小的塑料和金属椅子当中。

"你不再跟孩子进行亲子权力斗争了。"我用平淡的语调重复了一下他的话,从来就没有听说过哪个家长在一周之内就能完全放弃亲子权力斗争的。我可是花了整整几个月的时间才成功劝服自己不一定总是要占上风,但是在跟孩子们打交道的过程中我仍然时不时就会争强好胜起来。

"这样做的确很困难,因为依着我的性子来说一句话就解决了,那就是我说什么你就得听什么。"他说。

"很好,那你可不可以给我们举个例子呢,说说看以前你会怎么处理,而现在你又采取了什么新的方式。"我接着他的话头说道。

"赶快穿衣服,赶快穿衣服,赶快起床,赶快穿衣服,赶快穿衣服,赶快起床,赶快穿衣服,为什么你还不起床?快点起床啊。"他开始模仿自己每天早上唠叨儿子的情形,他儿子名字叫埃文,已经9岁了。

泰隆·罗伯茨在一家建筑公司的软件服务部工作,妻子艾瑞卡是一位大学教授。上周上完课之后,他跟妻子共同决定,不再催促孩子起床或者穿衣服了,而是直接告诉埃文,他们会定闹钟,闹钟响的时候就是要带着5岁的艾玛去上学的时候。如果埃文准备好了就可以跟他们一起出门,尽管埃文年纪更长一些,但是似乎早上总是手忙脚乱、出个门都要磨蹭半天。到最后往往都是全家人等他一个,到最后搞得父母双双迟到。

上周上完课之后泰隆转变的策略,直接告诉儿子:"我们到时候会直接下楼到门口去,闹钟一响就出发,如果你是最后一个出门的,一定要把家门锁好,也要带齐东西,如果带不全的话到了学校就没午饭吃了。那就这样吧,再见。"

泰隆对着全体家长说:"每次只要一这样说,他就会第一个准备好,早早就站到门口去等着我们了。"

"很有趣,哇,听起来简直就像魔法咒语一样灵。"我带着一丝嫉妒的情绪说。

"是啊。"泰隆回答。

"我们忽然意识到之前只不过是口头威胁他而已,什么我们要走了,我们要走了都只不过是嘴上说说,"艾瑞卡补充道,"不过这一回我们的语气非常认真,其实心里也很忐忑。我们吩咐得很详细,告诉他要先穿过脏衣物储藏室,把门锁好之后再过马路。每一项指令都非常认真,让他认识到我们的确会留他一个人在家,然后他就必须自己想办法去上学。埃文意识到我们的确是这个意思,如果他再磨蹭我们就会直接离开。"

"不过我们在给他指令的时候并没有重复地说,我们没有说要走了,这次我们真的要走了之类的话。我们都说了一次,然后就出门了。"泰隆说。

"你们直接以实际行动代替了口头言语。"布莱恩说。

这就是家长培训过程的核心建议:多行动,少说教。如果你想要让孩子不再把书包直接扔到前厅的地板上,就不要长篇大论地说什么绊到别人都危险、这种行为多么不负责任之类的。你只不过需要面带微笑地站在那里,用手指一指地上的书包说"把包捡起来"就好了。

泰隆居然下了这么大的决心、打算彻底变革育儿方式,实在令人刮目相看。这变化只不过是在一夜之间就发生了,我一直在琢磨这一点,因为我实在好奇他是如何如此快地发生转变的。于是在家长培训课程结束一年之后我对他跟艾瑞卡进行了跟踪回访,想看看他们的现状有何改观。

泰隆告诉我在家长培训课期间艾瑞卡意识到泰隆对待儿子的方式完全会起到反作用,因为他总是采用嘲讽的手段对待埃文,以此催促儿子完成各项日常任务或者是敦促儿子做事情更卖力一些。这种模式是泰隆得心应手的,因为青年时代在巴尔的摩的时候他就是这样教育自己的弟弟的。由于他们的母亲是单亲妈妈,这两兄弟早就习惯相依为命，泰隆的弟弟十分冷静，时常需要哥哥给他相应的指引。

"我更多的是以一个兄长而不是一个父亲的方式在对待埃文，我会拿话去刺他，我会故意引起他的敌意，而我之前并没有意识到这一点，"他说，"为了纠正这个问题，我总会时不时地回顾当时的家长培训课程，我会问自己如果布莱恩遇到这样一个情况会怎么处理呢，然后开始拨乱反正。"

小时候泰隆的父亲跟他们一起生活了一段时间，不过总体来说，他基本上是在父亲缺席的情况下长大的。有时候他弟弟一回家就会向哥哥吐苦水，然后哥俩就开始一起研究怎么解决弟弟遇上的麻烦。

"埃文现在所处的环境跟我们小时候不一样了，所以他并不需要这样的解决方式，当时我们在成长过程中没有保护人，外面的世界很凶险，"泰隆说，"我们必须经历一次又一次的失败才能摸索出处理问题的方法，我还以为把这些经验教给儿子是对他有好处的，但最后却发现自己教导的方式错了。"

一旦泰隆不再用那种激烈的方式来对待儿子，转而开始给儿子充分的支持，埃文各方面表现都开始令人惊艳。父子间的打打闹闹开始变得有趣而欢乐，因为埃文不再担心自己那人高马大的父亲会下手太重了。到了棒球场上埃文对自己的挑战也可以控制在舒适圈范围内，因为不需要再担心父亲事后会拷问自己，为什么不打得再凶猛一些。

"以埃文的个性来说，太过凶悍的教育方式反而不利于他的成长。泰隆可不希望拖儿子的后腿，"艾瑞卡说，"我都能看出来埃文如果心情不好了，泰隆会有意识地克制自己，他甚至不会任由自己的脾气爆发出来，只要埃文说一句爸爸你干吗这样呀，泰隆就会立刻意识到自己的问题并且向儿子道歉。"

作为临床心理学家，艾瑞卡可以非常自然地跟两个孩子讨论他们的情绪，并且鼓励孩子们在情感上对家长保持开放的态度。艾瑞卡的父母是多米尼加共和国的移民，来到美国没几年之后她就出生了，后面还有一个弟弟和一个妹妹。她是在纽约州长大的,家乡位于卡茨基尔山当中的一个小镇,而跟泰隆比起来她成长的家庭环境也更安全、更温和。

泰隆现在意识到,他的孩子并不需要自己当年跟弟弟在巴尔的摩时经历的那种铁血成长模式,他们小时候必须不停地武装自己,才能抵御各方侵袭。"当时我们遇到的人都可以通过你脸上的面具来判断你到底是个狠角色,还是个软柿子。"他说,"你们肯定完全无法想象,我们那里的小男孩到底是受到了怎样的震撼教育,到底是经历怎样的过程才长大成人的,当时我们总被别人逼迫着去打架,通过这种方式来证明自己并不懦弱,也不好欺负。"

现在才意识到即便埃文展现出脆弱或者是多愁善感的一面也不会成为众人攻击的目标,不过这也不是在所有的情况下都作数的,因为埃文毕竟是一个非裔美国人,他成长的道路将会经历不少艰难的时刻。

"他成长过程中总会经历一些困难,我想要尽早为他做好准备。我仍然认为作为一个父亲有义务让儿子知道未来未必会一路铺满鲜花,遇到事情以后,你不能把自己蜷成一团躲在角落,你总要想办法去面对、然后继续过自己的日子。"泰隆说,"埃文以前有时候会表现出特别沮丧的样子,甚至没办法控制自己。这时候我就会说你要控制自己的行为,如果总是这么任性的话,早晚有一天会捅大娄子,到时候就没法收拾了。"

在父母双方的指导下,埃文已经渐渐学会了如何控制自己的情绪,他的父母都表示埃文已经很久都没有大发脾气了,泰隆和艾瑞卡夫妻两个之间找到了一个奇妙的平衡点,父亲本能地想要儿子强悍一些、以强者的姿态面对未来的艰难险阻,而母亲总是以温和的方式来应对孩子的情绪和需求。

//////

我小时候父母总是把我和哥哥看成跟他们进行亲子权力争夺的敌对一方。只要我们行为不当，他们就会认为我们是为了要争夺父母的注意力，因此他们就会反其道而行之，完全不理会我们，免得助长这些不当的行为。如果我们打架了，父母也会把这种同胞争宠的行为归结到博取关注上去。如果我们违反了家庭的规定或者是不听他们的命令，那就是在故意试探他们的底线。

当我开始成为母亲，也会自然而然地陷入这种亲子思维当中，同时我还发现自己采访的众多家长都会把孩子的行为归结为试探家长的底线、企图操纵家长、寻求家长的关注，又或者仅仅是被宠坏了或者是讨人厌。尽管以上这些看法兴许有那么一分一毫的正确性，比如说许多时候兄弟姐妹打架的确就是为了争夺父母的关注，不过如果你采取这样的角度来看待问题的话就只能把自己陷入亲子权力争夺的旋涡当中。如果你把自己的孩子当作权力争夺的对手，又或者是博弈的对象，那无异于是把自己置身于亲子对立的零和博弈当中，也就是说如果你要取得胜利孩子就一定要输，反之亦然，根本不存在双赢的情况。

当我开始了解家长培训课程的内容，也渐渐研读了本书稍后会继续介绍的心理学和教育学研究成果之后，我的育儿观点开始产生变化。我意识到一门心思琢磨怎么让孩子听我的话其实是双赢的阻碍，而与此同时我就学会了把他们不当的行为当作一个标志，通过这些行为来摸索他们需要学习哪些技能或是侦测他们成长环境当中的问题，据此我会跟孩子一起研究出双赢的解决方式。

许多当代的家长都在探寻更适合这个时代的育儿模式，显然有这个需求的并不只我一个人，我们既不想一味惩罚或者是讨好自己的孩子，好让他们听自己的话。可是现如今的家长却并没有探索出一个行之有效的方法来取代我们的父母以及祖父母的育儿方式，也就是那种传统的"听话模式"。许多提倡积极育儿的人一旦遇上孩子行为后果的问题时，就开始犯难了。

PART 2
培养孩子自控力的
关键步骤

//////

传统的奖励或惩罚手段不利于孩子自我管理意识的建立，而自我管理却是在学习、工作以及人生更广阔的范围内走向成功的关键。我们的目标应该是培养一段强韧而健康的亲子关系，把你变成为孩子提供资源的人，而不再是他们前进的障碍。

5

用"学徒型"养育模式代替"命令—服从"模式

尼亚芙·格兰特按下了电热水壶的出水按钮,她 11 岁的女儿劳拉正坐在旁边,就着厨房那黑色大理石的吧台台面吃麦片。这一对母女生活在佛蒙特州的沃特伯里,这时候天色尚早,晨曦透过窗户微微地投射进来。

"你能帮我准备午饭吗?"劳拉问自己的母亲说。

"你可以拿礼券来换。"尼亚芙回答道,她现年 43 岁,顶着一头齐肩的棕色鬈发。

母女之间陷入沉默,家里规定女儿要自己准备午饭,而且还要自己洗饭盒。每年圣诞节她们可以得到父母的礼券,可以换取五次父母帮忙的机会。劳拉习惯把这些礼券都攒起来,现在还不想浪费。

比劳拉大一岁的伊莎贝尔这时候走进来,身上虽然穿着条纹睡衣,但是上衣和裤子并不匹配,一头深金色的长发在脑袋上随便绑了一个乱糟糟的发髻,先把自己家的宠物狗引到沙发上好好抱了抱。

劳拉用手指着自己的午餐盒,看向母亲,一双眉毛都挑起来了。

"嘿,想不想出去走走?"尼亚芙不理会劳拉那无声的询问,转而对着宠物狗问道。狗狗从沙发上跳下来,颠儿颠儿地跑到脏衣物储藏室,因为尼亚芙正在那里穿外套。

"现在几点了?"伊莎贝拉坐在沙发上问,毛茸茸的大"枕头"一听说可以出门玩耍就弃她而去了。

"甭管几点钟,你该弄块手表倒是真的。"劳拉一边说,一边把装麦片的碗放入水槽。

伊莎贝拉面无表情地看了她一眼。

"以前我问时间的时候,你都是这样回答我的。"劳拉面带微笑地说。

尼亚芙给宠物狗拴上一根链子之后就离开了家门,头上戴着一顶奶白色的帽子,这样一来就不用再跟女儿讨论午餐的问题。

劳拉把自己的午餐盒拿到了水槽边,伊莎贝拉回到楼上去换衣服。劳拉把一些剩饭剩菜从午餐盒里倒进厨余桶,姿势有点别扭。有一些苹果片掉到了台面上。她拿海绵擦了擦午餐盒的表面。

这时候女孩儿的爸爸里克走了进来,他现年45岁,直接来到厨房的吧台旁边坐下来,开始穿袜子。劳拉拿几块干布来擦自己的午餐盒。里克冲着楼上对大女儿喊道:"丽兹,就差5分钟了,亲爱的。"

全家人对于整个协作模式都已经提前商量好了,一整套出门的流程他们也都很熟悉了,这样有效避免了无谓的冲突。格兰特一家人在得空的时候已经仔细商量过每天要出门的步骤以及需要离开的时间。孩子们小一些的时候也会拖拖拉拉的,这种情况下父母只需要温和地提醒她们整个出门的步骤就好了。里克或者尼亚芙只需要指一指墙上贴好的出门协议,或者用中正平和的语气问一句"我们日程表上下一项该做什么了"就够了。到现在为止,孩子们已经对于这一套流程习惯成自然了。

劳拉往午餐盒里放进一些泡芙,然后又拿出来一根红辣椒,挥舞着一把硕大的菜刀要把辣椒切成片。

"小心一点,"里克嘴上说着,双手却揣在牛仔裤的兜里,看着女儿自己准备午餐。

女儿冲爸爸吐舌头扮鬼脸,小心翼翼地用塑料袋把辣椒裹好,然后把切菜板和刀都放回到水槽里。女儿一转过身去，里克就往她的午餐盒里放了一块糖。劳拉从冰箱里拿出火鸡和芝士，然后开始往两片面包上涂黄芥末酱。

尼亚芙这时候遛狗回来了，然后从冰箱里面取出一块黄芝士。

"你要不要带这个？不是一直说不喜欢吃菠萝伏洛干酪嘛。"她说。

这时候伊莎贝拉晃晃悠悠地进了屋："有没有人知道我的长袖在哪儿啊？"

"我们3分钟之后就要出发了。"这是一整个早上以来她对孩子们唯一的一句提醒。

这句话一落地，孩子们就立刻精神起来，动作都快了好多倍。劳拉迅速把芝士打包好之后，就算准备好了自己的午餐。伊莎贝拉用叉子切开一个杯状小松糕，然后丢进了烤面包机。劳拉拿出自己的家庭作业计划簿给爸爸签字，趁着爸爸浏览计划的间隙整理自己的考卷。

"我先去车里了。"尼亚芙说，然后一闪身又不见了。之后她告诉我孩子们准备出门的时候她总是给自己找别的活干，免得自己开始唠叨。

伊莎贝拉绑紧了自己的鞋子，劳拉也拉上了书包，可是走到前门的时候却停了下来，"我怎么觉得自己好像落了什么东西。"不过想了一会儿之后，她还是出门了。

"果冻怎么都不见了？"伊莎贝拉问道。

"我收起来了，我现在在对食物断舍离呢。"里克说，然后也走了出去。这时候车道上传来一声车喇叭响。

伊莎贝拉绑了一个马尾，往小松糕上抹了一些黄油，然后把见底的果冻全都倒了上去。

喇叭声又响了一次。

"我来啦。"伊莎贝拉对着空无一人的房子说了一声。她一把抓起书包就要往外冲，差点跟进门的妈妈撞在一起。

"我忘记拿手机了,"尼亚芙解释了一句,"你听到劳拉按喇叭了吗?"

然后他们一家人就出发了,刚好是早上七点零五分,这个时间出发去上学刚刚好。格兰特一家人的早上进行得非常平稳,感觉孩子们都很独立,家长也很给力,没有一个劲儿地指挥孩子,也没有不停地纠正孩子们的错误。

//////

想想看,如果未来每一个家庭都能像格兰特家这样高效该多好,也许他们家的情况将不再是个例,而成为普遍存在。如果放眼全球,无论是在家里还是在整个社区里,孩子们都变得既高效又能跟他人协作,而且还能给别人帮忙,该是怎样一个局面?如果孩子们全都自主承担家务、独立完成作业,而且还能在一个安全的社区环境里面自主交往和玩耍,该多好。他们会跟父母保持和谐的关系,遇到什么不同意见也能够考虑每个家庭成员的感受、通过协商来达成一致。就连不断攀升的心理、行为和情绪失调症都有所减缓,家长也不再因为孩子们为什么调皮捣蛋而百思不得其解,无论他们到底是想要操纵别人的行为还是引起他人的注意都不再重要,重要的是家长开始意识到孩子不当行为的背后隐藏着怎样的需求。

这就是所谓"学徒型"教养模式的实例,而这个例子可不仅仅局限在一家一户而已,"学徒型"教养模式已经在零星散布的社区里得到推广,也许某个社区里只有一户这样的人家,但也有可能因为育儿理念相似而形成抱团之势。那么你要通过什么样的方式来成为"学徒型"教养大军的一员呢?

首先你要好好进行一次思想上的盘查检视。不要因为自己是家长,就认为自己应该控制孩子的行为。从孩子们诞生之日起,我们就开始伺候他们吃喝拉撒睡,那时候我们的确是全然处于掌控地位。可是当他们渐渐脱离婴儿期,我们的角色也发生了变化。我们开始渐渐放权,同时逐渐培养他们的独立能力。我们开始试着了解他们本身的个性是什么样的，也开始逐渐摸索他们的性情和偏好，而孩子们本身的一切特质有可能会把他们带上跟我们设想的截然不同的道路。

要知道孩子们除了在满足自己的基本生理需求后，也就是在吃饱、睡足、能够上厕所同时能跑能跳之外，还有着独立自主的权利。随着他们各方面的能力逐渐增强，你要想办法找到一个恰当的方式来不断拓展他们的影响力，你只需要帮助他们恰当地选择自己想要从事的活动、想吃的食物、想读的书、想交的朋友、想穿的衣服、想选的发型，诸如此类就好了。你要教会他们一些技能，也要让他们渐渐明白社会的预期，之后就放手让他们去自我体验和探索。不要急慌慌地纠正孩子的行为，或是对他们的一言一行妄加议论，你应该先问问自己，孩子们的行为究竟有没有可能让他们受伤。如果没有危险的话，那就不要管东管西。与其直接把最佳的选择告诉孩子，不如让他们尝试不同的方式方法，因为在这个过程中孩子反而能够学到更多东西。

2015年秋天，我开始深入调查家长培训课程之外的各种不同的育儿哲学。我窝在自己卧室里面的安乐椅上，通过网络即时聊天工具看完了家长培训师薇姬·郝弗尔的第一节课，这一系列课程原本是在佛蒙特州的柏林顿市开展的，总共6个星期。通过网络上课的同时我还能听到楼下传来布莱恩跟孩子们在晚餐之后收拾碗筷的声音。

"现在我们身处数字时代，每天都要经历各种各样的信息轰炸，在这个情况下养孩子其实是变得越来越难，而不是越来越容易，因为我们越来越拿不准，在新时代里究竟应该怎么样养育孩子。"郝弗尔面对班里20多个家长说。她上身穿黑色高领毛衣，下面配格子裙，黑色的打底裤和靴子。

"现在更为重要的是我们应该停下来，给自己一些时间来打造一条新的育儿路径，而这种新的方式应该是建立在最基本的顺应人性发展的原则上，而且这个方式应该是经过你的充分思考和选择的，并且具有国际化的背景。"她一边说还一边在整个课堂里面大步地走来走去，搞得我那小小的笔记本电脑屏幕都要装不下她了。

"于是我们就需要找到一个既适合自己，又能让孩子们持续下去的方式，然后就可以稍微喘一口气，作出更有根据也更加深思熟虑的育儿决策了。出于害怕而作出的决策往往都是最糟糕的，而这样的决策往往是在我们不知道该怎么办，又感觉必须要采取点什么措施的时候做出来的。"

郝弗尔提议整个班的家长都在未来的六周课程当中先停一停，暂时放下自己既有的育儿模式，看看有没有什么新可能。他们可以尽情借鉴课程当中的有益方法，而孩子的反应会最直接地提供答案，说明这些方式究竟是有用还是没必要。在经过不断的重复和试验之后，家长们往往会回归到亲子关系以及独立这两个问题上来，而这两个问题正关系到大多数家庭矛盾的根源。

家长应该少说话，多聆听。郝弗尔认为只采用奖惩手段来教育孩子，会催生出许多不当行为，而参与课程的家长们正是为孩子们的不当行为所苦，才来学习提升的。

"如果说教有用的话，那全天下的孩子都会变得十分完美了，而你们也都不需要坐在这个课堂里面听我啰唆了。"她说，"如果打屁股、惩罚措施、关禁闭或数 3 个数威胁孩子能够起作用的话，那我就没有钱可赚了，因为你们都不需要来上我的课，都在家守着自己那无论何时何地都完全听话的孩子就好了。采取那样的办法只能获得暂时的成效，并不是长久之计。"

郝弗尔认为，我们的目标并不是要不停地给孩子讲道理、让他们永远都不犯错误，而是通过问问题、挖掘信息的方式来促使孩子形成自己的独立思考意识。我们的目标应该是培养一段强韧而健康的亲子关系，从而鼓励自己的孩子能够逐步独立起来。这样一来孩子们就会把你们看作是为自己提供资源的人，而不再是自己前进的障碍。

"只有通过犯错才能学习到新东西,"她说,"我们每天都应该为孩子营造一种允许他们犯错的环境,而我们的作用就是陪伴他们共同度过相应的挑战。"

接下来她就详细介绍了独创的育儿技巧,而她正是因为这一套技巧而出名的,也就是"一周内什么都不说,什么也不做"。这要求家长们用整整 7 天的时间,抑制自己想要指导孩子、唠叨孩子、贿赂孩子、操控孩子、对孩子吼叫、跟孩子讨价还价、惩罚孩子、跟孩子讲道理或者是奖励孩子的种种欲望。家长们不可以想方设法诱使孩子们产生负罪感,也不可以让孩子们看电视来分散注意力。家长唯一可以采用的策略就是跟孩子说谢谢你,除此之外还有一些补充策略,比如举例、表达关注、跟孩子聊天、问孩子问题以及听孩子怎么说等。她看到在座的家长当中有人脸上写满了难以置信,于是继续说:

"如果现在市面上出现一本育儿书,书中的理念是要想培养出心理健康、情感联系紧密、富有同理心、体贴、有韧性的孩子,你就应该在教育的时候不断地采取威胁、惩罚的手段,那么你觉得可信吗?其实我们大家都不会买这样的一本育儿书,却偏偏都在这么做,至少在我们养育孩子的时候有百分之七十五的时候都在采取类似这种威胁和惩罚的手段。"

随后她开始询问在座的家长,有没有开始在心里着慌了,好多人举起手来,一位采用在家教育的方式培养孩子的妈妈说,只要儿子表现得好,她就会奖励他,让孩子玩一会儿电脑。

"也就是说你是通过操控孩子来教育他的,"郝弗尔说,"好吧,那就到此为止吧,从今以后不要再继续操控孩子了。"

"那他接下来的五天当中就不会学习了。"那位妈妈说。

"这可不一定,他总会学到一些东西的,"郝弗尔回应道,"你通过给孩子好处和奖励来操纵他的行为,有多久了?"

"这是我常用的方法之一,因为我儿子是在家接受教育的,没有被送到学校去，所以我在教他的时候会用到这个手段。"她说。

"这个手段基本上是不顶用的。"站在这位女士身旁的男人插嘴说，看样子似乎是她的丈夫。

"如果有用的话，那就不存在什么育儿方式的问题。"郝弗尔说。

她开始鼓励家长们把自己内心的恐惧都列出来，如果不照旧管孩子的话，哪里有可能会出差错呢？像是上班或者是上学迟到等，也有可能是孩子大吵大叫、把家里搞得一团乱，再不然就是浑身上下都臭烘烘的，甚至孩子的牙齿都有可能被碰坏、跌落下来。

"所有这一切恐惧其实都是没来由的，我们并不知道放手之后会产生什么样的效果，因为我们从来没有试着把过去的育儿手段放到一边，现在就没有办法预知究竟会出现什么样的情况。"她对参与课程的家长们说。

"我来说一说会出现什么情形吧，你们回家之后应该让孩子一起坐下来，然后对他们说对不起，我参加了一个家长培训班，然后发现自己才是制造问题的根源，所以毛病不在你身上。这实在是太令人意外了，一直以来我都以为是你把我的日子搞得一团糟，结果却发现原来是我自己把我们大家的生活都搅得一团乱。"

这种自己责怪自己的方式有可能很难被你接受，但却是一个让孩子们卸下心防的好方法，而且从本质上说所有的亲子矛盾的确都源于家长。既然我们是亲子关系当中的一员，那就应该对于所有的亲子问题承担一定的责任，当然解铃还须系铃人，问题的解决方案也在我们身上。

郝弗尔说，无论你之前采取什么育儿手段、是不是徒劳无功，你都要告诉自己的孩子，以后不会再继续那么做了。也就是说如果你以前总是对孩子颐指气使、告诉他们应该往东还是往西，那么从今以后，孩子就应该要自己决定自己的行为。在此期间你可以好好陪伴孩子，直到孩子有了心理准备、能够自主进行判断和决策的那一天。

与此同时你还可以记录一下，孩子们在没有你帮忙的情况下，可以完成哪些事，他们又在哪些方面仍然需要你的支持。即便他们准备上学的时候把午餐盒忘在了餐桌边，你也不要吭声。又或者是即便看到他们没有穿汗衫就出门了，你也应该竭力保持沉默。但是这些事情你应该默默在心里记下来，告诉自己日后需要培养孩子制订计划的能力，确保他们不会忘东忘西。

"这个时候你应该可以在某种程度上保持冷静，因为我们这么做都是有计划的，是为了搜集信息，好看看自己一天到晚都是用哪些手段推着孩子往前走。"她说，"这一周就好像要戒毒一样，其实是很难受的。无论你戒的是什么毒，过程都不会很容易，在这当中你会感到万分艰难。"

于是，郝弗尔总是在厨房的台面上放一卷牛皮胶布，看到胶布就会想到要把自己的嘴巴贴起来，免得动不动就出声干扰孩子、影响孩子日渐累积的独立性。这就是为什么她最出名的育儿书书名就叫作《牛皮胶布育儿法》。她说："这个方法的作用就是让我不再唠叨，而当我一旦闭嘴，孩子们自己就开始动脑了。"

有一个参与学习的家长问道，如果到了上学或者上班的时间，但是孩子们还没有穿好裤子，该怎么办？"难道就让他们光着下半身直接出门吗？"她直言不讳地问道。

"也许吧，"郝弗尔回应道，"要是有人打定主意不穿裤子，即便你已经反复询问过、但还是被对方拒绝，那应该能说明他的确不想穿裤子。"

还有另外一个家长，问了关于孩子不想刷牙的问题，一个星期的时间恐怕并不能起什么实质性的作用，最好能把刷牙的问题一次性解决，要不然在孩子整个童年时期，双方都要不停为这个事发生争论。一位父亲就问该刷牙的时间到了，但孩子就是不刷牙要怎么办。

"如果是我的话就会说，我要去刷牙啦，有没有人要跟我一起来呢？最好是把所有的事情都以邀请的形式展现出来，不要总是下命令。如果你一直给孩子下命令的话，那就没完没了了。你可以说，如果你想要读书的话，那我就在房间里面等着你。现在你们必须要学着调整自己跟孩子的用语了。你们都要仔细回顾一下，好好想一想在日常生活中是怎样跟其他人说话的，又是怎样让其他人答应你们的要求的，然后把相关的技巧转移到跟孩子沟通上来。当然，这一个星期的实验对你们来说会非常困难，而且非常尴尬。"

一位妈妈告诉大家她有3个孩子，大的6岁，老二4岁，最小的才2岁。要想凭借一己之力把3个孩子都哄睡，实在是比登天还难。通常这3个孩子总是会互相挤来挤去。她总是把自己的手机递给其中一个孩子，让孩子看一会儿电视剧，然后趁机把另外两个孩子哄睡着。到最后总会有一个孩子先入睡，这时候她就可以继续去哄另外两个了。

"有这么一个技巧你可以试一下，看看能不能打破这个哄睡魔咒。不过这个方法实施起来会很困难，因为孩子不会主动跟你说，妈妈，我们平时睡觉的时候实在是太闹腾了，这一个星期对于他们来说也是一个戒毒的过程，可以现在就把毒戒了，也可以拖到晚一点再说，但是这个问题并不会自然消失。"郝弗尔说。

比如你可以告诉3个孩子等他们都刷完牙、换上睡衣之后，妈妈会给他们读半个小时的睡前故事。但如果孩子们不配合的话，那妈妈就会直接把他们放到床上，也不哄睡，直接离开。就是说，妈妈不会给孩子挠背，也不会让孩子看电视剧。这一整个流程都是非常直线性的，哄睡就不应该超过10分钟。

参与学习的家长都显得非常震惊。那要是学校里的事情该怎么办呢？郝弗尔告诉大家，他们当地绝大多数的老师都知道这个"一周内什么都不说，什么也不做"的育儿技巧，而且这些老师都会支持父母的决定，因为这一时的麻烦是为了长期的目标，为了培养出负责任、能够自给自足的孩子。在这一个星期里面，有可能垃圾都会堆成一堆，脏的碗碟也没有人收拾，但是从长远的角度来讲，整个家庭面貌都会焕然一新。在回答过几轮家长们"要是孩子不怎么怎么样，该怎么办"的问题之后，郝弗尔的第一节家长培训课就结束了，她给参与学习的家长们一句忠告，那就是尽量在这一周的实验当中找到乐趣。

如果郝弗尔这种完全不找借口的育儿哲学对你来说太过极端了，也不要担心。因为我们总共会为你提供4种规约孩子的手段，这只不过是其中之一而已。另外3种包括你们已经听说过的家长培训课程、第7章里详细展开的罗斯·格林的合作与主动育儿模式以及在第8章当中将要介绍的PAX游戏模式。此外我们还将向你介绍一些另外的儿童行为规约手段，这些手段已经在美国哥伦布和波士顿两个城市逐渐推广了。不过上述4种模式仍然是本书的核心，因为这些模式当中都包含了完整地建立联结、相互沟通以及培养能力3个步骤，而这些步骤在整个规约儿童行为的过程中都是十分关键的。这些就是我所谓的"学徒型"教养模式的关键。

在接下来的第6、第7和第8章当中，我们将会对这3个步骤一一进行深入的分析。这3个步骤的顺序是固定的，你必须先跟孩子建立联结，要不然的话他们肯定是不会配合你的。紧接着你需要好好跟孩子沟通一下，谈一谈你们共同遇到的问题或麻烦，这也意味着你需要站在他们的角度来理解当下的问题，并且跟孩子一起分析他们的所作所为会产生怎样的影响。最后一步就是要通过提升孩子实践性的技巧以及社交与情绪处理的技巧，来培养孩子的能力。只有完成了这3个步骤之后，你才能顺利地给孩子立规矩，而立规矩的问题我们将放在第9章来展开。

当你开始用"学徒型"教养模式来代替传统的"命令—服从"育儿模式的时候，并意味着孩子们就可以随意不守规矩了，因为"学徒型"教养模式只不过是代表了另外一种育儿观点和手段，最终目的仍然是要打造有秩序、相互合作的家庭关系，而这种家庭模式应该更能适应我们当代生活的节奏。

在亲子问题出现其他新矛盾以及孩子不断成长的过程中，你需要不断重复建立联结、相互沟通以及培养能力这3个步骤。挑战会越来越多，而你也会在这个过程中看到孩子的进步，当然也免不了一些后退，然后又会看到孩子进步更多。育儿工作的目标其实就是让你逐渐卸下家长重责的过程，也就是说你要不断地把控制权和责任移交到你那不断成长、变得越来越有能力的孩子手上。

也许在郝弗尔的育儿理论系统或者是家长培训课程里面，你都能找到某些令自己感兴趣的内容，这也没问题。只要你在生活中看到了可以运用这些理论的机会，那就大胆实践吧。每一个家庭的起点大概都不一样，家长培训课程提倡一种循序渐进、稳步上升的路径，最终导向"学徒型"教养模式，而郝弗尔的育儿理论采用的是撕掉创可贴的模式，提倡长痛不如短痛。罗斯·格林的模式对于5岁以上的孩子适用，尤其适合那些特别有反抗意识的小孩。在孩子们学着敞开心胸以及辨别自己需求的过程中，家长们务必要保持恒久的耐心。尽管PAX游戏原本是为课堂而设计的，但那充满乐趣又系统化的技能养成模式，仍然可以被拿到家庭环境中借鉴。当你看完这些不同的方法和技巧之后，极有可能在不同的地方产生共鸣，随后开始把这些方法综合起来独创出适用于自己家庭的模式，我们家就是这种情况。

以上种种育儿哲学都让"规约"回归到它的本义，也就是说倡导的都是通过教导来让孩子获取独立行为的能力。按照《韦氏字典》的定义，如果用"指导"这一层含义来解释"规约"这个词的话，其实是一种很过时的用法。那好吧，就当我因循守旧好了。我还想要让大家一起回顾一下"学生"这个词的拉丁文词源，因为它跟"门徒"这个词有关，这两个词从产生开始，直到当前的使用，都有许多牵扯不断的有趣联系。只要一提到规约我想到的就是，在孩子学着了解世界运行的种种模式、同时摸索自身行为的种种后果、以便慢慢学会掌控自身的时候，我们作为家长应该要付出的那些时间和需要经历的实践过程。

//////

埃米莉·戴维斯只要一想到，自己跟丈夫是怎么样不知不觉地让儿子渐渐养成各种坏习惯的，就会浑身一抖。她儿子名叫克里斯多夫，对待学校的功课十分懒散，从来不会尽全力。尽管埃米莉和先生都知道儿子患有注意力缺失症，但他们之前并不清楚克里斯多夫还患有另外一种阅读障碍，读起书面材料来总是非常费劲。

"以前我们总是惩罚儿子，有许多活动是他表现好的时候我们才允许他去做的，但是在他不好好学习的时候这些事情就都没有份儿了，我们还会收走他所有的电子设备，然后对他说你现在就得好好坐在书桌前面学习一个小时。埃米莉回忆说，那个时候我们才发现，儿子没有办法像我们小时候那样学习，他甚至没有办法像他姐姐或者他朋友那样学习，我以前太依赖学校的教育模式了，简直老师说什么就是什么。"现在埃米莉跟她丈夫都已经学会了如何给儿子更多支持，他们会带克里斯多夫去专门的机构来提升阅读能力，也愿意给儿子留更多的时间完成功课。

在你打算彻底推翻旧有的育儿模式前，先考虑一下有没有哪些因素在影响着自己孩子的健康。孩子们的睡眠够不够呢？他们有没有得到充分的体育锻炼？他们吃的东西够不够营养？有没有缺维生素 D 或者是 Ω-3 脂肪酸？孩子会不会因为电子产品使用过量而产生了一些不当的行为？孩子有没有可能像克里斯多夫·戴维斯那样存在行为失调症或者某种学习障碍，需不需要到专业的医疗机构去进行诊断和治疗？

睡眠本身就有可能引发各种问题。当今时代，无论是成年人还是儿童，都存在严重睡眠不足的问题，家庭活动过于紧凑以及电子产品使用过度，都有可能导致睡眠不足。

美国国家睡眠基金会建议，所有小学生都应该保证每天夜间10到11个小时的睡眠，但是调查显示，当前美国小学生在周一到周五之间，每天平均只能睡八九个小时。再大一点的孩子，每天晚上应该保证8.5到9.5个小时的睡眠，可是初中生平均只能睡8个小时，而高中生只能睡7.1个小时。

科学家认为，睡眠不足跟情绪失调有直接的关联，尤其容易引发焦虑和抑郁。如果孩子从小时候就出现睡眠问题，那么日后更有可能衍生出种种情况，比如抑郁、焦虑、注意力缺失以及精神过度亢奋等。经过实验表明，睡眠不足有可能会引发情绪管理方面的问题，还会影响心情和注意力。

$\Omega-3$脂肪酸对于中枢神经系统的发育具有至关重要的作用，而中枢神经对于大脑健康以及各项情绪功能的发育都很重要。鱼类当中富含这一脂肪酸，而羽衣甘蓝和亚麻籽等许多蔬菜也能提供这种脂肪酸。你可以在孩子的饮食当中着重补充这些食物，或者是干脆在买菜的时候专门挑选富含这种脂肪酸的食材。

现在已经有许多研究者在试图探讨$\Omega-3$脂肪酸与抑郁症、焦虑症、注意力缺失症以及其他神经失调问题的关联。尽管迄今为止还没有任何学者建议大家用食疗代替传统的心理疗法，也并没有人声称只要吃大量的三文鱼就可以治好上述这些心理疾病，但的确有无数近期的研究论文建议大家多吃富含$\Omega-3$脂肪酸的食物。毕竟这些有益的脂肪还能够起到预防心血管疾病的作用。如果想要获得更多资讯，你可以专门跟儿科医生聊一聊，别忘了跟医生说一说孩子有哪些行为上的问题已经引发了你的担忧。

排查完孩子的健康隐忧之后，就既往不咎，一切重新开始吧。你需要跟孩子道歉，告诉孩子过去自己一直指手画脚是很不应该的，自己实在不应该始终用命令—服从的模式来做要求，不应该觉得自己怎么说孩子就该怎么做。这样一来孩子才有可能会卸下心防。在你试图启用"学徒型"教养模式的时候,总会遇到许多看上去很难克服的问题,像是孩子需要学着自己承担责任,还要做家务等,只有孩子卸下心防,才有可能抱着开放的态度去陪你一起攻克这些难关。

你还需要评估一下自己的生活方式,有没有可能把工作和家庭活动的步调适度放缓一些,或者是跟邻居通力合作,既能让孩子有更多的时间自由玩耍,又能留出更多的机会进行放松随意的亲子互动呢?你应该对于自己童年时代还有印象吧,有没有哪些活动是有益于心理和情感健康的呢?试着让孩子也参与到这些你小时候的活动中来吧。试一试也许就会发现,其实改变并没有你想象得那么难,因为只要稍加调整,可能就会引起滚雪球似的变化。

在第 1 章出现过的科林·卡伦和卡米拉·卡伦夫妇用的就是这种模式。卡米拉当时曾经参加过我的家长培训课程,她告诉我们,每当孩子拒绝配合的时候,自己总是一肚子火气。卡米拉小时候是在尼加拉瓜长大的,她的妈妈是个单身母亲,所以小时候家里并没有太多规矩。她乐意的话就做功课,如果不想写作业,就自己到处玩。尽管妈妈并不常跟她立规矩,但是一动起家法来就会很严厉,说不定卡米拉还要挨打。因此她希望自己的孩子生长在一个更加张弛有度,而且更加温暖的家庭环境里,但是卡米拉却并不知道要怎么做,才能营造出这种气氛。

在家长培训课程的第一阶段,卡米拉和科林都学习了一些技巧和策略,希望能够成长为家庭成员当中的领袖,并且贯彻既温和又坚定的领导方针,同时鼓励自己的孩子尽可能多做家务。正如我们在上一章讨论过的那样,家长培训课程的整个体系都建立在阿德勒学说的基础上,也就是说人类永恒不竭的驱动力,就源自对于获得归属和取得杰出成就的渴望。阿德勒率先提出了社会利益的概念,指的就是个人对于他人福祉的贡献,而且阿德勒认为个人是有能力通过彼此协作来解决任何问题的。

经过家长培训课程的学习之后，卡米拉和科林夫妇不再奖励孩子小星星、冰激凌或玩具，也不再对他们进行言语上的夸奖，同时也不对孩子采用罚站或者其他惩罚措施。他们夫妻俩开始采取印证式倾听来跟孩子沟通，同时还注意礼貌用语，也共同遵循全家人一起制订的行程安排，如果有某个家庭成员没遵守大家提前商量好、形成一致意见的家庭规矩，那么这个人就需要承担相应的后果。为了打造更加强健的亲子关系，父母都开始学着在日常生活中常常感谢孩子们的行为，同时预留了一对一的专属时间来陪伴每一个孩子。上述种种技巧和策略都将在下一章当中详细展开。

卡伦一家人共同把每天早上需要完成的任务都画了下来，并且一一标注了相应的时间点，从早餐、刷牙、抹护手霜到涂防晒霜等，都在图表上被一环扣一环、清晰明了地展示了出来。他们把厨房里的一整面墙改成了黑板，上面写着下午放学之后都需要做什么事情，还标上了每一个孩子在专属的家长陪伴时间里最喜欢做什么活动。

父母双方都减少了工作时长，也为孩子们减少了课后活动量，好腾出时间来让一家人能够一起安享一段轻松的家庭时光。他们还着手培育自己的同盟军，从孩子的学校里面挑了几组处得来的家长朋友，推荐他们去参加家长培训课程，与此同时还跟那些育儿理念相近的人交换相关书籍来读。作为学校里面的家长值日生，科林通过电子邮件以及面对面的方式，跟广大学生家长分享了家长培训课程的理念。正向的亲子沟通模式渐渐在学校以及整个社区当中都生了根。

即便不对自己的生活模式进行翻天覆地的变革，你仍然可以从这些育儿理念当中获益。显然在你既往的育儿经验当中，是有一些很有用的技巧的，这都应该保留。与此同时在养成新的育儿习惯时，你也可以关注一下逐渐累积的变化。如果你对本书当中的任何理论有异议，还请暂时收束反对情绪，坚持看完全书后再做评价，因为看到后面你很可能会发现这个理论到底是怎么起作用的。

权威型育儿模式当中也有可能蕴含着某些看似跟传统育儿模式近似的方法。比如说，如果我的孩子们既做完了家务和家庭作业，又完成了音乐练习的话，就可以赢得 30 分钟的时间，来看电视或者玩电脑，而郝弗尔班上那位坚持让孩子在家接受教育的母亲，似乎也常常用这一招，可是郝弗尔却劝她放弃用玩电脑的时间来奖励孩子这一做法，她当时看上去实在是不大情愿。

说到底，这两个手段最关键的区别就在于，在"学徒型"教养模式下，家长和孩子是在事前达成协议的，无论是责任还是权利，都已经提前商量好了。家长不会单方面对孩子的行为提出限制，而且提前商量好的权责细节其实是对全家人都有效的，并不单单是用来规约孩子的。所以如果家长没有把该做的家务做完的话，也是不能看电视、玩电脑或者玩手机的。规定就是规定，完成任务才有得玩，家长也一样。此外这些权责协议需要持续执行，具体持续多久由全家人商量着来，少则一个星期，多则一个月，先试试水。把任务都做完之后就可以去看电视、玩电脑或者玩手机，应该是一个一以贯之的规则，并不是哪天父母想要孩子按照自己的意愿去做什么事的时候才临时拿出来的奖励。

罗切斯特大学的两位心理学家爱德华·德西和理查德·瑞恩最先证明了跟奖惩制度比起来，关系联结、能力以及自主性其实更能促进个人的自发行动。实际上，奖品的设置还会削弱个人的内在兴趣或动机。

之前有一个实验，两组人都需要在同一名画家的作品当中寻找"尼娜"这两个字，控制组的参与者如果找到这两个字的话得不到奖品，而参照组的参与者却有奖品拿。紧接着研究者就假装实验结束了，但是却故意在被测试者等候结果的房间中留下了那些画，还留下不少别的东西。结果研究者发现，如果单纯为了好玩的话，那些因为找到要求字样而得到金钱奖励的参与者继续自发投入的时间，比没得到奖励的被测试者少。为了获得奖励而去寻找指定字样，似乎把这个活动中原有的趣味给抽走了，直接削弱了参与者的内在动机。

奖励对于孩子们来说也有同样的影响，无论孩子是因为成绩提高、参与家务还是表现乖巧而得到奖励，这种奖励行为本身就会降低孩子们参与的热情，而且还有可能把一个本来很有趣的挑战，变成令人恐惧的任务。

//////

琳达·杰瑟普的家位于马里兰州的银泉市，低调静谧，我们首次见面的时候，当她家的玻璃推拉门一打开，我就发现她只穿着长筒袜，并没有穿鞋，不过她浑身上下打扮都很优雅。然后这位 74 岁的女士告诉我，自己没穿鞋是因为所有的时装鞋都借出去了，因为当地举办了一个"我是小巧匠"的活动，这种活动是家长培训课程的延展，每年固定举办一次，旨在创造有趣的环境，让孩子掌握一系列的家务技能，琳达的鞋子都被拿去擦了。等到当天晚上她就可以把鞋子都拿回来，这一轮由她主讲、为期八周的家长培训课程也即将要结束了。

房子中厅是开放式的，她拄一根经过抛光的深色木质手杖，慢慢穿过中厅，由于小儿麻痹症的后遗症，她整个头基本上跟胸部是垂直的。一只白灰相间的苏格兰柯利牧羊犬跟在她身后。"现在你得答应我，"当我们在沙发上就座的时候，她对着自己的宠物狗说，"我们要坐在这里谈一会儿话，所以你一定要乖乖地躺在我脚边。"

狗很听话，马上就蜷缩在主人脚边的硬木地板上，而我们也开始聊天。不过狗还是禁不住抬起自己的鼻子，一点一点靠向身后、贴近主人的腿。不一会儿狗狗就站了起来，结果把旁边一张比较轻的桌子撞翻了。"狗就跟孩子似的，"杰瑟普带着一丝苦涩的微笑对我说，我们俩一起把桌子摆好，又把桌子正中间的那个色彩斑斓的装饰物放回原位，"它是在谋求过度关注。"

在孩子们最常见的 4 种行为偏差当中，谋求过度关注已经是症状最轻的一种了。心理学家鲁道夫·德瑞克思在一篇研究阿德勒心理学的论文当中，对于上述 4 种症状有分门别类的描述。谋求过度关注，往往是在孩子并不需要家长过度关注的时候发生的，杰瑟普对我说，这种情况并不像是家长在教孩子什么技能、给孩子念书、跟孩子交流感情或是进行什么其他的有益活动那样，杰瑟普之所以把这种行为称为"谋求过度关注"，就是因为其实孩子在这种情况下寻求关注，从社交角度上来讲是无效的。毕竟我们每一个人都值得被自己所爱的人关注，而且这种关注应该融入我们每天和每周都进行的活动当中。

谋求过度关注的典型例子就是原本孩子在静悄悄地玩自己的，而你原本正在厨房里晃悠，但是只要电话铃声一响、你开始跟电话那一头的人聊天，孩子就跑过来叽叽歪歪，偏要你去帮什么忙。如果孩子们在这种时候没有被满足的话，那么谋求过度关注有可能会升级成亲子权力斗争，比如说他们有可能在全家人都准备出门的时候，偏偏不穿鞋也不配合。

如果你们家几岁的小朋友偏偏要把鞋往你头上扔，又或者是十几岁的青少年冲着你摔门，那么有可能是在打击报复，而这就是第三种不当行为。最心灰意冷的孩子往往会破罐子破摔，觉得自己怎么样都无法让家长满意，那还不如索性彻底放弃，这也就是第四种不当行为。这种行为的表现包括孩子面对一大堆数学作业、只会耸拉个肩膀，或者是干脆告诉你自己永远都学不会怎么系鞋带。

以上种种行为的目的都是为了寻求归属，可惜孩子们选取的都是无用而有害的方式来谋求归属感。这也就是为什么德瑞克思会把这 4 种不当行为称为"错误的目标"。孩子们如果错误地认为，自己是父母关注的中心就会获得归属感的话，他们的不当行为就会表现为谋求过度关注；孩子们如果错误地认为，当自己说了算的时候就会获得归属感，他们的不当行为就会表现为亲子权力争夺。如果孩子的不当行为总是反复出现，而这种行为总会引发你强烈反感的话，那就很有可能是因为孩子在以错误的目标来谋求归属。

我在杰瑟普家吃了晚餐——玉米汤加菠菜沙拉，盘子异常鲜亮，教我不由得联想起美国西南航空的飞机餐。在席间，杰瑟普还有她的丈夫大卫，共同回忆了他们早期推行家长培训课程那时候的情景。就在这所房子里，他们养大了自己的3个孩子还有4个养子养女，而在推行家长培训课程的头8年里，这里也被用作办公室。那个时候，有一回大卫一起身，志愿者们就会开始把课程相关的资料数据摆到这对夫妻的床上，因为大家都已经形成习惯了。"我们当时还告诉大卫好好躺着别乱动，因为我们要在他周围把相关的资料铺开。"琳达一边回忆一边微笑，她那湛蓝明亮的眼睛闪现出光芒。

我们的对话继续深入下去，开始探讨琳达的童年，那时候全家人都住在犹他州，一共有姐妹四个人，当地摩门教是主流宗教，而他们家信奉的却是贵格会和卫理公会。"我小时候在学校特别能惹麻烦，不是打架，就是一会儿都坐不住，"她还怀疑自己小时候估计也得了注意力缺失症，只不过没有确诊罢了，"我的两个姐姐很受欢迎，因为她们很聪明又很乖巧，而我只是通过打架跟人打交道。其他孩子对我特别不好，所以我就打回去。"

童年这一段调皮捣蛋的经历让琳达更有意愿去了解自己的孩子，尤其是当孩子不听话的时候，她就更想弄清楚他们的动机。她最早是在个人心理中心的一个读书讨论会里面听说阿德勒的，当时他们讨论的主题是德瑞克思的《孩子：挑战》这本书。没过多久她就不只是在自己家里教课了。她告诉各位家长，要想弄清楚为什么自己的孩子会调皮捣蛋，首先要搞清楚自己在面对孩子不听话的时候，究竟作出了怎样的情绪反应。如果家长们当时感到恼怒或者烦躁，那么孩子这时候有可能是在寻求过度关注；如果家长感到愤怒或者自己的权威被挑战了，那很有可能面临的是亲子权力斗争；如果家长感到很伤心，或者很想惩罚孩子的话，那有可能是打击报复的问题；如果家长感到灰心丧气或者绝望，那很有可能是因为觉得自己家孩子存在能力不足的问题。

这些说法都跟我们常规的直觉有些相悖，毕竟我们往往会认为，情绪反应可能跟自己当下的心情有关，也有可能会受到自身个性的影响。但其实阿德勒的这个理论非常精准，无论家长和孩子的性格特征是什么样的，它都可以有效地诊断出问题行为的类型。这是因为家长实在跟孩子关联太深了，而且家庭体系的影响根深蒂固，导致我们的行为模式会一再重复。你应该要针对孩子们不同的错误目标，来想办法帮他们找到相应积极正向的模式，以便构建归属感。如果孩子是因为寻求过度关注而捣乱，你可能需要开导开导孩子，或者是跟孩子约定好一套固定的行为流程，免得再出现类似的麻烦。如果孩子是在打击报复的话，那说明孩子内心已经受到了伤害，那你就可以试着道歉或者是表达自己的关心来抚平孩子内心的伤痕。总之，目标就是要让孩子从索取模式转换到贡献模式，无论他们想要过度关注、亲子权力，还是打击报复，都应该转移到当前这个问题或者家庭整体需求上来，看看他们自己能做哪些事来缓解局面，或是让家庭整体获益。

9岁的时候，琳达的父亲获得了富布莱特奖学金，于是他们举家迁往澳大利亚的布里斯班，在那里度过了一年的时光。而琳达就是在那时候感染上小儿麻痹症的。"其实从许多方面上来说，患小儿麻痹症对我来说都是一个很棒的经验，"尽管琳达因为感染病毒而瘫痪了好几个星期，但她仍然这么说，"对于我这样一个过分多动的孩子来说，得病等于瞬间拴住了我，当我不再需要借助仪器来人工呼吸的时候，医生还是没有搞清楚小儿麻痹的病毒到底是怎么传播的，所以我就必须一个人待在家里，不能接触别人。家人经常说在这个阶段，我才发现自己是个有大脑、能思考的人。"

那段时期经历的思考，对琳达日后教授家长培训课程是非常有益的。琳达特别擅长解决各式各样棘手的育儿问题，因此颇为出名。每回只要讲到她是如何创造性地"对付"叛逆的孩子，全班的家长都会被深深吸引。也许琳达把自己小时候的叛逆言行融了进来，所以她在班上的案例表演分外逼真，总能够触动那些原本对于家长培训课程抱有抵触情绪的人们，还能打动那些对于干巴巴的讲述没什么反应的人群。

她另外一个出名的特质，就是特别投入在当下，经常忘记时间。我们吃完饭的时候就遇上了这种情况，大卫为了提醒她，特意问太太几点要去上课。

琳达看了一眼墙上的挂钟，冷静地回答说："现在就该出门了。""别忘了你的鞋子。"丈夫又提醒道。我们急匆匆上了琳达的车，是一辆褐红色的尼桑。一路疾驰，感觉路上遇到每个坑的时候都要颠一下。肯辛顿浸信会礼堂门口已经聚集了十几个家长，他们都眼巴巴地等着琳达的到来，因为她总是带着同理心去倾听每一个家长的育儿问题。

//////

每当和家长们谈论到规约问题，只要一提起废除奖惩手段，连全家商讨一致的奖惩措施也要彻底抛弃的时候，我往往会听到反对意见。一位爸爸告诉我，罚站很有用，他们家 4 岁和 6 岁的两个孩子因为害怕被罚站，就不调皮捣蛋了。我给他的回应是，即便现在看上去有用，但是这种模式从长远上来说，不一定行得通。"你到底有没有教给孩子那些支撑他们生存下去的东西呢？还是仅仅在用惩罚手段逼着他们更加小心、好在以后犯错的时候尽量不让你抓到呢？"我问他。显而易见，肯定是在育儿方面出现了一些问题，这位爸爸才会来上家长培训课程。上一次课的时候，他就曾经抱怨过自己家的孩子会对家长表现得不够尊重、有时候还特别敷衍，这些表现会不会是孩子们在变着法儿地打击报复呢？

他承认之所以报名来参加家长培训课程，就是因为自己不想一味强迫孩子做事情，而且他希望家人相处的时光能够更加安静、更加有爱。"罚站到底是对你们的亲子关系有益，还是在拉远你和孩子之间的距离？"我问，"即便这样的策略目前看起来是有用的，但你真的想要通过让孩子怕你来树立家长权威吗？"

那么到底应该要怎么做才能让孩子听自己的话呢？本书要告诉你一个痛苦的秘密，那就是作为成年人的你必须要放弃对于结果的控制，让你的孩子自然地感受生活当中的起伏，也让他们自然承担行为的后果，这样一来他们也不会总是把斗争焦点放在你身上。

这大概对于任何一个家长或者老师来说，都是最难做到的事情。我们很难相信没有了师长的仔细叮咛，一个毫无处世经验的孩子能够沿着正确的方向成长。但是通过亲身经历而得到的教训，对孩子的影响的确更持久。

比如说有一天天气很冷，但是孩子偏偏不想带外套出门。如果你一直唠叨、直到孩子妥协，或者是等到孩子得了感冒之后来一句风凉话，比如"我不是告诉过你了吗"之类的，那么孩子所关注到的就只是自己的家长有多讨厌。如果孩子真的感冒了，而你却什么都没说，那么下一次再遇到类似的天气，他很有可能会自发自觉地带上一件外套。有些家长会问万一孩子根本对外套的事情不上心怎么办？如果连他自身都不在乎的话，那你就更不应该为了带不带外套而劳心费神了。（与此同时，你还不能太在意生活中其他人的看法，无论他们看到你家孩子没穿外套、会对你养孩子的方式有什么评价，你都不要管。）

无论你在育儿的征程上走了多远，都可以从现在这一刻开始使用"学徒制"育儿模式。你可以根据孩子的年龄来调整自己相应的行为。如果你们家孩子还不满3岁，你的主要关注点就应该放在跟孩子建立联系、鼓励他们独立，当孩子有强烈情绪的时候引导他们以恰当的方式抒发，并且开始创设固定的活动流程，让孩子们习惯成自然。到了四五岁的时候，孩子们就会更有逻辑性。你可以通过给孩子们几个自主选择的选项，来减少他们发脾气的频率，还可以跟他们一起做家务，尽可能让他们自主选择如何穿衣打扮、如何洗澡以及其他日常事务。尽管这个育儿阶段是十分耗费心力的，但是这个年龄段的孩子仍然非常容易受到影响，所以从这个阶段打基础是非常好的，让孩子们小小年纪就养成正向的思维和行为习惯，其实是家长的幸运。

我是在我们家老二刚 5 岁的时候，开始上家长培训课程的，当听说这个年龄段的孩子已经形成了自己的价值观、摸清了自己在家里和世界上的位置时，我的心猛然一沉。麦迪经常跟我们进行亲子权力斗争，因为她常常有这样一个错误目标，觉得在发号施令当中能找到归属感。而这其实是我们的错，因为我和布莱恩骨子里都是控制狂，因此我们潜移默化地传递给她一种价值观，那就是权力是很有价值的。

但即便你的孩子已经更大了一些，开始使用"学徒型"教养模式也是很有用的。6 到 11 岁这个年龄区间里，会出现很多锻炼孩子解决问题的能力以及家长辅助孩子度过情绪挣扎阶段的机会，而且这个时期他们可能还会觉得跟你一起干活是很有趣的，你刚好可以趁机让他们学习做饭和打扫等等家务技巧。随着孩子能力的不断增强，你会发现他们能够帮上的忙实际上很多，也很顶事，因为他们大了，不像小时候做些什么家务都需要家长指导，而那个时候与其教孩子做家务，还不如自己都干了省时省力。说回来，6 到 11 岁也是确保孩子们掌握各项自主生活技能的主要阶段，从洗澡、穿衣服到整理和保存自己的东西，不一而足。如果他们需要整理的衣服和玩具实在太多了，搞得他们都忙不过来的话，那就捐掉一些。这年头孩子们的东西可能的确是过剩的。

在家长们看来，12 到 18 岁之间往往是更令人头疼的阶段，因为这个阶段的孩子们更在乎跟同辈的相处，不像小时候那么关注自己的父母了，而且常常会以一种令人误以为是叛逆的方式，来谋求自我独立。但说到底，这是孩子们彻底从你的生活轨迹当中跳脱出去之前，让你得以跟孩子建立起亲密关系的最后机会了。对待青少年的秘诀，就是要充分尊重他们的隐私以及独立意识，要让他们清楚地明白你希望他们怎么做，以及一旦违反家庭规定又会有怎样的后果。你要看到在孩子一天天长成青少年的过程中，实际上肩负了许多的家庭规约和协定，而只要他们的行为表现出足够的担当，那么这些规矩就应该逐渐放宽。与其因为害怕自己的孩子还没有充足的准备、想尽办法研究如何限制他们的行为，还不如想一想，孩子们通过哪些方式可以表现出担当、以此给他们更多的自由。你仍然要关注自己跟青春期子女的亲子关系。不要因为他们露出讥讽的笑容，或者是对你的意见不屑一顾，就灰心丧气，你仍然要持续表达对他们的关心。如果你想要跟他们拥抱，或者提出跟他们一起做些什么事情、度过一段亲子时光的话，他们仍然会愿意的，尽管他们自身并不会常常通过这些方式来跟你建立联结了。

无论孩子现在处在哪个年龄段，你都应该要把眼光放长远，从而决定育儿方式。也许从眼前看来，能够安安生生地哄孩子睡觉，或者是让孩子在数学测试里考个好分数，对你来说是至关重要的，但是让孩子变得负责任、有担当、有条理，其实反而更重要，从长远的角度上来说，学会这些事情比好好睡觉或考个高分有用多了。在我们美国文化当中，对于"采取行动"总是有一种执念，但是在面对很多育儿问题的时候，家长要学会什么都不做，这样反而比积极干预来得有效。就让事情自然发展，不要因为后果有可能会很糟糕而害怕。圣雄甘地那种不争的态度其实是最好的，有时候你可能需要离开当下所处的房间，或者是走到屋子外面去，才能抑制住自己想要干涉孩子的冲动。要把有效避免干预孩子的方式记下来，以后遇到问题的时候还可以反复使用。其实你跟孩子们一样，也在学习自我控制，并且在拓展新的行为模式。当下耐住性子，以后自然会有大收获的。

6

真诚联结：缔造强健亲子关系的第一要素

有一天我和女儿麦迪正走在纽约繁华拥挤的人行道上，忽然她就跑开了。我一把抓住阿娃的手，然后紧赶了两步追上麦迪。前面有一个嬉皮士打扮的大学生在小吃摊前面等着买吃的，我们直接绕过大学生，这才看到麦迪那深黑色头发的一角。

我一把抓住她的肩膀："麦迪，咱们去买点东西吃吧，"我说，"吃过午饭以后，大家的心情都会好起来的。"

"我不饿。"她冲我嚷嚷，把自己的身体挣脱出我的手掌。

"那边有一个中式饺子摊。"我一边说着一边暗暗松了一口气，幸好她没有再继续往前跑。

有时候麦迪一赌气就不跟大部队走，即便是正处在其他的城市，周围都是自己不熟悉的街道，她也照样会从家人身边跑开。不过这会儿她正站在一边儿，跟我保持着安全距离，绷着脸。

我跟阿娃点了3种不同的饺子和面条，然后拿着食物到附近的一个长凳上坐下来。阿娃津津有味地吃了起来。我戳了戳那廉价而半生不熟的面条，麦迪虽然跟我们坐在一起，可却拒绝吃东西，我敦促她吃一些。说起来这都是2016年春天的事了，那时候麦迪12岁，阿娃9岁。那时候我们刚从哥伦比亚大学的发展性情感神经科学实验室出来，那里有个心理学副教授可以通过连接电极、检测口水、对大脑进行扫描的方式，来测量母亲跟孩子之间的情感联结程度。

不过以当下的情况来看，就算没有科学家来进行专门的评估，我也知道自己跟麦迪之间的情感联结有多薄弱。就连任何一个路人都能看出来我们的亲子关系有多紧张，因为麦迪只留给我们一个僵硬的背影。

空气实在非常湿热，刚刚我们走得又很快，我的发际线流下了大滴的汗水。不过我大把出汗可能还有另外一个原因，因为我原本计划在这个周末要完成这个章节的内容，看样子这个计划是要落空了。

//////

但原本这一天是有一个非常美妙的开始的。

我计划趁着孩子们放春假，带他们到纽约来看一看我的哥哥，顺便还可以去托特纳姆的实验室一趟。她研究的技术已经有数十年积淀了，前人无数的研究都证明了如果母爱缺失，那么孩子在成长过程中就会受到伤害，于是她就从反面来研究这个问题：如果孩子处在一段健康而蓬勃发展的亲子关系中，那么大脑会受到哪些影响？他们研究的是孩子们如何从母亲的反应当中学习，母亲的心理又是如何影响孩子的心跳以及压力水平。为了给他们的研究做贡献，我跟阿娃报名成为被测试者，先是要经过核磁共振的扫描，之后还要经过一组心理测试。

为什么我愿意让一群科学家来测试我跟孩子之间的联结程度呢？对于有的妈妈来说，要科学地给亲子关系的好坏程度打分数，无异于一个恶咒。

其实对我来说，最直接的原因是只要报名参加评估，就可以参观托特纳姆的实验室，而且这个方法是最简单易行的，不用跨越重重障碍来保障被测试者隐私的安全。当我向她提出想要参观她如何进行研究时，她就直接建议我报名做被测试者。她还告诉我，她自己也带了两个女儿参加过这个测试，两个女孩的年龄跟我女儿相仿。我极为迫切地想要了解她的研究，因为我现在越来越认为其实亲子联结程度才是规约执行的最重要支点。

联结可以转变重大的亲子冲突，比如麦迪突然在纽约的人行道上暴走，或者是孩子大发脾气，等等。我们在第 3 章已经讨论过，孩子大发脾气的时候其实正是他们大脑中的杏仁核分泌了压力激素，而且是在这种激素流窜全身的时候，在这种时刻如果你能握着孩子的手，反而可以帮助他们起到自我管理的作用。如果你可以跟孩子建立联结，就有机会帮助他们冷静下来，以便激活大脑当中解决问题的那一部分。实际上孩子最不可爱的时候，反而是他们最需要跟家长建立联结的时候。

即便你并不能彻底治好孩子的调节异常，你也可以以身作则，让孩子看一看，面对冲突的时候保持冷静、自我克制是什么样子。当然，你肯定要尽力避免大喊大叫，因为孩子很有可能会效仿你的行为，无论这种效仿是有意的，还是出于托特纳姆以及其他研究者所发现的生物作用，但结果就是恶性循环，孩子和你互相比嗓门。

给你提个醒：把亲子关系放在第一位并不意味着可以对事先商量好的家庭规矩置之不理。尽管孩子有可能会对于家庭规矩表现得很愤怒，但是如果他们知道规矩就是要遵守的话，反而会产生安全感。你的任务并不是要让自己的孩子每时每刻都很开心，即便你在拒绝孩子或者是宣布规矩的时候，也可以摸一摸孩子，或者带着同理心说两句安慰的话，照样也能起到跟孩子建立联结的作用。而这一点是"学徒型"育儿模式的关键。

今天一大早，我们先是来到实验室里完成一些文书的填写工作，那里看上去就像是一个普通医生的办公室。阿娃坐在一个比较低矮的扶手沙发里，身体往前探着，听研究人员解释我们接下来要参与的流程。她上身穿了一件肥大的 T 恤，外加汗衫，那一头长长的棕色头发跟往常一样，绑成了一个乱糟糟的马尾。

"我们这个实验室注重的是情感及大脑发育，"布里吉特·卡拉汉对我们进行讲解，她是一位拥有博士后学位的学者，操着一口活泼的澳大利亚口音。"我们对于孩子如何学习掌握某些事物特别感兴趣，而且孩子们在情感上是如何作出反应的也是我们关注的重点，除此之外，我们还研究家长是如何帮助孩子改变他们的想法和感受的。"

在实验的第一天，我要跟阿娃一起打电子游戏，还要一起参加心理、语言和数学的测试，而在进行这些实验的过程中研究者会持续监测我们的心跳、出汗情况以及激素水平。第二天我们要到哥伦比亚医学中心去，在那里参加母女核磁共振扫描，这些都是卡拉汉告诉我们的。

"你以前有没有接受过核磁共振扫描呢？"她问阿娃。

"我倒是看过核磁共振扫描的照片。"阿娃回答道。

"核磁共振仪挺酷的，"卡拉汉说，"它利用的是快速打开又迅速关闭的磁铁，来给你的大脑拍照。这个仪器的特别之处在于能够看到你皮肤表层以下，这样一来就可以让你知道自己的大脑长得是什么样子了。"

实验室主管凯特琳·奥沙利文给了阿娃一条口香糖，要她一直嚼到自己嘴巴里面唾液分泌旺盛为止，紧接着实验人员需要用一团棉花来沾满阿娃的唾液。根据唾液，他们可以检测出阿娃的皮质醇水平，以此来推断她大致的压力水准。这是一个基本参考数值，接下来的一个半小时之中，阿娃还需要再进行一次吐唾沫实验，好让研究团队比对这两组数据。

接下来他们对我们提了一系列的问题，以便检查我们身上有没有遗漏的金属物质，因为这些金属很有可能会被核磁共振机器里面强大的磁力吸走。阿娃以前可没有当过机械工，身体里也没有人工耳蜗、弹片或者子弹。卡拉汉向阿娃保证说她是不会被弄疼的，"你们需要贡献的只不过是自己的时间，对此我们深表感激，"她说，"所以如果你一旦感到不舒服或者是觉得有一些事情自己做不到，那就尽管告诉我们，这是很重要的。"

卡拉汉帮我拍了一张照片，在接下来的实验当中，他们会向阿娃出示这张照片。接下来她和奥沙利文一起帮我们两个连接上心电图的设备，以便监测我们的心率，我们两人连接心电图的位置略有不同，一个是连在肩胛骨的位置，另一个则是连在肚皮上。细小的电线连接着电极，在你的衣服里曲里拐弯地冒出来，布满全身。接下来她们两个就走了，只留下我们母女两人，屋里只剩下几本儿童杂志，包括《美国国家地理儿童版》，还有《天才少年》，一本是给我看的，而另一本是给阿娃准备的。当我们静静阅读的时候，旁边的电脑上一直滚动着代表我们两人心跳的线图，稍后科学家会对这些数据进行检查，以此比对出我们的身体韵律是否同步，如果同步的话就要接着比对同步率。

我能够明显感觉到周围都布满了线，所以完全不想移动身体，也不想弄乱这些线。阿娃看起来却非常自在也非常放松。她甚至还看到了好几个自己最喜欢的"猜猜我是谁"的笑话。她把看到的笑话读给我听，那状态简直就跟我们坐在家里的沙发时一模一样。跟她一起进行这个神经生物学研究的实验，为了提供数据而经历细致到每一分每一秒的测试，感觉有些奇怪，但很美妙。几分钟之后，卡拉汉就回到了这个房间里，接着就给我们"松绑"了。

接下来我们就被分开了。卡拉汉帮我带上新的电线，来测试我的出汗反应，与此同时奥沙利文把阿娃带到了另外一个房间去，在电脑上做测试。我坐在一台配了耳机的电脑前面，在我对着屏幕看各种不同颜色的图案时，隔一段时间就能听到一阵烦人的噪声。摄像头把我的反应全都录了下来，脸上缩成一团、身体还微微打了个激灵。这段录像要等到阿娃再做核磁共振的时候看。这个实验的目的就是要比较一下她看到不同的人作出惊吓反应之后，会不会对潜在威胁有所意识，最主要的是如果作出惊吓反应的对象是她的母亲而不是陌生人的话，她对于潜在威胁的反应会不会更快。

卡拉汉帮我连接各种电线、准备实验的时候，我问起了她来到哥伦比亚大学工作的原因。原本她是用老鼠做实验的，发现小老鼠跟妈妈分开以后神经发育的速度就快起来。而这种大脑的变化很有可能让它们在成年之后变得过度焦虑以及过度反应。与此同时，托特纳姆实验室也开始发表类似的观点，不过他们研究的对象是人。所以卡拉汉跟这个实验室之间一拍即合。

科学家研究老鼠幼崽或者人类幼童的头脑内部，发现一旦离开了母亲，杏仁核就会发生反应，而杏仁核是负责控制战斗或逃跑反应的。而科学家也注意到，当妈妈回来的时候，孩子们的大脑就恢复了正常状态。

其实科学家观测到的并不仅仅限于大脑活动而已，妈妈在场还能帮婴儿调控体温、心率、睡眠以及消除反应。

哥伦比亚大学有一位精神病学家，名叫迈伦·霍夫，他其实是意外发现这个情况的，有一天他来到实验室，发现有一只老鼠妈妈把自己的笼子咬开了，然后就跑了。而留下来的老鼠宝宝在窝里面瑟瑟发抖，体温降到了正常水平的一半以下。这些小老鼠没有办法挤在妈妈温暖的身体下取暖了，于是霍夫认为它们只不过是需要保暖，于是就开始人工加热，但小老鼠们的心率仍然很低，于是他拿了一块沾染着小老鼠母亲身上味道的布去给这些小老鼠闻，还试着给这些小老鼠洗澡，这些举动都有帮助，但是小老鼠的代谢活动仍然不及正常水准。霍夫的这一项研究引发了一系列的后续跟踪研究，研究者关注人类和老鼠在婴儿时期跟母亲分离后的反应，以此验证并且促进了依恋理论，依恋理论认为在人们成年后所出现的情感与行为问题都可以追溯回婴儿时期。

霍夫在20世纪70年代进行了进一步的研究，发现老鼠幼崽的恐惧反应，有可能会因为妈妈的行为而激活。最神奇的是，如果鼠妈妈产生了恐惧，即便仅仅是把它身上沾染了恐惧的气味释放到笼子当中，小老鼠们也会出现恐惧反应。与此相似的是，人类婴儿也会根据妈妈的反应，判断一个新情况或者新物品到底是不是安全的。科学家认为这就是为什么许多心理疾病会代代相传的原因之一，比如焦虑症、抑郁症和情绪失调等，都很有可能从父母那一辈传给孩子，这不单单是基因遗传那么简单，还跟他们所处的环境因素有关。如果孩子的父母一方没有办法有效调控自己的情绪或者恐惧感的话，那孩子也没有办法学会相应的调控技能。

尽管行为学专家已经注意到心理疾病代际相传的现象，但是像托特纳姆这样的研究者是在近些年，才开始了解影响心理健康及调节异常的背后生理机制。关键是要通过显微镜和核磁共振成像仪来观测细胞的变化，以此分析出亲子互动的影响。

请大家回忆一下第3章的内容，当孩子的大脑处在发育阶段，经历各式各样的唤起反应及其后的调节过程其实是健康的，这些唤起反应包括恐惧、愤怒以及其他的强烈情绪。这种调节过程相当于是对你大脑的锻炼，因为这样一来可以创造神经通路，以便帮助你调控压力和焦虑。科学家认为，当大脑处在发育阶段的时候，尽可能长时间地保持可塑性和灵活性是很有好处的，其背后的原因之一就是这样一来，这种调节模式就可以固定下来。

研究者试图在这个框架当中证明，当孩子被人忽略或者是缺少稳定可靠的家长在身边的话，那么大脑就会在未发育成熟阶段提前进入相对固化的状态。从一方面来说，这样的孩子必须要在缺少大人帮忙的情况下处理各种情况，而这些情况往往是跟他们同龄的其他孩子所不需要面对的。从另一方面来看，这样一来，孩子大脑里面很有可能形成一个惯有倾向，让他们在面临任何威胁的时候都过度反应，以至于在面临真正的危险时反而难以分辨。

孩子的调节系统是怎么解读环境中潜藏的威胁的，对于他们的成熟有长远的影响。就好像那些在发育早期就跟自己的母亲分开的老鼠或者猴子，很有可能会变得胆小怕事或者攻击力强一样，小孩子在成长过程中如果跟成人缺乏稳定的联结，长大之后就更有可能变得焦虑或者是喜欢冒险。为了搞清楚到底是怎样出现这种情况的，托特纳姆实验室的科学家以及其他相关研究者，都在认真观察那些跟家长有着紧密联结、发育正常的孩子及其家长拥有怎样的大脑机制。

我一完成那个烦人噪声的录像实验，卡拉汉就把摄像头关掉了，并且给我布置了最后一项需要在电脑上完成的任务。当电脑屏幕上布满或可怕或可爱的动物图片时，我意识到自己正在做的是内隐偏见测试。我以前在写无意识种族偏见相关论文的时候，曾经做过这个测试。这个测试是由哈佛大学内隐项目设计的，其设计原理是有关无意识种族偏见的社会科学研究。由于美国社会对于白人的态度优于黑人，包括我在内的许多人都把这种偏见内化了。结果就是即便我尽最大的可能避免让自己的行为显现出种族歧视的倾向，但是我对于黑人脸孔的第一反应或者瞬间反应仍然有可能是消极的，要么心生恐惧，要么就心怀抗拒。显然这一回测试当中黑人和白人的脸不见了，取而代之的是动物的图片，而我必须立即作出反应。

当我完成内隐偏见测试后，研究者转而让我去填一长串的调查问卷，里面涉及的问题很多，包括童年教养模式、人口统计资料、总体健康情况。阿娃的健康和发育情况以及心理评估表，被评估的内容包括阿娃的焦虑、勇气、抑郁以及行为失调等。

最后我终于又见到了托特纳姆，可以跟她聊一聊她是怎么开始对生物学感兴趣的，还聊到了情感发展以及亲子关系之类的话题。她穿着时髦，一条黑裤子搭配无袖上衣和衬衫，深黑色的头发被整齐地梳成一个髻，外表整洁，而且看上去精力极其旺盛，感觉一天有48个小时似的。我们谈话期间她隔一会儿就看一眼自己的运动手表，免得耽误了下一场跟其他人的会面。跟我一样，托特纳姆也是一个混血儿，妈妈是亚裔女性，确切地说是韩国人，而爸爸是白人男子，拥有爱尔兰血统。

"研究那些成长过程中缺乏稳定家长关爱的孩子，必然会证明家长很重要，"她解释道，可是家长们每分每秒所做的事情，究竟是以怎样的方式影响着我们的情感和生理呢？我们每天都跟孩子有无数的小互动，因为养孩子其实就是由许多小事构成的，那么这些点点滴滴的小事对于我们的童年来说又有怎样的影响呢？

我跟女儿所做的每一项研究都在促使实验室提出新问题：如果阿娃看到我的情绪反应之后，有没有可能躲过那个会引发烦人噪声的图形？如果她从视频里看到的是我的，而不是陌生人的反应的话，是不是会应对得更快一些？当我们坐在一起的时候，经过多长时间心率和呼吸能够同步？如果我在场的话，她做起电脑上的测试来会不会表现得更好一些？

"站在神经科学的角度上来讲，我们总是想要挖掘到生理机制的层面，也就是搞清楚如果触发这个情况的话，会出现怎样的局面？"托特纳姆说，"父母在场，能够对孩子大脑中负责情感区域里的一系列唤起反应起到强大的缓冲效果。"

我跟阿娃所进行的一系列实验都有助于帮实验室搞清楚，家长的影响乃至家长仅仅出现会如何帮助孩子学习并进行自我管理。最终科学家们会弄明白，家长究竟要怎样才能够在神经的层面上保护孩子免受潜在威胁的侵害，同时也能弄明白家长是如何在不知不觉当中把焦虑、抑郁和其他精神异常症状传给自己的子女的。

可惜的是，我跟阿娃都不能拿到我们个人测试的结果，所有参与测试的人员都将保持匿名状态，而实验室会根据所有的数据进行汇总。

在我跟托特纳姆谈完之后，她问起了在我填表的时候麦迪随口说的一句话。事后我才知道其中有一道问题的答案不合格，导致我跟阿娃不能参加第二天的核磁共振测试，而这件事情麦迪是知道的，她也是因为这件事情而心情沮丧，因为她觉得自己把我的整本书都给毁了。

//////

在马特潘的波士顿 B3 警区里的集合室里，二十四五名警官沿着墙壁排成好几排，全都穿着紧身的蓝色制服，身上的警徽闪闪发亮。他们要么双臂环绕在胸前，要么双手插在皮带上，全都听得聚精会神。马上就要点名了，点名的时候上司通常会讲到前一夜发生的犯罪案件，并且下达当天的工作部署。

而今天还来了一位教授。

罗纳德·弗格森教授是哈佛大学的经济学家，他是一位黑人，长得很高，留着细细的、渐渐发白的山羊胡子。他刚好在给哈佛的学生上一门课，主要内容是家长经常抱着婴儿并且跟婴儿说话的重要性。他敦促各位警员把这个消息分享出去，让那些在马特潘和北罗切斯特街游荡的年轻人有所了解，因为这一带刚好是整个纽约最暴力的街区。从当年的元旦开始截止到教授前往警局当天，这个街区里已经发生了 19 起枪击案件，这个数量比任何一个地区都要高。罗克斯伯里街的枪击案数量位列第二，已经发生了 14 起。

"想必你们大家都知道，监狱里的犯人大部分都是高中辍学生。而他们辍学并不是偶然的，往往在很小的时候就已经埋下了种子，我们的研究就是为了把犯罪扼杀在萌芽当中。"弗格森教授说。

他向大家解释说，哈佛发起了一项成就差异计划，把数十年间的社会科学研究成果压缩到"波士顿五大要素"当中，这五大要素指代的是家长需要做到的五件事，最终目的是跟婴儿建立安全联结，同时给孩子将来成功求学和融入社会打好基础。我专程到波士顿去探访那些公共政策专家和非营利性组织，想看看他们究竟能不能够改变整个城市当中新手爸妈的育儿策略。这个计划似乎旨在从孩子的婴儿时期起就开始打造亲子联结。

"波士顿五大要素"当中的第一步，就是把爱最大化以及控制压力。当婴儿被人抱在怀中，而且婴儿自身的需求得到满足的时候，他们就会获得安全感，而这种安全感能够让他们在随后的人生当中，"有能力形成自我意图并且将这个意图付诸实践，这也就是所谓的执行功能技巧。"弗格森教授说。

集合室现在俨然变成了教室，里面摆的同样是那种无光格子油毡地面和简单的桌子，就连色调都带着公家机构特有的味道。在这里聚集的都是巡警，他们通常都是因为负面事件而跟社区里的成员打交道的，比如说家庭意外或者是噪声骚扰。警方试图改变这种调性，所以他们抓紧利用社区拓展服务的机会，还试着把整个警察局都布置成鬼屋以配合万圣节活动，此外警局也会在圣诞节期间发放礼物。

弗格森站在距离温德尔·诺克斯几步之遥的地方，而诺克斯也是一位非裔美国人，同时他还是慈善信托基金的委托人。他甚至比弗格森还高大一些，身上的西装更笔挺，开场的时候就是由他向各位警官介绍弗格森的。诺克斯身边站着波士顿警察局局长威廉姆·伊万斯，还有波士顿市市长马丁·沃尔什。两个人都没有留胡子，都是白人男子。沃尔什身穿灰色西装，领上别着一个孤独症代言人的胸针。

"波士顿五大要素"的第二条是说话、唱歌和用手指点。在婴儿出生前3个月的时候，就可以在妈妈的子宫里听到周遭的声音了。所以他们一生下来就对母亲的语言有着天然的亲近感。因此婴儿一出生，家长就应该为孩子讲解生活当中的各种事物，以便帮助婴儿培养他们的语言能力。

对于早期语言环境浸染的重视，要回溯到20世纪90年代中期，那时候堪萨斯大学的研究者贝蒂·哈特和陶德·里斯利，曾经把录音笔塞到了婴儿的毯子下面和婴儿车里，这样一来，他们就能够计算婴儿每天能听到多少句话了。他们发现在3岁之前，低收入家庭的孩子比高收入家庭的孩子听到的单词数量，少了将近3000万。

在弗格森刚开始进入研究领域的时候，曾经做过一个项目，目标是防止非裔和拉丁裔学生进入到高中和大学之后成绩落后，这个问题的解决颇为困难。美国国家教育统计中心的资料显示，2015年的时候，有88%的白人学生从高中毕业，而黑人学生的毕业率却只有75%。贫困加重了不平等。

在这个看起来相当棘手的课题上，投入的研究时间越多，弗格森就越发觉得，影响有色人种学业成绩的历史和制度因素相互交织，实在是错综复杂。别说提升学业成绩了，就连消除拉丁裔、非裔学生和白人学生之间的差异，都相当艰难。

弗格森反复回到两组数据上来，对于人类来说，8成的大脑发育都是在0到3岁之间完成的。到了2岁的时候，成就差异就已经显现出来了。在孩子9个月大的时候，由于种族、家庭收入和父母受教育程度的差异所导致的、婴儿在行为和学习方面的差异体现得还并不显著，但是到了1岁半的时候，拉丁裔和非裔美国人的孩子，以及父母受教育程度相对不高的孩子，已经在词汇量、听力理解水平和排序技能方面，展现出低于平均水平的状态。一旦进入课堂里，校方采取的种种试图弥合学业差异的教学手段，基本上就起不了什么作用了，即便从孩子们3岁的时候，校方就开始早早干预也无济于事了，因为3岁其实已经太晚了。这个研究结果让整个波士顿都非常震惊，因为这是全美国种族隔离最严重的城市之一。

弗格森继续在集合室里面向各位警官阐述他的研究成果。

"波士顿五大要素"的第三条是数数、分组还有比较。"这些都在为数学打基础，"他说，"如果幼童能够明白，数字可以代表很多其他种类的事物，将是孩子在智力层面的一大突破。4可不单单是那个排在3后面和5前面的数字而已。"

"波士顿五大要素"的第四条是在活动和游戏当中进行探索。"我们想要告诉家长的是，要留意自己的孩子对什么感兴趣，孩子玩耍并不纯粹是在浪费时间。"

"波士顿五大要素"的最后一条是要给孩子读故事,并且跟他们讨论故事内容。"人们总是谈论要给小孩子读什么故事这一话题,但是大家却并不怎么关注跟孩子共同讨论故事内容这个环节,你要想办法引导孩子开动大脑进行思考,"他说,"你可以问问孩子,为什么那个人物会这样做呢?你觉得接下来会发生什么事情?如果是你的话,要怎么写这个故事的结局?"

波士顿五大要素的每一条都有好几十年的研究做理论支撑,而这些研究都是围绕最佳育儿方案展开的。每一条要素都有利于打造强健的亲子关系,而且每一条都在打基础,增进孩子们在语言和数学方面的学习,建立稳固的亲子联结,并且呵护孩子的身心健康。

成就差异计划的目标是将以上五大要素的基本讯息传达到城市各处,并且通过多种渠道来执行相关的育儿方针,包括联合医护人员,敦促他们在执行儿童医疗计划的时候遵循育儿规律。除此之外还要广泛发动教堂、理发店、房地产开发以及社区健康中心等各方机构,齐心协力落实。涉及母亲方面,护士要在新生儿被父母带出医院之前,讲解清楚"波士顿五大要素"。而现在巡警们在巡视街区的时候,也可以宣传相关的概念了。

"我们并不是在试图医治谁的心理疾病,我们并不是想表达,每个人从某种方面上来讲都有一丝破碎这种理念。我们只不过是想把自己所知道的一些信息传达出去,告诉大家,如果你这样养育自己的婴儿的话,孩子将来长大以后可能会过得比较好。"弗格森这样对巡警说,"这对于我们每一个人来说都是个机会,我们希望让这个信息完全覆盖整个社区,我们希望每一个生活在波士顿的人,都不可能没有听说过这五大要素。"

这一切的努力都基于一个社会小儿科模式,在这个模式当中医护从业者以及民间领袖都会携手努力,来帮助家长调整育儿模式,以便令孩子受益。其中一个知名的例子就是"伸出援助之手、一起读书"

活动，这个活动是在 1989 年由巴里·朱克曼博士创办的，许多儿科医生加入，以此来进行扫盲活动。朱克曼博士也参与波士顿五大要素当中。

弗格森和他的同事一起开办了一个网站，还制作了一系列的视频，有英文版、西班牙文版以及海地克里奥尔语版。他们还在开发应用程序，上面会根据孩子的年龄阶段，推荐亲子活动并提出互动的建议，几乎是把抚养婴儿的过程游戏化了。其他的城市也已经对这个项目表示出兴趣，包括奥西宁、纽约，还有田纳西州的查塔努加，于是这些城市一边分头努力，一边共同打造一个伞形城市群落，叫作国家五大要素网。弗格森希望在推广"波士顿五大要素"的过程中，跟他们打过交道的所有机构，都能够把这五大要素当作一个标准流程来执行。

"这个社会需要的是能够形成规模的东西，而这个规模最好是能够遍及整个社会中的每一位成员，"弗格森在电话上这样对我说，当时我正计划着要到波士顿去实地采访。"几乎每个人的生命中，都不缺想要指点自己人生路的父母长辈。"

弗格森的奶奶是一位特殊教育老师，因为奶奶的存在，他在 20 世纪五六十年代度过了丰富多彩的童年。当时他们住在克里夫兰，那时候弗格森 12 岁，正在学吹单簧管，奶奶带他去音乐厅听了一场演奏会。当时奶奶是跟她大学时期的女生联谊会成员一起去的，外加上他们兄弟四个。在奶奶的鼓励下，弗格森继续到克里夫兰卡拉姆中心学习美术和舞蹈，这里是黑人的艺术集散地。奶奶小时候只要一放学，就跑到菲里斯·惠特利社区服务中心去，在那里广泛接触了更博大的世界和多元文化，因此颇为受益，随后奶奶就认识了弗格森的爷爷，两个人结婚了。爷爷的穿衣打扮相当讲究，很喜欢喝酒还有抽雪茄。

"要是她没有认识我爷爷的话，很有可能会继续读书，或者是在人生中闯出自己的一片天。"弗格森这样对我说，那时候他已经在警察局做完宣讲了，我们一起来到他哈佛大学的办公室，坐着聊天。"从某个程度上讲，我其实活出了她内心憧憬，但是从来没有机会实践的人生图景。"

他还记得到奶奶家里去串门，在客厅里遇到奶奶及奶奶的继父。她的继父在五星酒店铂尔曼工作，是一名门房，那个时候已经94岁高龄了。弗格森那一年大概25岁，已经从康奈尔大学获得了学士学位，并且开始在麻省理工学院继续深造。他是家里的神童，身上负载着全家人的希望。

"奶奶的继父基本上是看着我长大的，那时候我在麻省理工读博士学位，而且研究成果相当不错。他应该是异地而处地想过，并且把我的人生跟他的经历做了一个对比，他年轻的时候有一些事情是不能做的，但是到了我成长的年代，这些禁锢已经消除了。"他说。

弗格森以他们爷孙俩的对话为基础，写了一首诗，名字叫作《老爷爷因为恐惧而压在心底的话》。他调整旋转电脑椅，挪到屏幕前把那首诗找了出来。

当年我二十多岁，
就跟你现在一般年纪，
世界上有许多事情，
不允许我们黑皮肤的人来做。
现如今情况不一样，
我的人生基本走到头。
但我并不悲伤。

你的灵魂跟我融为一体，
我们总能撑下去。
我希望你的人生一切顺遂，
而且我要你

敢于追求最好的明天。

永远不要放弃。
永远不要对自己失望。
不要急不可待
也不要把自己逼得太紧。

总之
不要忘记
忘记
我爱你。

弗格森经常写作。他跟项目统筹员乔斯林·弗里德兰登一起，为波士顿五大要素的每一条视频撰写了剧本，而且他还亲自为英语频道配了音。他跟我分享自己创作的诗歌，我一边看一边意识到，自己已经对于他过往20年的工作生涯有所了解，我思索打量着他的同时，估计他也在研究我。

弗格森不但是个诗人，而且还是一个传道者。他经常在演讲稿里面写上几句诗，以便更好地传递给学前班的老师或者是数学教育从业者。每篇短小的诗歌里都包含着有效信息，有的时候还直接跟教育理论相连，异常简明。在其中一首诗歌里，他描绘了后进生的问题，这是连有些教育从业者都不愿意谈论的，因为害怕自己被贴上种族主义倾向的标签，因此就只是关注那些先进生。

后来我们一起开车来到"父亲峰会"，这个峰会是由马萨诸塞州儿童和家庭部资助的，地点是在威斯伯勒的一个没什么特色的双树酒店里，位于波士顿西部郊区。沿着马萨公路一路前行的时候，弗格森指给我看一个数码广告牌，上面有巨幅的波士顿五大要素的宣传图，因为这里是他们的合作机构波士顿制作公司，是新英格兰公共广播公司的下属机构。在会议过程中，弗格森跟许多非营利性组织从业者以及地方政府官员闲聊，而与会人员都是为了想办法让父亲更加深入地投入到孩子的生活中去而来的，他们还希望父亲们树立一个新理念，按照弗格森对一组参会成员的说法，就是要"把得过且过的态度放到一边，力争上游"（得过且过在这里还有一层"煎熬"的意思，也就是费尽心机地度过某种情况或者体制）。

弗格森离开会议的时候带着一张名片，他觉得名片上的服务商能够成为一名非常好的波士顿五大要素的导师，而且能够通过他跟佛得角社区建立联系，说不定还能招到义工，来使用佛得角的克里奥尔语录制相关宣传视频。（后来我得知那位服务商果然成了项目负责人，负责五大要素在波士顿的宣传推广工作）在资源有限、战线拉得又很长的情况下，可能需要花3年的时间，才能让这个项目在波士顿落地生根。于是弗格森始终都在留意寻找合适的合作伙伴以及志愿者，好共同推动家长培训这项事业。

我一连跟了罗纳德·弗格森9个小时，他仅仅买一个鸡蛋芝士三明治外加一瓶橙汁做早饭，午饭是扁面包配鸡肉沙拉加一杯苹果汁，在此期间他一直都忙于从一个会场赶赴另外一个会场。这一天忙下来他已经很疲惫了，尽管这只是礼拜一，但是感觉就好像已经到了礼拜五，他是这样对我说的。

//////

阿扎亚·罗素急匆匆向我们冲过来的时候，我正跟他的母亲杰斯敏坐在沙发上。他用自己小小的拳头紧攥着妈妈的手机，米色的小短腿向外支棱着，这是典型的刚刚开始学走路的小孩子不能掌握平衡、双腿僵直的模样。他穿着纸尿裤，上身穿着一件柠檬绿的T恤衫，上面印着波士顿公共卫生委员会的字样。

他脚下一滑摔倒了,然后就开始大哭起来。

"哎呀呀,"杰斯敏说,阿扎亚撑起自己的身体,又站了起来。"你还好吗?你是不是砰砰(摔倒)了?"

孩子抓起了杰斯敏的第二个电话,作为对母亲问话的回答,"只要他不会把电话打给911或者波士顿房屋委员会,我就不管他。"她开玩笑说。

小男孩又跑走了,结果又摔了一跤。砰!这回他是因为疼才开始哭的,不是因为要反对什么而干号。

杰斯敏走过去把孩子抱起来,放到自己的大腿上。

"你还好吗?没事吧?"

阿扎亚嘟囔了一句什么,但是我没听懂。

"膝盖摔疼了?好的。"杰斯敏给了儿子一个大大的拥抱,顺便也掂量一下纸尿裤的重量。"你是不是已经把纸尿裤尿湿了?"

小男孩又开始嘟囔了。

"我就知道。"杰斯敏说。她今年34岁,戴着一副图书管理员那样的黑框眼镜,留着长长的辫子,上身穿着一件松松垮垮的T恤,下面是一条颜色斑斓的裤子。

小男孩显然得到了足够的安慰,于是一把推开妈妈跑开了。这时候客厅里有一些昏暗,他伸手去抓地板上的托马斯小火车。窗户开着,送进来一阵带着湿气的风。

小孩子从早到晚都跟父母有许多的联系互动,无论是寻求信息还是安慰。在这种健康的给予与获取过程当中,混合了亲子联结与鼓励,能够渐渐培养起阿扎亚的自我约束能力。

杰斯敏跟我叙述了头一次接触波士顿五大要素的情形。当时是一位朋友洛里告诉她这些信息的,洛里在波士顿公共卫生委员会工作,她跟杰斯敏说条件允许的话,要尽可能地多抱抱自己的儿子。

这个建议让杰斯敏非常吃惊,因为她的亲戚经常警告她,如果每次孩子一哭就抱起来的话，就会把孩子宠坏的。

不过对于第一大要素当中所包含的"管理压力"这个方面，杰斯敏仍然在探索的过程中。作为一位单身母亲，她独自照料着生病的孩子，母子两人住在查尔斯顿的廉租房中，唯一的帮手就是杰斯敏的奶奶。

刚刚发现自己怀孕的时候，杰斯敏不得不从当时自己居住的公寓里面搬出去，因为那里规定不接纳小孩子。"怀孕本来应该是一生中最开心的时光，但却是我最艰难的时刻。"杰斯敏这样对我说。

她在不同的朋友家辗转了一年多，一直睡在沙发上，这才等到了查尔斯顿一个有政府补贴的廉租房。这时候儿子都已经5个月大了。阿扎亚有代谢失调症，还得了支气管炎，除此之外，还在我们采访当年的2月做过一次耳朵的手术，那时候孩子刚满两岁零一个月。而我见到这一对母子的时候，是孩子做完手术的两个月之后。

"他当时快要聋了，已经装了管子，在一年之内耳朵发炎都10多次了。"她说。

"妈咪，妈咪，"阿扎亚出声打断了母亲的话，手上举着一个小火车。

"那些是压力源。"杰斯敏说。

"妈咪，妈咪。"

"听到了，我的宝贝，你要找妈妈是吗？"杰斯敏转过头去好好欣赏了一下儿子的杰作。

"击个掌。"她说。

然后母子两人就击了掌。

"干得真不错，我爱你，再来击个掌。"

于是他们就又击了一次掌。"乌拉乌拉，"阿扎亚一边发出这样的声音，一边又转回头去开始玩火车了。

"有一件事情特别让我震惊，就是那位贝蒂女士居然发现，不同家庭的孩子长到 3 岁之前听到的词儿能相差 3000 万，好像大概是这么说的吧。总之这件事儿让我特别震惊。"

"乌拉乌拉。"

杰斯敏的手机又响了起来，但是看了眼之后她就调成了静音。

"当孩子生活条件比较差的时候，听到的单词居然会比生活条件好的孩子要少很多，"她说，"我从自己跟孩子打交道的经验了解到，当你怀孕的时候就可以给孩子读故事了，胎儿长到五六个月大的时候，就能从子宫里面听到声音了。所以我在怀孕期间也会给孩子读书。之前我总是习惯随身带一本书。我儿子非常聪明，尽管因为听力的问题，他的沟通能力发育得稍微慢了一些。"

杰斯敏对于儿童发育有相当的了解，因为她曾经在不同的学校里工作过好几年的时间，教过学前班到三年级的学生，此外还做过各类客户服务工作。她曾经在布罗克顿的一所天主教学校里面当过代课老师，后来还负责过课后托管与辅导工作。之后学校又把她请了回去，作为专业教职人员的助手在幼儿园里工作了两年。在 2003 年到 2009 年，她先后在马萨索伊特社区学院和位于多尔切斯特的社区大学昆西学院，修得了早期儿童教育专业 40 个学分的课程，想要之后再回到学校里去拿一个副学士。

现在她趁着儿子上托儿所的时候工作，既可以换来一部分津贴，还可以得到社区服务的学分。截至目前这些情况仍然能够满足过渡时期援助部的标准，能够为杰斯敏赢得食物和住房补贴。她在早教机构里面负责帮忙准备和策划会议，同时还要备两门课，一个是趣味阅读，另一个是重构阅读。在这所机构里面，老师会带着学前班的孩子进行戏剧表演、玩游戏拼图、写作、画画还有其他的各项活动。

杰斯敏是幸运的，有些低收入的母亲没有办法拿到担保，因此不能把孩子送到托儿所去。这是我前一天到公共卫生委员会去拜访凯比的时候听说的，如果孩子不上托儿所的话，开始上幼儿园的时候就会明显比同班其他孩子落后很多，除非家长经常带着这些小孩子出门去，或者经常跟孩子进行互动，并且让他们参加各式各样丰富有趣的活动。

杰斯敏同时还担任整个社区委员会的主席，由于他们在试图跟房屋委员会的工作人员以及地产开发商进行协商，以此来推动社区重建工作，因此杰斯敏一直忙于发邮件和打电话。除此之外，她还在大约一小时公交车程之外的马塔潘，运营着一个学龄前儿童的游戏组，非常受欢迎。我第一次看到她的名字也是在那里，当时我在马塔潘的警察局里看到了儿童游戏组的海报，杰斯敏的名字就印在那上面。

"波士顿五大要素"的其他要求对于杰斯敏来说是自然而然的。"我尽可能多跟他说话，尤其是出门在外的时候。"

她正在教阿扎亚学习手语，这孩子10个月大的时候，遇到什么东西都会习惯性地用手指头去指，这也是儿童发育中把物体跟单词联系起来的第一步。

我们聊天的时候阿扎亚一直在沙发底下玩耍，接着跑到另外一个房间里不见了。回来的时候手里多了一个塑料的激光剑。我想要跟他玩绝地武士，但是他似乎并不买账。

"不要！"

我一脸疑惑地看向杰斯敏。这个时候阿扎亚在用激光剑捅沙发布，但是看上去并不是要跟沙发布打架的样子，也不是在玩过家家。他的表情看上去很沮丧。

我这时候忽然理解了，从他手中接过那把激光剑，然后从沙发底下捞回来了那辆小火车。

阿扎亚脸上绽放出一个笑容，然后就一把抓起了火车。

"要说谢谢。"杰斯敏说。

"塔塔。"

"在他的语言里，这就是谢谢的意思。"她说。

"那是他的小扫把。"杰斯敏的奶奶解释道，她就坐在沙发附近的一把摇椅上。

阿扎亚的成长环境跟他母亲杰斯敏是不同的。杰斯敏的母亲在 16 岁的时候就怀了她，接下来又生了 9 个孩子，最小的一个现在才 10 岁。也许十几岁的时候一直忙着照顾自己的弟弟妹妹，反而让杰斯敏没什么工夫学坏，可是这却并不是一件轻松有趣的事情。

"我是怎么长大的？很辛苦，并不是说我的人生过得很艰辛，而是指我们家一共有 10 个兄弟姐妹，从这一点上来讲本来就很困难。"杰斯敏说。"我小时候是妈妈的住家保姆，要负责照顾所有的弟弟妹妹，那时候基本上就没有自己的人生，一直都在家里面忙活着。"

她希望自己的儿子能有一个不同的成长体验。只要她力所能及就会带儿子出去，无论是去博物馆、水族馆、游戏组，甚至是简单散个步都好。她报名参加了自己所能接触到的所有免费学习和培训，从公共健康委员会所筹办的"健康宝宝"到"从出生起就变聪明"，还有一个叫作"波士顿大集合"的忠诚计划，只要参与者能够积极深入到社区活动当中，就能得到社交上以及财政服务上的回馈。

对于那些一整天都带着孩子待在家里，或者是不愿意用肢体语言表示亲子情感的朋友，杰斯敏表示完全不能理解。

"我简直太喜欢我的儿子了，不是抱就是亲。"她说，"亲子联系就是从这儿开始的呀。"

//////

卡米拉·卡伦现在正待在孩子们黑漆漆的卧房里，坐在一把摇椅上。这间卧室位于她家那栋联排别墅的第三层，而别墅坐落于华盛顿特区的佩特沃斯社区，整个社区都在蓬勃发展当中。这时候她能听到走廊里平板电脑播放的声音，里面是潘多拉的"时髦假期"频道。

"亲爱的，你们今天一整天哪个时段最开心呢？"她问 7 岁的玛丽安娜还有 4 岁的亚历山卓。这是孩子们入睡之前的固定流程，玛丽安娜把这个过程叫作"每日简报",这个时候他们会把一天当中最开心以及最不开心的事情跟母亲分享,还会说一说自己在哪件事情上做得很好,又有哪件事需要改进。他们说话的声音都非常小,卡米拉用的是西班牙语,而孩子们混杂着英语和西班牙语。

玛丽安娜说,放学之后就生病了这件事情让她不高兴。亚历山卓说今天有一辆车从后面冲上来,差一点就撞到他了,他也不高兴。玛丽安娜高兴的是今天下午跟妈妈一起度过的时光。亚历山卓对于自己今天做了晚饭感到非常自豪。玛丽安娜觉得在学校课业太重了,以前她会选择在走廊里瞎晃悠,而今天却找了另外一个教室休息了一会儿,她觉得这件事自己干得挺不错。对于孩子们的回答,卡米拉时不时提些问题,或者小声嘟囔几句作为回应。然后她就柔声说了一句晚安,如释重负地叹了一口气之后跑到走廊里,而我正在那里等着她。

短短几个月的时间里,这变化可真大呀。他们一家人才刚刚完成了家长培训课程半年左右,才刚一入秋,整个家庭的互动模式就真正上了轨道。以前的时候,两个孩子无论做什么事情都特别固执己见,经常跟父母反着干。无论是在早上出门前还是放学之后,无论是做作业的时候还是哄睡时段,所有的事情都变成了战斗。每天晚上父母刚把他们安置在床上,他们就会把灯打开、开始放音乐、在房间里面上上下下地乱蹦乱跳、到最后把房间搞得一团糟。如果卡米拉跟她的先生没有发现的话,孩子们第二天早上还会提醒他们:"我们当时很不爽,所以就开了一个派对。"(这就出现了第1章的第一个画面,也就是卡米拉惆怅无力的样子)

玛丽安娜似乎整天都在生气。"我当时的情况实在是很糟糕,当时我已经没有办法喜欢自己的女儿了,而她也不喜欢我们。"卡米拉回忆道。

科林把这个过程形容成"螺丝被拧掉了",然后夫妻两人忽然意识到,自己已经背离了在家长培训课程上学习到的新技巧和新模式。夫妻俩都需要上班，时间非常紧张，周围又没有什么亲戚能够搭把手，所以他们已经很久没有再举行家庭会议了。而家庭会议原本是每周一次的，在会议上家庭成员能够有机会表示对其他家人言行的感谢，还可以共同讨论家庭问题。而召开家庭会议是确保每个家庭成员都能够各司其职的重要方法。

哄睡的时候，他们俩采取的几乎都是强制措施，往往靠的都是下达最后通牒或者是扬言威胁才能把孩子们弄到床上去。然后他们就会矫枉过正，采取过于消极的态度，有时候还是会跟他们一起躺下来，好跟孩子们一起入睡。卡米拉实在是筋疲力竭，随随便便就能在孩子们卧室里的地板上凑合睡一夜。

玛丽安娜和亚历山卓实在是太经常生气也太经常不合作了，导致卡米拉觉得自己跟他们的关系已经破裂了。尽管从理智上，她认为的确需要改善亲子关系，但是在那个时候却觉得改善基本上是没有希望的。

科林和卡米拉渐渐步入育儿的正途。首先他们把家里的一切规矩和要求全都免除了。他们不再只盯着日程计划看，反而开始关注真正的亲子互动时间，他们把注意力转移到在家里跟孩子建立联结并且鼓励孩子上面。

家长培训课程教育每一位家长，要安排固定的时间来跟每一个孩子单独建立联结，而在此期间是不可以使用电子产品的，也不能被其他的人、事、物所打扰。具体做什么活动由孩子选择，无论是玩糖果乐园还是过家家，或者是画画。时间的长短跟孩子的年龄相关，对于小孩子来说有可能是20分钟，如果孩子已经进入了青春期，那么有可能需要两个小时，而在此期间，家长唯一的关注点就应该放在跟孩子建立联结上。卡伦一家还发起了每周家庭趣味活动，具体做什么，由家庭成员投票表决、共同决定，比如玩桌游、滑冰、猜字谜、在院子里踢足球或者是做陶艺等。（如果家庭时间里面，你们选择的是玩电动游戏或者是看电影的话也要好好享受，不过不要因此就挤占了那些不用电子产品的亲子时间,因为数十年以来的研究都表明,在没有电子产品干涉的情况下,人才能得到自我管理能力的锻炼,也才能够得到学习)

一旦没了什么都想要掌控的家长,孩子们也就失去了需要反抗的对象,玛丽安娜和亚历山卓就变得不那么抗拒和逆反了。一旦全家人都开始在情感上重新建立联结,科林和卡米拉才渐渐开始恢复往日的一些常规要求,包括对于"学徒型"教养模式至关重要的一环——一起做家务。他们越来越能够准确判别出孩子调皮捣蛋的类别和原因,因此能恰当选择最有效的育儿手段。

我去他们家参观的时候正值 12 月,就在 45 分钟之前,我亲眼看到亚历山卓先是帮助卡米拉洗蓝莓和树莓,然后切西葫芦、意大利青瓜还有辣椒,最后做意大利面,还有在烤箱里加热秘鲁烤鸡。他们合作无间,卡米拉不间断地告诉儿子好多事情,比如西葫芦的头是可以吃的,同时还给儿子提供了许多选择:想要吃蜜瓜还是树莓?卡米拉非常苗条,一头棕色小鬈发不及肩膀,说话声音极为轻柔,时不时就变成了耳语,有时候听起来还带着顽皮的腔调。她并不是在给亚历山卓下指令,而是邀请儿子共同参与进来,而这就是最关键的区别。儿子忙活了半个小时之后感到累了,说自己要去休息,卡米拉也平静地接受了。不过他歇了一会儿就又回来了,特别热切地想要帮忙挑选一种鸡肉的蘸酱。

卡米拉告诉我,在家长培训课初级班的时候,听到布莱恩告诉大家自己的孩子从 8 岁起就开始给自己做鸡蛋吃了,她觉得特别不可思议,怎么能让那么小的孩子去动火和锅呢。可是现如今 4 岁的亚历山卓却在舞动着一把刀,而且还是一把非常锐利的刀。这也是家长培训课程所建议的,为了让孩子有能力保障自己的安全,应该尽可能地让他在体验真实生活的过程中得到锻炼,于是亚历山卓也帮着妈妈一起把煮意大利面需要的水端到炉子上。"我们跟炉火打交道越来越多了,而孩子们喜欢待在这里。"她说，而且卡米拉告诉我，他们已经教会了孩子要如何安全地使用刀具和灶具。"他自己已经知道怎么小心了。"

我们只有短短的18年时间，可以用来跟孩子建立互相尊重的关系，而这种关系却可以持续一辈子。对待孩子的事情，我们必须要在大包大揽还有积极参与之间找到平衡。不要因为做作业或者是穿衣服的问题而争吵，更不要让这种冲突影响到亲子关系的联结。一定要牢记亲子联结是如何帮助孩子培养自我管理能力的。

从家庭培育课程、神经科学研究还有那些有关儿童发育的采访当中，我清楚地意识到系统性地跟孩子建立联结的重要性。这是"学徒型"教养模式的第一步，也是非常必要的一步。

所谓"在纠正孩子之前，要先跟孩子建立联结"的说法能够提醒我，当孩子正在闹脾气的时候是没有办法学习的。我花了好几年的时间才把自己训练到，即便走进房间之后发现孩子正在做一些磨洋工的事情，也不会一直指责他们。现在我反而在寻找可以跟他们建立联结的方式，即便是小到一个拥抱或者是一句赞美也好，做完这些之后才会提醒他们，我们事先约定好的玩电子产品的时限，或者是指引他们放下杂事、回归正轨。

"等一下，"你可能会这样说，"我已经花了很多时间来跟孩子建立联结了啊！"这话可能没错。你对孩子的教育比较上心，所以读了育儿书，你也花时间跟孩子相处。实际上根据第4章的内容我们已经知道，当今时代的家长陪伴孩子的时间远远比之前的家长更多。第一次了解到诸如亲子联结时间之类的积极育儿技巧时，我也是这个反应。既然我已经花了这么多的时间来跟孩子相处，为什么一定要再额外完成这项任务呢？

不过你还是要问问自己，那些亲子时间到底是怎么度过的呢？你有没有对孩子颐指气使？有没有对所有的步骤都特别较真？有没有因为每5分钟就响一次的工作邮件而屡屡分神？

一旦你开始问自己这些问题，就可以让自己的育儿模式向好的方向发展，也就是在跟孩子建立紧密联结和给他们足够的独立空间来犯错之间找到平衡。你会开始意识到当你分神的时候，是怎样破坏跟孩子建立联系的机会的。这个行为会告诉你，是不是需要花更多的黄金时光来跟孩子相处。

家长应该格外关注孩子们的兴趣和创造力之所在，应该注重的是孩子到底怎么表现的，而不应该无差别地赞扬他们的作品。这一结论又要回溯到斯坦福的卡罗尔·德韦克的研究了，他发现空头表扬会削弱内在动机，而关注到孩子的努力和兴趣点反而会提升他们的热情。

要对孩子们的贡献表示感激，即便他们年龄还很小也是一样。孩子总归是要开始帮着做家务的，所以即便他们仅仅是从冰箱里帮你拿了一个东西，或者是帮忙打了个鸡蛋，也都算是对于家庭的贡献。你还要保证亲子联结的时间，要坚持每周都召开家庭会议，在会议上要向家庭成员表达感谢，而且还要策划有趣的家庭活动。即便是小孩子也可以跟父母一起坐下来几分钟，来接受父母对他们本周行为的感谢，以及投票决定要去哪里玩。

现在我们所付出的时间总会有回报的，因为孩子会越来越有能力为自己的人生负责，也会在这个过程中学会尊重家庭中的每一个人。所以无论是在面对发脾气的孩子时予以理解和同情，是教孩子把刚洗好的袜子配成对，是在后院里面玩泥巴还是带着耐心贯彻家规，都是值得的。最终有一天当孩子长大成人之后，在他们已经成功地融入了这个世界之后，仍然会想要打电话或者是到家里来看我。当然，在这个过程中肯定会出现亲子矛盾或者是不同意见。但是只要我们把关注点放在锻炼孩子的独立能力上，同时引导他们找到自己人生的路径，而不是把我们自己的意志强加在他们身上，就能够跟他们共同创造真实的亲子关系，而这种关系能够持续一生。

/////

现在我们重新讲回麦迪到处乱走的故事,回到纽约市区那个人满为患的人行横道。当时我觉得很绝望,因为我没有办法去体验核磁共振扫描仪了。当时托特纳姆实验室已经为我们准备好扫描所用的仪器和设备了,整个过程大概的花费是 600 美元,可是他们却无法获取有效的数据。尽管我知道,个别参与者不得不在中途退出某些实验,但我仍然觉得很愧疚。

而且更迫在眉睫的问题是,我那 12 岁的女儿正在跟我闹别扭。当我们走出了实验室,跟陪着我们出来的摄影师道别之后,我就冲麦迪发脾气了。我对她嚷嚷了几句,指责她不该跟实验室的人随意聊起我们家庭内部的事情,结果导致我们不能继续参与这项实验。

然后看着她僵直的背影,我知道我们之间必须要重新建立联结。

"麦迪,没关系的。"我说。接着用一只手臂揽过她的肩头,她并没有挣开我的手。

"怎么没关系了,"她嚷嚷道,"我把你的书给搞砸了!我总是把所有的事情都搞砸。"

"你并没有把我的书搞砸,我总能找到另外一个方式去把这本书写完。或者我也可以找另外一个愿意让我参观的实验室。最重要的其实是描写实验室这一部分,"我说。"我不应该责怪你,当他们看完我在调查问卷上所有的答案时,就应该告诉我们第二天不用来了,这样一来我们就不需要参加了,反倒留出了空闲的时间,让我们好好玩一天。"

她转过身来面对我,嘴噘着,双眼湿润。

"要不要吃点东西?"我说。

"这东西太难吃了,"她说,不过还是拿起了叉子。她从塑料泡沫餐盒里的一角挑起了一根面条,上面完全没有沾到任何肉酱,然后就用嘴把面条吸了进去。

"我非常感激你的帮助。"我继续说,"你一直在帮我拍照,万一摄影师拍的那些没有办法洗出来,你的照片就能派上大用场。在那么无聊的实验过程中我跟阿娃都有事情做,而你一直都很有耐心地等着我们。"

她并没有微笑,但是最终还是又吃了一根面条,接着又吃了一根。

"那我们现在该怎么办呢?你们想要回克里斯舅舅家玩乐高吗?"

两个孩子都同意了。我把剩下的中餐包了起来,然后拉起了麦迪的手。

我们三个人一起向着地铁站的入口走去。

7

积极沟通：不包办、少命令，共情式聆听

这是十一月里的一个星期五，跟往常的星期五并没有什么区别。布瑞尼·达利正在忙活着清洗碗碟还有其他家务，作为3个孩子的家长，得好好抓紧空余时间才行，等到十一点的时候就要去学校接5岁的孩子了。

紧接着她接到了缅因州儿童与家庭服务中心的电话。

"最近有人投诉你们家存在虐待情况，我需要跟你谈一谈。"电话那头说。

达利一口气堵在嗓子眼，孩子都在学校里，挺安全的，会不会是有陌生人举报？就在这一周，几天前她曾经单独把孩子们留在车里了一小会儿，跑去办了件杂事。又或者是公寓楼里的某个邻居嫌自己家孩子打闹的时候太吵了？

"你能告诉我是因为什么吗？"她问。

结果对方说不可以，并且提议当天去她家里拜访，不过达利拒绝了。现在公寓里一团乱，要洗的衣服铺满了整个厨房，沙发旁边堆满了线桶，那是预备要纺成纱的。

"也不知道事情的起因，我不能就这样干等一下午。我难道要整个周末都待在家里，一直担心到底出了什么事，但却毫无头绪？"

"根据法律的要求，我是不能告诉你任何信息的。"他说。

"我真不明白，这件事既然是跟我有关的，为什么法律会要求你什么都不告诉我。"她说，语调都破音了。他们约定好下个星期一在达利家里会面，随后她就挂了电话。

她一下就哭了起来。

会不会是因为学校里面发生了什么事呢？

她的大儿子奎因 7 岁开始就读缅因州南伯威克中央学校，一入学就挺费劲的。刚上幼儿园没几周，老师就推荐他降到幼儿学前班。课业并不是问题，但是上一整天学对于孩子的自控力来说是个挑战。他会大喊大叫或者跑出教室。而幼儿学前班需要上课的时间更短，会有大量的玩耍时间，更符合他的需求。第二年他开始上小学一年级了，学校尽其所能地满足孩子所需日常活动和流程。孩子会定期去跟学校的学习专家会面，看起来还是挺有帮助的。现在升入二年级，总体上看起来似乎是前进两步又倒退一步。

奎因之前曾经因为某件事而招致了儿童服务中心的注意，他当着老师的面把自己的小鸡鸡掏了出来。他本意是想开玩笑的，但是效果并不好。不过那一次，奎因的辅导老师是先给达利打电话来提醒的。

达利给中央学校校长打个电话，想问问校长知不知道这是怎么回事。

奎因就是那种整个学校都听说过的孩子，每个学校里都有几个这样总惹麻烦的孩子，或者总是卷到麻烦里去的孩子。那个在自己的座位上坐不住的孩子，那个一直扰乱课堂秩序或者动不动就大发雷霆的孩子。那个但凡遇上了课间同学打斗，总是会被其他同学推为罪魁祸首的孩子。同时也是那个能把老师的人生搅得一团乱的孩子。

奎因也知道自己的这种"禀赋"。他很聪明，能认识到自己在惹麻烦，尽管他看上去似乎没办法不让自己陷入麻烦当中。他不开心的时候，就会跑到教室外面去，有时候因为着急想要找一个舒服的地方，可能会把某个教职员工挤到一边。他还特别容易冲动，如果有人曾经找过他的麻烦，那在之后的某一天，他有可能一直打那个惹过自己的孩子。达利已经到了每周都到老师那里报到的程度，因为他们需要反复回顾孩子近期以来的出格行为，并且找到问题原因。为了让他能够保持冷静，学校给奎因提供了很多空间，比如说学习中心或者是兄弟教室，任何一个学生都可以在兄弟教室里面单独待一会儿。他还可以在自己的情绪太过强烈、无法抑制的时候使用解压器。而所谓解压器，通常都是压力球或者其他类似的小玩意。

几年之前，中央学校的教职员工很有可能会采取另外一种截然不同的态度，来处理学生发脾气或者是打闹，有可能会把学生送回家去待一天，或者是减少孩子未来几天的休息时间。奎因比班上所有的同学都高，完全沿袭了爸妈高大的基因。在一般的学校里，如果有个孩子会成为其他孩子的威胁，很有可能会被禁足，比如说被单独关进教导室里甚至是被送回家。

奎因身上是带着特殊教育计划的，这样一来他就变成了那种很容易面临惩罚的学生。根据政府的数据显示，残疾的孩子面临休学的概率是其他孩子的两倍，被关禁闭的概率是其他孩子的三倍。中央学校里面有95%的学生都是白种人，奎因也不例外。因此他受到惩罚的概率就会比那些有色人种的同学低一些。从全国的统计来看，身患残疾的黑人孩童被休学的概率是25%。

在美国，长期行为不端的孩子会被理解成他们根本就不想好好表现，而事实却越来越清晰了，孩子们其实是根本就没有办法约束自己的行为，而不是有意捣乱。中央学校采取了不同的方针，他们依据罗斯·格林的理论，大胆启用了革新性的新模式。罗斯·格林是一位出身哈佛的心理学家，那些需要跟很有挑战性的孩子打交道的家长和老师很信服格林的理论，简直到了崇拜的程度。就好像斯波克博士曾经教育过一整代的妈妈们，让她们相信自己的本能一样，格林的规约方式也成了家长的热门选择。如果家里有患了注意力缺失症或者是对立违抗性障碍的孩子，那么家长八成读过格林的书，而且会把《爆炸的孩子》和《迷失在学校》奉为圣经。

格林教导我们，如果孩子们能好好表现的话，他们是会好好表现、不会调皮捣蛋的。

这个模型是从儿童精神病理学上面建立起来的，而且曾经在州立少管所里做过实验。大约在2004年到2006年，格林把这个模型推广到许多公立和私立学校，其中就包括中央学校。从那时候起到目前为止，效果始终惊人，学校里面有关违反纪律、休学以及同学打架的通报批评比率下降了8成。对于格林来说，那些调皮捣蛋的孩子之所以没有办法如预期般表现，实际上是由于缺乏相关技巧，因为他们其实并不缺乏控制自己的决心。如果按照格林的逻辑，当你面对一个反复冲出教室或者是从自己的座位上跑开的孩子时，不会比面对一个拼写测试不及格的孩子更生气，也就不会对那个不守规矩的孩子惩罚得更狠。面对那些没办法控制自己的孩子，你会转而向他们传授一些自我控制的技巧，正如面对拼写出错的孩子你会自然地帮他复习单词规律一样。目标是要从根源上解决问题，而不是因为孩子大脑的构成模式不同就惩罚他。

奎因仍然处在提升的过程中。

就在那个11月的上午，焦急地等待了几个小时之后，达利的社工告诉她之前儿童服务接到的那一起举报的确是从学校来的。奎因展开自己生动的想象力，描述了一个家庭场景，绘声绘色地告诉大家，爸爸是怎么打妈妈和弟弟的。不过他说的都不是真的，但是社工仍然告诉达利，她需要为此完成一份报告。连续家访了4个月之后，儿童服务部撤销了达利一家的案例，而奎因也因此上了一课，明白了自己的言语会产生多大的威力。

2012年的时候，我看到了格林的追踪记录，这个经历让我头一回萌生写这本书的冲动。我意识到，那些反复争论应该要在激励手段和惩罚后果之间寻求平衡的教育家们，其实都搞错了方向。毕竟当一个孩子根本没有发育出控制自身行为相关的大脑功能时，罚他休学或是奖励他一颗五角星，还有什么意义呢？更何况正如我们在第5章讨论过的那样，即便那些自我调控功能有所发育的孩子，也会因为长期受到奖惩制度的影响，而产生内在动力不足的问题。

在 2013 年的一个清凉的秋日，我来到了中央学校。这所学校里有 450 名学生，包括幼儿学前班到三年级，我去的时候刚好赶上大批学生纷纷涌进学校的大门。他们都通过拥抱或者击掌的方式，向校长尼娜·达兰问好。达兰身材苗条，长着一头棕色的头发，是 4 个孩子的母亲。孩子们纷纷走进教室的时候，达兰来到主办公室，跟其他的教职员工会合。这是个大开间，里里外外仍然残存着消防站的紧张气息。

达兰才刚刚坐下，对讲机就响了起来，有一位老师遇上了紧急情况，于是她急匆匆穿过走廊，赶到三年级的一间教室里面，找到了一个躲在课桌下面哭泣的小男孩。小男孩的老师正催促着班上的其他同学离开这间教室。

低声交谈了几句话之后我们得知，有另外一个男生在车上扇了这个小男孩一巴掌，而且还骂了一句很难听的脏话。他太难过以至于思念起了自己死去的宠物狗。达兰问这个男孩子需要怎样的帮助，他提出要穿上自己在万圣节准备的那套食尸鬼的连帽上衣，这样一来，拉上拉链就可以直接盖上自己的脸，然后他希望能够有老师开车载自己回家。达兰跟他讨价还价，最后两个人商定可以让小男孩穿上万圣节的服装，但是不可以把帽子都拉上去，否则会吓坏其他的学生。找到了解决办法之后，男孩就重新回到自己同学身边去了。

"老师们需要做的事情太多了，这真是很惊人的。"当我问到这位校长还有他手下的教职员工，究竟是如何在全体学生和某些特别难管的孩子的需求之间保持平衡时，她是这样回复我的。达兰把迪士尼公主式的得意扬扬和冷静的智慧结合得很好，而这份智慧的来源是她上一份工作，那时候她充当学校的辅导老师。

除了要在执行的过程中面临种种挑战之外，采纳格林这种模式其实是很有成效的。达兰现在可以把更多的时间花在安排统筹上，而任课老师们可以花更多的时间来指导学生，他们用来解决小型冲突的时间都减少了不少。从前要花好几天去解决的问题，现在已经可以用更快的速度解决，有的时候几分钟就好，甚至大部分问题都可以提前预防。

有一些中央学校的老师和员工，一开始对于格林的模式抱有怀疑的态度。作为大人，一旦发现有孩子调皮捣蛋，我们就会很想看到他们受到惩罚。这种欲望已经深植在我们的心中，很难磨灭了。而格林的模式强调教职员工要控制自己，以便跟学生之间培养起深厚的关系，尤其要跟那些最喜欢扰乱纪律的孩子搞好关系，与此同时还要给每一个孩子充分的话语权，让他们成为解决自身问题的主体。这一部分是很关键的，不但让孩子在问题的解决过程中占了一席之地，同时也揭示了潜藏的困难。

比如说老师可能会发现，有个不太好管的孩子故意磨磨蹭蹭不交作业，觉得这个孩子就是存心叛逆，而实际上孩子可能只是饿了，因为当天早上没有吃早饭。只要给孩子补充一些小零食，就能解决这个问题。在罚孩子关禁闭之前，"我们以前其实在诊断孩子问题方面花了大量的时间，而老师之间单纯的同事探讨并不能把问题搞清楚，"达兰说，"可是现在我们开始跟孩子对话，并且当孩子们说出问题所在的时候，我们会真切地相信。"

下一步就是要确定每个学生所面临最大的困难是什么，无论是从休息切换到上课状态，是在走廊上的时候能够管好自己的手、不去乱摸乱拽，还是在晨会的时候能够跟同组的同学乖乖坐在一起，等等，确定了首要问题之后就要一个一个解决，一点点培养学生相关的能力。听起来好像不需要费多少脑筋，但执行起来却需要运用到不同的资源，同时还需要老师们转换成完全不同的思维模式。

在中央学校，管理者会把翻新建筑的资金拿出来，好把学校内的空间改造成更适合孵化出解决问题对谈的环境。他们已经把其中的一间教室改造成了开放式空间，给达兰还有其他的主要行政人员使用，里面有沙发和桌子供孩子们休息、玩耍、吃零食、冷静冷静，或者是跟老师来一次交心的谈话。他们还把另外一间教室改造成了工具室兼特殊教育室。学校组织了为期20周的教师培训，在此期间格林的培训师会时常通过网络视频软件来提供指导。毕竟要哄着一个特别不听话的二年级学生表达自己内心的需求，其难度就跟引诱一只害羞的小猫崽坐到自己大腿上差不多。在老师们学着要如何启发这些艰难的对谈时，总是需要相关指导的。老师们会把他们跟学生的谈话录下来，随后跟自己的同事以及培训师共同回顾这些内容，在回应和反馈当中，教师们引导谈话的技能也在不断增强。

罗斯·格林以及中央学校的老师们发掘了"学徒型"育儿模式第二大支柱的力量。这第二大支柱其实就是沟通。我们可以借鉴他们在改变成人行为模式以及突破沟通障碍方面的成功经验。他们跟孩子进行的谈话其实是一种不加评判的全心倾听，尽管这些策略对于4岁及以上的孩子是最有效的，但是在你面对一个刚学走路的小朋友时，仍然可以对孩子所说的内容表示发自内心的兴趣，同时对孩子日益增强的独立性表示支持。

正如中央学校的老师们学会了倾听孩子的心声以及因材施教，我也开始把沟通放在了顺从之前。当我刚走上这一条路的时候，经常忽然意识到，自己居然给孩子提了那么多指导、提醒和命令，从而感到吃惊。我不能再给孩子直接提供解决方案了，也不能再继续对他们进行说教。当我的孩子们还在上小学的时候，碰到他们发脾气，我只是对他们所说的话作出简单回应，并且表示理解，结果令我格外震惊，他们居然就那样冷静下来了。

//////

"我的孩子根本不听我的话。"

"我要怎样才能让孩子听我的话呢?"

"我刚刚不是让你把鞋穿上吗,你听没听见啊?"

当我们家长说出这些话的时候,所指的其实已经不是倾听的问题。当我们用"听"这个字眼的时候,实际上指的是顺从。我们要的是孩子听话,这实际上就是活生生的顺从育儿模式。

但是正如我们在第4章说过的那样,那个孩子简单顺从父母要求的时代,早就一去不复返了。我们现在应该追求相互合作,虽然这更难达成,但其实也会更有力量。我们需要对亲子沟通模式进行一次彻底的复盘。

首先需要进行的是思维模式的调整:你必须要发自内心地相信,在面临某个问题或者是情况的时候,自己的孩子很有可能会知道一些你自己并不知道的事情。当一个孩子选择调皮捣蛋,而没有表现出愤怒的时候,你就应该要留心了。乱发脾气或者调皮捣蛋都是难解的谜题,而答案却握在你孩子的手中。他们的行为正在向你散发着某一些信息,而你的责任是破解其中的信号。

我们作为家长,并不应该以营造一个时时刻刻都非常宁静的家庭氛围为己任,反而应该把争执的时刻当作机会,以此更加了解自己的孩子,并且帮助他们成长。家就是一个供家庭成员不断学习的实验室,而孩子能够在这里进行实验、可以失败,从而最终获得成功。家庭绝对不是一个务求完美的神殿。

你需要使用非常专注而且能够及时给予回应的倾听模式,确保你真的听明白自己的孩子到底在说什么,而且弄清了孩子的感受。要问他们问题。要对他们处理自己问题的能力表示信心。带着对同事或者是朋友同样的尊敬来跟孩子说话,如果有些问题反复出现,那就要想办法引导孩子继续开口并且参与到解决问题的过程当中。正如预想的那样，孩子好几年来都已经习惯了被下达各种各样的指令，所以如果要切换到自如表达自己想法的状态，也是需要一定时间的。

你要学会发自内心地倾听，可能你也需要经历一个育儿方式"戒毒"的过程，可以效仿郝弗尔所提倡的做法，来一个"什么都不说，什么都不做"星期。

我去佛蒙特州柏林顿市的尚普兰学院旁听了郝弗尔的一堂课，这堂课的内容是家长们汇报自己尝试育儿方式"戒毒"周的经历。还是我从前听过的那个为期6周的课程，第一次课我是通过网络视频软件参与的，而一星期后的第二次课我来到了现场。她对于自身育儿原则的表述很接地气，让我觉得很受激励，于是就想要亲临现场来看看她究竟有什么魔法。郝弗尔是6个孩子的母亲，孩子们都已经长大成人。她会用平实有时略带风趣的语言来表述自己的观点，用幽默感来软化那些不好理解的信息。她认为孩子任何问题的根源都在家长身上，我们可能说得太多、可能用的方法不得当，也有可能总是试图想要控制自己的孩子。当天晚上我亲眼见到了她，她站在教室的前端，身后是一个嵌入砖红色墙面上的白板。她留着闪光的银色波波头，头发掖在左耳后。整体穿着很舒适，一件黑色的瀑布式开衫，里面配着粉红色的衬衫，下身穿着一条深蓝色的牛仔裤。当20多名家长就座的时候，她表示了欢迎，然后简要概述了当晚所需的材料，主题是亲子关系以及培育孩子的独立性。然后她就问在场的家长，在过去的一周当中，对于自己和自己家的孩子有什么新认识，并且问他们从今以后会采取什么不一样的育儿做法。

"我发现自己特别容易发号施令，或者是用威胁的方式来让孩子做某件事，"有一位妈妈说，"我也了解到其实孩子比我想象中更有能力，我们将来要调整的方式就是尽可能保持现在的模式，并且持之以恒，因为过去的这一周，我们过得非常成功。"

"嘣！"郝弗尔说，"你们当中有多少人意识到自己太颐指气使了？"教室里的大多数人都举起了手。

"你们当中有多少人意识到自己是靠威胁才能指挥得动孩子？"有一半人举手。"你们当中有多少人注意到自己的孩子，其实是比你们想象中更有能力的？"又有大多数人举起手。另外一位母亲分享说，她一直都在给孩子当啦啦队。第三位母亲发现自己正在把孩子培养成一个求赞党。每一位家长分享完之后，差不多都至少会有半数以上的人表示赞同，说他们也有过类似的经验。

"我们现在全都是一个战壕里的，"郝弗尔说。"每个人得到的反馈结果都是一样的，这样一来我们就拥有了许多共同的经验，简直能够形成一个小型社区。只不过我们不知道该如何把这些感受说出来，我们一直在说，到底哪里出了问题，却没有说进行了哪些新的尝试，我们也没有谈到促使我们产生这种动力的那些结果，正是这些结果让我们产生了创造新的可能性以及挖掘勇气的动力，这份勇气会促使我们探索新鲜事物，并且尝试看看这些新鲜事物到底能不能行得通，而这一切都会促使我们去做更多的变化。"

这个家长的社区在佛蒙特州正在日益扩大。郝弗尔已经做了25年家庭教育的课程，估计培训过不下5000名家长。只要郝弗尔开了新课，当地的小学老师们就都会知道，因为这时候就会有孩子迟到，会有孩子忘记带午饭，也会有孩子只完成了一部分的家庭作业，不过老师们并不会抱怨什么。"大家都齐心协力来配合这个过程，因为我们正在竭力培养一代能够自我负责而且有能力的孩子，"她这样告诉来参加家长培训课程的人们，"这不就是我们都想要的结果吗？谁想要培养出又一代完全不能自理的孩子呢。我们已经养出过很多这样的孩子了，实在是够了。如果你把自己的目的跟别人分享，就能够从自己周边的社区得到很多的支持。"

有一位坐在第二排的家长，名字叫丽莎，48岁，举手要求发言，并且跟大家分享了自己是那种被内疚所驱使的家长，也是用这种模式来教育 8 岁的女儿艾拉的。艾拉是丽莎和丈夫布莱恩从中国领养的，接回来的时候孩子刚刚 1 岁。上完第一节课之后，莉莎遵从了郝弗尔的建议，向孩子道歉，表示自己不该总是给孩子下命令。她告诉大家自己当时是这样对艾拉说的："如果妈妈对你表现得太专横了，那你就让妈妈去读一会儿书。"但是令丽莎震惊的是，艾拉竟然说："可是我知道那是你爱我的方式呀，妈咪，如果你不再对我管东管西的，那就说明你不爱我了。"

"是啊，真是太令人震惊了。所以你打算要做什么调整呢？"郝弗尔问道。

"我要用其他的方式来表达对女儿的爱。"丽莎脸上挂着一丝苦笑说。

"你现在的任务是需要重新定义，到底怎样才算是健康而有爱的亲子关系。这要花很长的时间才能做到，因为你之前的所作所为让这个小孩子深深觉得，你能够弥补她生命最初那悲惨的一年，尽管那一年她已经不记得了。可弥补是不可能的。在你自己这一方面需要特别努力，而且对于这个变化到底意味着什么，你还要跟孩子进行大量开诚布公的讨论。"郝弗尔一边说一边在教室里不停地走来走去，用各式各样的上肢动作来强化自己所说的话。"很好呀！在接下来的 25 年当中，这都是你要努力的方向了，要是换作我的话也情愿在这件事情上下功夫，总比纠结孩子的就餐礼仪有意义多了。"

她走到白板面前，然后把"亲子关系蓝图"这几个字圈了个圈。其他的家长通过分享来表达了自己的疑惑，表示他们不知道要用其他什么方式来替换自己往常最喜欢使用的、诸如命令之类的教养模式来对待孩子。郝弗尔建议大家在面对孩子的不当行为时，先冷静 5 秒钟再做决定。或者直接对孩子说："我的脑子现在很累，我需要极力克制，才不会对你下命令。"通过这种方式，你可以向孩子展示该如何为自己的情绪负责，以及如何在压力之下跟对方达成解决问题的统一态度。

有个妈妈跟大家倾诉了她的苦恼,除了直接下命令之外,她实在找不到有创意的办法来提醒儿子该喂狗了。"我顶多只是说,狗看起来很饿了,好可怜哪。"她说。

"的确要下很大的功夫才行,"郝弗尔同意道,"希望你们可以记住接下来我所说的事情,你们到底能不能明白,每天孩子们从床上爬起来有多困难,又知不知道他们为了让你们感到开心,或者了解你们当天的情绪有多困难,他们早餐的时候到底是可以吃甜麦片呢,还是因为你曾经吓唬过他们,就必须得吃前一天剩下的孢子甘蓝?我们必须要跟孩子们站在同一个战壕里才行。"

//////

当我们有压力的时候,就有可能会重新回归到童年时候所熟悉的行为和沟通模式里。如果你是在一个专制的环境下长大的,那你就很有可能会嚷嚷或者是给别人下指令。如果你的家长当时特别想要做你的朋友,那么你就很有可能会采取协商的方式来跟自己的孩子沟通。而现在应该要试着学习一种新的沟通模式了。也许你已经依据本能在进行尝试了,但是"学徒型"模式当中的某些内容有可能会让你觉得不太舒服。不过你仍然可以继续试试看。

家长培训课程初级班的第二周,我跟布莱恩一起教授大家进行一项练习,这个练习可以让你的家庭育儿模式发生一些新的变化。我们当时扮作大人,告诉在座的家长我们会展示出 3 种不同的态度。在演练不同的模式当中,我们都会递给班里的家长一块黏土。

首先,我告诉在座的家长要有创意,然后一上来就使劲夸,无论他们做出什么东西都不停地赞美。其次,我们特别严肃地递给他们每个人一块黏土,要求他们做出作品。我们会把操作要求一步步地大声嚷嚷出来。我们以命令的态度对待他们,但凡发现有人不守纪律就特别严厉地批评或指正，有时候还会罚站。最后，我们很清楚地告诉大家要给家里的孩子做洋娃娃用的家具，然后告诉他们需要花多长的时间来完成这项任务，对他们每一个人的创作作品，都给予非常具体的反馈，而不是一股脑的夸奖。

曾经风靡一时的"自尊运动"最大的问题就在于他们认为，只要家长不停夸奖孩子不可思议、棒呆了、最厉害，让孩子们沐浴在各式各样的表扬当中，就可以培养孩子的自尊。孩子却可以一眼看穿这个不合逻辑的状况。唯一能够培养自尊的方式是面对真正的挑战，并且克服挑战。关于这点你大可放心，日常生活中本来就会带来各式各样的挑战，可以直接用来当作练习的项目。

还记不记得我们之前介绍过一个针对成长思维模式的研究，最后证明有针对性的夸奖以及对待某一个特定成果的关注能令孩子产生动力？于是我就教家长们学会在观察孩子的兴趣和成就的时候，使用具体的语言。比如说孩子给你看他画的画，你有可能想说："这画真漂亮呀！"但实际上，你最好是具体描述一下自己眼前的这幅画。问问孩子为什么要画这样的图，或者是他们画的时候有怎样的意图。这能够刺激他们自身的判断、利于他们对自己的创作进行评估，总比让他们执着于追求你那空洞的赞扬要好。你可以这样说："我能看到天空里面有橙色、黄色还有紫色，这个配色好有趣啊！来跟我说说你是怎么选中这些颜色的吧。"

要更加关注孩子的进步，而不是某一件事情结果。当你分析一场足球比赛的时候，与其因为进了一个球而夸孩子，还不如关注他们传球的准确度提升了，或者是更愿意告诉队友自己可以接球。对孩子说话要有针对性其实是很难的，但是却能够展现出你是真感兴趣，也能表达真实的评价，不仅仅是给孩子一堆盲目的赞美而已。尽量减少那些偏重于父母评估，而没有把重点放在孩子身上的语言，比如说"我真是太为你骄傲了"或者是"看到你把碟子摆放得这么整齐，我真是很喜欢，干得不错！"其实你不如这样说："我发现你把碟子都摆放得非常整齐，这样就不会摔坏了。谢谢你。"有时候与其简单说一句"干得不错"，还不如问孩子一个问题，比如说"你觉得自己表现得怎么样"？

运用黏土来展示3种不同育儿模式的过程非常有戏剧性，结果往往能够让参与家长培训课程初级班的人站在孩子的立场，鲜明地感受到赞扬型、铁腕型和权威型育儿的区别。有一次上课的时候，在我们展示完铁腕式育儿模式之后，有个妈妈琳恩意识到对于她的两个孩子来说，自己可能就是个暴君。

"我觉得特别不舒服，从你们的嘴巴里说出来的那些台词，完全就是我平常会说的话，实在是太难受了，特别有压迫感。"她说。

"上家庭教育初级班课程的时候，这个练习对我来说特别有启发意义。"我这样告诉她，"当你说的是，快点快点，把你的鞋子穿上、该走了的时候，孩子们想到的只会是，现在到底什么情况？因为你是大人，已经在自己的脑子里做好了安排，知道下一步应该干什么，但是孩子们的思维角度是不一样的，他们可能并不知道，只剩下15分钟了，也并不知道现在必须要出发，否则就赶不到要去的地方了。"

"当你说这件事做完了吗，我才真的意识到这到底是什么感觉。我们从头到尾都一直在赶时间。"琳恩说。

对我、琳恩还有许多其他的家长来说，跟孩子用更先进一些的方式沟通，解决了不少家庭纷争。与其对孩子嚷嚷还剩下15分钟就要走了，不如一起坐下来看一看当天的日程安排，最好是在头一天晚上就问问孩子觉得自己需要多长的时间来准备，再问问他们到学校去需要带什么东西，然后就自然迎接第二天的到来。一开始，孩子可能预留的准备时间不够，又或者会把某些东西弄错，但是这都不要紧，刚好可以把这些当作孩子的学习机会。

通过提前安排，在应对日常行动时的一些拖拉问题时就会更容易。

我的孩子们更小一些的时候，只要想要吸引我的注意，就要立马见到成效。而每当我拿起电话的时候，他们往往就需要博取关注了，即便在此前他们一直安静地自己玩耍也不例外。于是我们就一起商定了一个不出声的手势，只要孩子们作出这个手势就意味着他们想要我的关注。他们只需要轻轻地把手放在我的小臂上，就能表达"我有事情想要跟你说"的意思，而如果我用另外一只手来回握他们的话，则是表示"我一会儿就来"。这种肢体接触是有安慰人心的作用的。

更妙的是我甚至可以把这个手势反过来，在我需要孩子们看我的时候使用。与其在孩子们玩耍的时候从厨房里大声嚷嚷"该吃晚饭了"！还不如直接走到他们面前，把一只手轻轻放在他们的前臂上，等到他们抬头看我的那一刻。这样看起来似乎更费事，但实际上却比在厨房里大声吼却没人理、结果大发脾气、搞得孩子都哭了起来、最后推迟了20分钟才吃上饭，有更加立竿见影的效果。

我们还有另外一个表示"等一下"的手势，这个手势是两只手的手掌朝上放，手指弯曲抖动。如果我在商店里跟另外一个人聊天的话，就可以使用这个手势，甚至是在嘴里嚼着东西不方便说话的时候，也可以用这个手势。他们不但特别偏爱这种秘密手势所带来的刺激感，而且一旦发现我忙着做其他事情的时候，他们仍然能够跟我沟通，孩子们就更有耐心等下去。

在你打算实践这些新的育儿模式时，有可能已经预见到了自己会出什么错，像是对孩子嚷嚷或者是下命令之类的。但是你很有可能不知道，这个时候跟孩子说些什么更合适，又或者是当下他生气了，没有办法冷静作出判断。而这个时候就特别适合使用所谓的"小声嘟囔然后走开"的策略。与其跟不听话的孩子纠缠，不如假装自己刚刚想起来炉子上还烧着火呢，又或者是听到有人在敲门，由此借故离开孩子所在的房间。这样一来，你就可以有一些时间来想一想，自己应该要选择哪一种回应的模式，哪怕是做十组深呼吸、能够在作出反应之前定一定心都好。毕竟当你想到办法解决之前,孩子们那些不当的行为会一次又一次地在你面前重演。如果你把时间花在研究正确的回应上,下一次自然还会有派得上用场的机会。

家长总是准备着要采取行动,当孩子不听话的时候,我们很想在那一秒钟就搞清楚到底应该要怎么应对。但许多时候最好的应对方式其实是等一等,观察,什么都不说,然后看看事情会怎样发展。当麻烦已经过去之后再想一想,下次遇到同样的情况应该怎么办。正如我们在第3章当中提到过的那样,无论成年人还是孩子,只要情绪一上来,大脑里面负责学习以及解决问题的部分就无法运作了。大家就相信脑科学一回吧,等到自己冷静下来的时候,再开动脑筋去思考和打算。

不过有一种情况例外,如果直接采取行动能够让你不再说教,那就应该直接去做。做往往比说来得更有力。如果热腾腾的饭已经上桌了,而孩子还在看电视的话,不要站在那儿冲他们嚷嚷赶快把电视关掉。你可以重申一次家里的规矩,也就是吃晚饭的时候要把电视关掉,然后直接走过去亲自把电视关上。以一种友好但是坚定有力的方式搂住孩子的肩头,然后温柔地拥着他们往餐桌走。

这只不过是向孩子说不的其中一种方式,但凡说了不,也就等于到达了沟通终极的障碍。只要一说不就杜绝了一切跟孩子对话的可能,而且往往会令他们产生进行亲子权力争夺的念头。

另外一个说不的一种方式就是用"只要什么什么就可以什么什么"的句式。如果孩子跟你说想在外面玩一会儿,但是客厅里面却遍地都是洋娃娃,你就可以说:"只要地板干净整洁了,我们就可以去公园!"如果这么说是为了执行某一条家规或者是常规活动的话,就更有效了。比如说做完家务才能玩耍、刷完牙才能得到晚上睡觉前爸爸妈妈的抱抱,等等。这时候抗拒就被协商替代了,你只不过需要面带微笑地说出这句话就可以了。

郝弗尔告诉家长们，可以鼓励孩子尽量以理服人。

如果孩子想要晚一点再睡觉，或者是想要一个新玩具的话，那你作为家长就占据了一个比较有利的位置。你可以利用孩子们这个需求来让他们做一些事，只要是家里用得着的事都可以。如果孩子想要一个新的权限，那你就该让他们好好努力争取才行，这能够增进他们解决问题的能力。

你可以把自己担心的部分都说出来，比如说晚睡觉的话，第二天起床可能会迟，那么上学就有可能迟到，而且你作为家长能够在没有孩子打扰的情况下享受入睡前的宁静时光就会缩短。给孩子一天的时间来考虑一下你的这些担心，然后让孩子们想一个能够真正解决你所提到那些问题的办法。这种办法不能仅仅是嘴上说一句"妈妈，别担心那个了"就可以的。让孩子跟你一起开动脑筋来解决一个你们共同关心的问题，而不是让他们的要求被驳回之后，一味研究要怎么反抗。

如果孩子提的要求是个比较大的事，比如说想要多用一会儿电子产品，那就让他们向你展示一下自我控制的能力，以此来证明他们是值得拥有更大的自由支配权的。当家里考虑要养一条狗的时候，孩子要保证地板上没有散乱堆放着自己的东西，而且必须保证未来90天内都能坚持如此。毕竟小狗会咬那些随意摆放的鞋子还有笔记本。我们要在日历本上做记录。孩子们维护整洁的行为习惯虽然还不完美，但却可以坚持下去，而且即便在试验期结束、家里真的养了狗之后仍然会有大幅度的提高。

你要很有信心地使用这些策略，而且在使用过程中要保持一种令人愉快的状态。你可以先做几个深呼吸，确保自己大脑处在冷静状态。提醒你一点：如果语气很紧张，或者是带着怒气的话，"只要什么什么就可以什么什么"听起来就很有可能变成一句威胁。

//////

家长全都坐在那里，非常安静。郝弗尔又一次给他们来了一场思想的大洗牌。

"我们用来描述自己孩子的语言就像是在喂养他们的食材一样，"郝弗尔说，在一排排椅子当中的过道里来回走。"这些语言要么就是积极的、用于描述具有合作精神、同理心、细心、具有灵活度和创造力的孩子，要不然就是那些消极的陈述，比如说你总是气冲冲的、笨笨的、太磨蹭了、太固执了、太不听话了、太没礼貌了、总是一个劲儿反驳却从来不去聆听，或者你总是很不靠谱之类的。"

"你每用一个词来形容自己的孩子，孩子都会把它听进去，而这个词也就变成了他的自我认知的一部分。"

即便是在跟朋友抱怨的时候也要注意自己的用词，同时问问自己，是否希望自己的孩子用那样的方式来描述他们自己。如果不希望，那就不要那么说。"如果你不希望听到自己的孩子说，他自己是家里最反叛的那个，那就不要一直用类似的言语去喂养他们的意识。"郝弗尔说。

有一位妈妈举手提问，可不可以用"你这么做的时候很令人失望"或者是"这样的行为让我头疼，请停下来吧"这样的句子。

郝弗尔也并不推荐。因为我们每个人都需要为自己的情绪负责。把孩子的行为跟自己的认可或者是情绪捆绑在一起，有可能会引发两方面的问题。要么是孩子有可能会把自己的头疼或者是挫败感归罪于他人，要么是孩子长大以后变成一个一辈子都以其他人的情绪为中心的人。最好的替代方式是想象一下，跟孩子没有血缘关系的人会怎么做，然后按照那样的方式去做回应。

"可以挑几处你们想要加强的部分，然后想一想，你希望孩子长到25岁的时候怎么描述自己呢？而那些话才是我们可以入手的部分。"

她说。

丽莎问怎样向孩子传达智力的概念，怎样能够激励孩子想要变聪明，而且重视学校课业。

"智力这回事是没有什么办法人为干预的，"郝弗尔说，"智力就好像左撇子那样，其实是天生的，跟孩子本身的行为没有太大的关系，你需要做的是把他们培养成有独立思考能力的人。"

"难道我们就要对孩子说，你真有独立思考能力呀，你真是开动脑筋了呀，类似这样的话？我们究竟要怎么说才不会落入单纯的鼓励夸奖而已呢？"丽莎继续问。

"大家可以用这一招，"郝弗尔说，"你们要瞄准一个特质，然后把这个特质跟活动挂上钩。当你发现孩子表现得很体贴时，你可以说，迈克尔来的时候你表现得好体贴啊，然后具体描述一下这个体贴的状态。"

这样一来，孩子不断意识到自己身上所具有的特质，而且还会真正理解到底体贴是什么意思。只要你这样持续三四次，顶多六七次，孩子就会开始认为自己的确具有那样的品质。

孩子们其实想要听到更加具有实质内容的反馈，而不仅仅是听你说"你真棒，我很喜欢，那东西真漂亮啊"之类的空洞夸奖。郝弗尔说，"这样一来，孩子就忽然有了一个对于自己的全新理解，这是很有力量的，而且做起来也不难。"

与其纠结要如何纠正孩子身上那些令你自己不喜欢的行为，还不如把注意力放在一些细小的进步表现上，多多注意你想要孩子发扬光大的那些品质。即便这些品质的出现只是一瞬间，即便他们只是表现了一刹那的灵活性或者自我控制，你也一定要好好把握。"他们必须时刻被正向的养料喂养，比如说这些就是我在你身上看到的品质，我发现你身上有这一点，我可以明确告诉你是在什么时候展现了这一点。这些描述必须精准，不能胡说。"郝弗尔告诉大家，"所以你们从现在就开始练习吧。"

她的建议跟我在哥伦比亚大学观察到的研究结果是一致的，也跟我在家长培训课程里学到的心理学知识互为表里。即便是一个积极的标签也有可能把孩子捆住。总是被别人用快乐或者是负责任描述的孩子，有可能会觉得自己没有办法表达消极情绪，也容不得自己不完美。与此相反，你应该看到孩子本身真实的样子。然后用自己的语言来描述他们是如何成长的，又是如何变化的。要把他们的进步记录下来，比如他们会绑鞋带了，能帮忙做家务了，能在大发脾气之后冷静下来了。你可以说："一个月之前，你还只会在鞋子上绑一个圈，然后就搞不定了，现在你可以绑两个圈了，已经可以把鞋带系紧了。这就是持之以恒的表现啊！"或者简单说一句："我发现你跟我们之前商量好的那样，在开始玩耍之前做了自己需要做的家务。谢谢你。"

另外一个妈妈问，如果自己的孩子一旦觉得挫败或者不爽的话就乱踢乱打，应该怎样予以鼓励？

"我会寻找孩子表现出自我控制的瞬间，然后对他说今天下午我跟你说不能吃爆米花的时候，你表现出了很大的自我控制，因为我知道你其实很想吃。我不会对孩子说，我真是为你感到骄傲，你那么做我很喜欢之类的，我只不过是把自己观察到的东西客观地说出来而已。"郝弗尔说，"需要观察的都是缓慢而微小的变化，你在几周的时间里就会发现，孩子开始学着用其他的方式来处理问题了。"

这时候你就可以帮自己的孩子来考虑其他办法，以应对那些瞬间控制他们的愤怒情绪了。不要太把孩子的反应当作是针对你的，郝弗尔说，不要说什么"你不能乱打，我们都是一家人，要以友善的方式对待大家"。随后郝弗尔警告大家这样说的危险性，因为孩子很有可能会觉得"因为我乱踢乱打，所以就不是这个家庭的一员了吗"？

一位新手妈妈问自己家一岁零七个月的孩子太累的时候就会乱踢乱打，该怎么办。前一天吃晚饭的时候，孩子直接扇了妈妈的脸一巴掌。

"当然了,他爸爸那个时候马上跑过来说,这样做可不好。奶奶当时也在,奶奶说孩子只是太累了,想要给孩子的行为找个合理化的理由。我当时惊呆了,想不清楚该如何对一个1岁多的孩子说,这种行为是不合适的。"这位妈妈说。

"你并不需要跟孩子说这种行为不合适,在这种情况下并没有合适的语言能够表达。"郝弗尔回答道,"我们现在应该想的是,到底应该采取什么样的行动才是。"

"把孩子抱起来,开始哄睡。"那位妈妈猜测。

"不好。"郝弗尔说。

另外一个家长小声嘟囔说,"直接走开吧。"郝弗尔点了点头。

"没有人可以打我,不管年龄多小都不可以。"她说,"我会把自己的孩子放下来,然后走掉。对于这个情况,我已经有解决的办法了。所有的孩子都会踢打、咬人、推人、拧人,朝别人吐口水,或者骂人。我可不觉得自己的孩子就会例外,所以已经为这些情况做好了准备。"

不要跟孩子说教,也不要跟孩子嚷嚷。郝弗尔说,所有的精力或者关注都会强化这个行为。你要以实际行为来告诉孩子,当他们表现得很暴力的时候会对亲子关系有什么影响。

"所有这些情况都跟预设问题有关。其实孩子的行为是可以预期的,这些行为模式都会在家里出现,孩子快要2岁的时候你就应该有所预感。""你应该对此有一个冷静而完整的计划,把孩子放下,等到你能够重新跟孩子互动的时候再回来。"

那位妈妈却反对这种说法,"在我们家里如果把孩子放下或者是大人直接走掉的话,孩子就会大发雷霆。"她说。

"大发雷霆又怎么样呢,如果一个小孩子感到挫败然后开始哭,又有什么问题呢?儿童就是这样的呀,这很自然。"郝弗尔说,"通过这样的举措,孩子的大脑可以得到一个休息的机会,然后大脑就可以继续运作。他们会意识到当我打人的时候,对方就不跟我玩了。或者是当我摔倒的时候，他们就会来照顾我了。对孩子来说，一切都是因果关联的。你要为孩子提供正确的信息导向，用不着跟孩子发脾气。再说他们很快就会恢复的。"

也许在跟孩子沟通的过程中最正向的内容，就是表达对孩子能力的信心，相信他们有力量来掌控自己的人生。你可以说这样的话来提升孩子的独立性，比如"这个问题可真棘手，不过我相信你是可以找到解决办法的！"甚或是"听起来的确遇到了一个交际上的大难题啊。你到时候可不可以告诉我，明天休息的时候有了什么样的进展？"与其直接解决孩子的困境，不如当第一个为他们鼓劲的人。不过这时候，你一定要拿出自己最诚挚的声音和面部表情，免得他们觉得你那高高挂起的态度，代表的其实是你并不关心他们。

孩子有可能会达到我们的预期，也有可能会让我们失望。这一点不一定能在当下完全展现出来，而是要从长远来看。不要给孩子下任何消极的断语，说什么"如果你不把家务做完，就不可以跟邻居一起去打篮球"！你应该要说服自己，相信自己的孩子就会按照计划行事的，并且把对孩子的信任通过话语表现出来，"只要你一把家务做完，就可以去跟你去打篮球啦！"你要表现出一切都会顺利进行的态度，而一旦你真的这样表现，事情可能也真的会进展顺利。

//////

在我听完郝弗尔课程的几个月之后，丽莎告诉我他们家的状况因为郝弗尔的建议而发生了极大的变化。他们不再把重点放在当日清单以及每天需要完成的固定任务上，不再纠结艾拉到底有没有按时上学、有没有完成作业之类的事情。丽莎反而开始把跟孩子建立联结当作头等要事，艾拉现在会自己做早餐和午餐，而且还渴望学习其他生活技能，比如说一个人去杂货店买香蕉之类的。丽莎回想起那个让她心里一沉的瞬间，也就是自己居然会让艾拉认为那些控制行为其实是爱的表现，对比现在，"她已经知道自己虽然在守规矩的时候是被爱的，但同时在自由的时候也是被爱的。她知道爸爸妈妈对这件事情很上心，愿意为此改变自己的教养模式。"丽莎说。

当初丽莎来上郝弗尔的课其实是因为跟艾拉有冲突，当时她只不过是提了一个小要求，让女儿在星期天吃完午饭之后清理一下餐桌，可是艾拉却拒绝了。"那好吧，你现在上楼回自己的房间去，自己待一会儿，想一想到底是怎么回事，想想自己为什么不愿意配合爸爸和妈妈。"丽莎这样对艾拉说。

"不要！"

"艾拉，你现在必须回到你的房间去，"丽莎一边说一边把手放在了女儿的肩头上，带着催促和指引的含义。但是艾拉把丽莎的手甩开了。丽莎看了自己的丈夫一眼，想让丈夫来帮忙。

她的丈夫名叫布莱恩，57岁，这时候对女儿说："妈妈已经说要你回到房间去了，而且我也不喜欢你跟妈妈说话的态度，这样不够有礼貌。"他说，然后就拽起女儿的胳膊，把她带到卧室去了。

这对父母互相看了看对方，希望这起冲突到此为止了。可是艾拉这个时候从门槛旁边跳了出来，嚷嚷道："我才不要待在这儿呢！"

这时候布莱恩已经非常生气了，于是他走到房间里，用一种异乎平常的冷静语气说："艾拉，我们要把你房间里面的一些东西拿走。小飞象不能继续留在这里了。"他一边说，一边把女儿最喜欢的毛绒玩具给夺走了，然后跟仍站在走廊里的女儿擦肩而过。没过一会儿，女儿又回来了，以一种反叛的姿势站在走廊里，仍然在哭。

"好吧，我现在要到你房间里拿走枕头。"

这句话让艾拉开始采取行动了。她开始把自己最喜欢的东西全都拿起来，包括自己的枕头、抱抱用的毯子，还有玩具，然后抱成一大堆拿到房间外面，直接扔到父亲的脚下。

"全都拿走吧，爸爸，我才不在乎呢！"

随后布莱恩就走到了小客厅里，丽莎已经退到那里去了，夫妻俩听着女儿在楼上清空房间的微弱声响，交换了一个震惊的眼光，他们的王牌都已经亮出来了。孩子才刚刚8岁，大人怎么可以无计可施了？他们仔细研究了一下相关的资料，决定派丽莎去参加郝弗尔的课程，然后夫妻俩共同学习和消化课程的内容。

丽莎和布莱恩偶尔也会发现，他们又在重蹈覆辙，开始对女儿颐指气使。然后就意识到应该再来一轮"什么也不说，什么也不做"。其实只需要24个小时的闭嘴不言，就可以让他们重新回归到育儿的正轨。

你自己也可以试试来一周"什么也不说，什么也不做"。把这一周当作一个机会，看看自己到底在多大的程度上会要求、指挥以及控制孩子的行为。然后你就会发现事情其实跟自己想象的不一样，孩子并不需要一直听你在耳边唠叨。孩子们需要面临挑战、好自己把问题都搞清楚，同时孩子们也会享受自己获得的独立空间。

//////

孩子还是小婴儿的时候，你可以通过他们吱哇乱叫的声音来判断他们到底是饿了、困了，还是需要拉粑粑了。但是随着孩子的成长，他们会渐渐拥有自己的生活。你可能会觉得自己能够了解孩子需要什么，也知道他们会说什么，但是孩子们的表现越来越能够让你吃一惊。你要为此保留一些空间，要敞开心扉去倾听孩子们所说的话。

我之前提到验证式倾听这一技巧，这并不是表示你要只需要重复其他人对你说的话就可以了，你还需要重塑一下自己所听到的内容，并且询问对方自己的理解是不是准确，如果有不清楚的地方还需要请对方进一步说明。比如说："我听你的意思是，查理不在操场上跟你玩四方地游戏了，所以你觉得很伤心。那有没有可能其实你是觉得很丢面子呢？"这样一来，你就可以真正了解孩子真实的感受，其实是受到了伤害、外加愤怒还有伤心，并没有觉得没面子。因为你做了一个简单的猜测，孩子就会觉得可以自在地向你进一步精确描述自己实际的感受。这是建立联结、培养你跟孩子之间共情关系的有力方式。

验证式倾听不但能够强化你跟孩子之间的联结，还能够帮助他们来拓展跟情绪相关的词汇。与其简单地说自己"很生气"，孩子反倒能够更细致地描绘自己的体验，并且能弄清楚"觉得受到了羞辱"跟"感到很受伤"和"感到自己被忽略了"之间的区别。不要对负面情绪怀有恐惧，也不要否认负面情绪，因为这样一来，你只能教会孩子掩盖自己的情绪，而没有办法教孩子正确地认知情绪。不过要执行验证式倾听可能会很困难，尤其是当孩子说"我特别讨厌那个蠢到家的凯西！如果她敢来，我要直接吐她一脸唾沫"一类的气话时，再不然就是使用了家里禁用的词汇，或是诽谤一个你知道其实特别可爱的孩子时。不过通过验证式倾听你可能会发现一些问题，比如那个叫凯西的小姑娘其实在排斥你家孩子。

沟通的技巧，并不仅仅是令人心情愉快而已，第3章已经描述过，共情能够重塑大脑并具备强化自我管理的力量。几十年的社会研究都表明，人际联结越稳固的人越不容易患肥胖症、心理疾病、高血压以及其他危及健康的疾病。研究者还发现，那些对其他人有更高的共情能力的人，自身所感受的压力、焦虑和抑郁感都更低。

莎拉·康拉特是印第安纳大学的副教授，她设计了一个实验，研究那些共情能力更高的母亲，感受到的压力值是更高还是更低。研究者告诉那些参与的母亲们，她们每个人都要准备一个演讲，而且她们的分数会被记录在案，供一系列的专家考评。他们在被测试者演讲期间及之后，都对其唾液当中的压力水平进行了测试，结果发现那些在共情心理测试上得分更高的母亲，能够更好地应对需要准备公共演讲的压力，而公众演讲这件事长期以来都被排在最为人所恐惧的榜首。"那些共情能力更高的人，身体里会出现一个小的生物压力反应，"康拉特这样告诉我,"那感觉就好像是共情能力为她们提供了一个屏障一样。"

那么你该如何培养孩子的共情能力呢?从验证式倾听以及体贴的对话开始,是个不错的选择。孩子的共情能力越高,就越不容易受到抑郁焦虑以及其他疾病的侵害,你越能帮助孩子挖掘出丰富的情感词汇,他们也就对青春期以及刚步入成年社会时的狂风暴雨越有准备。如果你的家族有心理疾病史的话,这些好处就会显得更为重要了。

你可以先在家里尝试一下,想一想那些你习以为常的指令,设想自己的孩子在听到这些指令之后会如何理解。当你对一个登高的孩子说"小心一点"时候,听到孩子耳朵里很有可能是"我不认为你爬到那么高会安全"。如果你对一个擦伤了膝盖的孩子说"没关系的,只不过是擦破皮而已",听了孩子耳朵里可能是"我不觉得你有多疼"的意思,甚至有可能代表了比这个解读还不在乎孩子的感受的意味。有时候最好的鼓励就是保持沉默,简单地表示出共情,或者是问几个问题。最好不要给孩子提供解决方案,也不要把孩子的消极情绪轻描淡写一笔带过。

由于我们常常认为,自己理解孩子所说的话的真正含义,但其实在很多方面都有可能存在误解。如果你们家的孩子还处在牙牙学语的阶段,听不懂他所说的话很正常。随着孩子越长越大,不再像小时候那样吐字不清,那么他们的字面用意可能很好理解,但是字面背后的含义有可能仍然不透明。当孩子口中说出"朋友""受欢迎"或者是"我不喜欢那个"以及"我自己来"的时候,究竟表达了什么意思呢?也许我们认为自己理解了,不过如果着意倾听的话,有可能会发现另外一层解释。

比如说当孩子告诉你,学数学或者是探望奶奶"真是浪费时间"的时候,你可能会觉得这孩子没有礼貌、自以为是,然后开始担心他有可能高中就会辍学,或者是长大以后会不理会亲戚中的长辈。然后你就冒毛了，开始长篇大论教育孩子，或者强令他们要配合你的要求。

但其实你完全可以抱着好奇的态度来对待他说的这句话，说不定孩子现在数学课上所学的内容很难，但是却不愿意承认自己所遇到的困难。又或者你们家的孩子精力特别旺盛，必须要痛快玩够之后，才能坐下来待一会儿，跟一个72岁的老人聊聊天。

不要因为他们说"太无聊了"或者是"我不在乎"就生气。孩子都特别擅长惹家长生气。因为他们已经花了好多年的时间来研究我们了。也许他们就是想要让我们说教一顿，以此来掩盖不愿意配合背后潜藏的脆弱、痛苦或者不安全感。

那么你该如何促使一个不太愿意聊天的人开口呢？首先，要选择恰当的时间进行谈话。确保自己不慌不忙，而且准备充分，可以保证耐心。随后，要非常坚持，但是不要强硬。使用开放性的问题，比如"最近怎么样？"或者是"跟我说说这件事对你来说是什么样的情况吧"？妙用沉默，孩子很有可能会在你沉默的时候开口说他自己的情况。如果他们的回答说了等于没说，比如"我不知道"之类的，那就让他们猜测一下大概是什么情况。你也可以根据自己所知的进行一下猜测，然后观察他们对此的反应、来了解更多确切的信息。如果第一次聊天谈崩了，那就另挑一个时间再试一次。

对于很多孩子来说，靠近他们坐下来，并且直视他们的眼睛，可以传递信任感，而且能够立即解除沟通的障碍。不过也有一些孩子在面临过多的眼神接触时，会觉得有威胁，更愿意在坐车或者是洗碗的过程中聊天，因为这个时候你就不会一直盯着他的脸看了。你可以通过实验来寻找最适合自己孩子的方式。

//////

中央学校的老师们对于格林解决问题的谈话技巧使用得越来越熟练了，从而发现了倾听的力量。他们发现奎因在觉得自己不好意思的时候，就会开始乱编故事或者跑出教室去。实际上焦虑好像是他诸多问题的根源。他的特殊教育计划当中有过一个粗略的诊断，说他还有"其他的健康问题"，因为他的症状似乎跟许多病症的相关，有的似乎指向自闭症，有的却更像注意力缺失症，另外一些症状却很像感官处理的问题。

早上往往是很可怕的。单单因为在体育馆里跟成群结队的其他幼儿学前班和幼儿园的孩子在一起等着进教室，他就会很生气。晨会的时候也坐不住。老师和校长都开始跟他展开谈话，很想找到解决问题的办法。要跟一个7岁的小男孩聊天需要特别的耐性。因为他们很有可能会在聊天的过程中从凳子上滑下来，而且你还可能会得到极为简短的回答，短到只有一个字。你必须要有做长期作战的准备，而且就算是长期作战也不确定一定会有进展，随后你还要做一到两回的跟踪回访。

奎因的老师常常以道歉作为谈话的开头，为奎因的大发脾气和误解承担一部分责任。这举措有助于让奎因静下来。然后老师就开始梳理眼前的这个问题，用的是这样的句式，"我发现晨会对你很艰难。出什么事了吗？为什么坐在那里很不舒服呢？"

通常老师刚问到底出了什么事的时候，奎因都会回答，我不知道。随后老师和校长会根据自己的观察，说"从你的身体表现上看，似乎谈这个问题会让你不舒服"，以此来渐渐地打开他的话匣子，帮助他来说出自己正在感受的情绪。她们还会向奎因保证，他并不会陷入麻烦当中。然后会根据孩子任何细小的回应再接着问下去，无论对方的配合多么微弱。她们还会提到以前的成功经验来提醒他，其实他是有能力的。她们会假设一个原因，看看孩子同意还是不同意。她们还会提出不同的解决方案，看看能不能有所改善。

通过有耐心的倾听，有赖于格林的沟通训练，老师们发现晨会时候吵吵嚷嚷的情景对于孩子来说不堪重负，然后就尝试了一个新的方案，让奎因在老师的带领下早一步回教室，躲开嘈杂的体育馆，由此展开安静的新一天的学习。他觉得这个方案可行。

事实证明这个方案的确有效。奎因在早上更安静了，也更少发脾气了。不过晨会的时间对他来说仍然是个挑战。跟其他孩子坐在一起，对他来说就非常艰难。又经过一次聊天之后，老师们决定让他跟一个老师一对一坐在一起，以此来提升独立性。结果这个方案也有用。

慢慢地但同时也是肯定地，奎因开始相信自己不会被老师随意评判，也相信老师还有学校其他的教职员工愿意帮助他一起想办法来解决自己的问题。几个月以来，老师们都把注意力焦点放在保证奎因在教学楼里的安全，同时也确保他不会威胁到其他的孩子。

麻烦的根源往往在于他对某个情况的误解。他有可能会误以为同学在嘲笑自己，或者误以为老师在欺负某一个孩子。通过共同的解析，他的任课老师跟辅导老师发现，他之所以会大发脾气，很多时候都是源于他错误地认为某个人被欺负了。

随着格林的训练渐渐被接受，教职员工不再从个人的角度抒发赞美，不再用"你走路这样子很安稳，我很喜欢"或者"这让我很开心"之类的句子。反而开始用那些能够强调奎因自身决定和贡献的句子，诸如"我发现你刚刚并没有跑，真是太棒了"。由于他们知道奎因害怕陌生人，就说"我发现你今天跟那个访客聊天的时候，表现得非常勇敢"。

他们为奎因还有他的同学制作了表扬卡，作为积极反馈的实体表现。孩子们管这个卡片照叫作"我棒呆了"卡。

去年秋天的一天里，奎因在自己家门口下了校车，然后用一个灿烂的微笑来问候自己的母亲。

"我今天过得糟透了，妈妈。这一整天都特别艰难。"这是他们常用的玩笑，如果孩子有一天表现特别好，那他就会假装这一天非常糟糕。

"哦，真的吗？"母亲也以一个微笑回答。

"开玩笑的啦。"

然后他就从口袋里拿出了一张"我棒呆了"卡，妈妈震惊地发现奎因能够在学校里从头到尾听完一整场音乐会了，而这孩子之前明明连坐在音乐教室里10分钟都坚持不住，那些噪声还有音响效果会让他受不了的。他没办法忍受不同的声音一起回响的状况，何况有的人还会唱跑调。前一年学校有一个大型活动，名叫"徒步历史"，这个活动是用来向整个城镇的历史致敬的。而那个时候奎因连在户外跟着大家一起唱歌都做不到。

而现在他已经进步这么多了，居然可以坐在室内听整整40分钟的音乐会。

"奎因，这太棒了！你喜不喜欢那个音乐会呢？音乐会是关于什么主题的？"

"还挺喜欢的，音乐会还不错啊。"他说。

达利感觉松了一口气。慢慢地但同时也是肯定地，儿子在学着处理自己的问题了。在越来越多的情况下，他会直接说出自己的观点，比如"我需要表达自己的情绪"，而不是直接喊叫。他会告诉老师自己需要休息一下，而不再是直接冲出教室或者教学楼。

以格林的观点来看，这就是所谓的大获全胜，不但要解决孩子行为方面的问题，还要让他们准备好、自己争取成功。格林认为太多的教育从事者都只盯着孩子们在校园外的问题，比如说家里和社区的环境很暴力、不太平，却没有好好想一想学校可以作出怎样的改变。"无论孩子回家要面对什么情况，学校里面完全可以好好抓紧这每天6个小时、每周5天、每年9个月的时间，"格林说，"当我们只关注那些自己无法改变的事情时，就等于是把自己的双手都绑在了背后。"

这一点对于我们的家庭环境也是适用的。与其为孩子的错误和缺陷而难过，不如看看他们一路走来有多少进步，同时找一找未来前进的空间，他们会跟从我们的指引。而这一切只有在我们能够理解孩子的观点，并且有效跟他们沟通的情况下才能发生，而这也就是"学徒型"育儿模式的第二步。

8

提升自我管理能力：
让孩子学会解决问题

杰克逊一家住在佛蒙特州的林肯郡郊区，他们家是一栋简单的二层小楼，除了贝和约西亚夫妻俩之外，还有7岁的儿子西兰，以及一对4岁的孪生女儿斯嘉丽和玛格诺利亚。在盖这所房子的时候，他们亲自打的柱子和横梁。整个房子外部都没有油漆，只是刷了一个亮橙色的大门。这个小镇坐落于亚伯拉罕山脉脚下，同时还能够俯瞰纽黑文河的美丽风景。

在一个凛冽秋日的午后，西兰刚吃完鸡蛋和吐司作为课后零食，而这个时候贝正在几步之外的厨房里，帮斯嘉丽搅拌酸奶和格兰诺拉燕麦。玛格诺利亚奔到厨房里的餐桌前，让我看她是怎么写名字的，随后又颠回去看妈妈做吃的。三个孩子都顶着强韧的红头发，比妈妈贝的赤褐色头发浅了一个色。玛格诺利亚戴了一顶颜色鲜亮的条纹帽子，顶着长及下巴的波波头。斯嘉丽戴着一个粉色的发夹，下面露出圆圆的脸颊。

这时候父亲约西亚和他的儿子西兰还有我一起坐在餐桌旁，约西亚告诉我他们夫妻俩发现，许多家长在上完了郝弗尔的课之后，都会跑到小酒馆去。当年儿子3岁半的时候开始动不动就发脾气，如果他已经沉浸在一项活动当中，而父母需要他做一些其他的事情，他就不愿意配合，所以他们夫妻俩也就理所当然地去报名上课了。

郝弗尔把孩子们的不当行为比作野草，如果被父母的关注所浇灌，就会疯长，但如果家长转而把注意力放在构建亲子关系以及支持孩子小步迈向独立，野草终会枯萎。与其直接告诉孩子应该怎么做，郝弗尔更主张采用指导和训练的方式，给孩子他们所需要的信息和锻炼，来让孩子逐渐成为更有能力的人。

"头几次我们去上课的时候，很明显会发现那是一种关乎生活模式的选择，而且比起解决孩子的问题来说，其实课程更关注的是我们作为个人的人生选择。孩子并没有什么错，他们只不过是把我们对他们的影响投射和反映出来而已。"贝是这样跟我说的，"这一点让我们两个都很有感触，感觉非常自然，也非常正确。"

当我跟这夫妻俩聊天的时候，西兰无缝对接地从吃课后零食切换到写作业，他就在餐厅的操作台上开始写，在父母没有要求的情况下，就直接把自己用过的盘子放到洗碗机里。斯嘉丽自己用一把巨大的刀开了一盘坚果，来搭配酸奶跟麦片。随后她就开始跟妈妈一起在房间角落的一个蒲团上叠洗干净了的衣服。这3个孩子都会自己给自己穿衣服、自己准备午饭、用完什么东西之后主动收拾，同时也会帮家人一起打扫卫生间、做饭、把洗好了的碗碟从洗碗机里面拿出来、喂家里的宠物、搬柴火和生火。郝弗尔教会了杰克逊夫妻要给这些家务起一些积极正面的名字，并统统归类到家庭贡献的范畴里。

"这些家庭贡献并不是看在他们是小孩子就随便给的，而是实实在在的贡献，像是清理马桶和卫浴这些大部分家长都不会鼓励孩子去做的家务，所以他们会有某种程度上的自豪感。"贝说。

"我们家里是需要保暖的，我们也需要柴火，"约西亚说。"西兰从2岁起就在生火了。"

西兰开始准备足球赛了，原本平静的午后飘来了一丝乌云。玛格诺利亚想要跟哥哥一起去，但是因为她有点感冒，父母希望她能够在家休息，好好养病。这里是新英格兰的11月份，天气很冷。

她开始彻底陷入崩溃状态，又哭又嚎，眼泪横飞。贝把玛格诺利亚抱起来，放到自己的大腿上。她一边抚摸女儿的后背，一边不加评判地安慰着，只是静静地给予女儿充分的同情。约西亚和西兰出了大门的几秒钟之后，贝提议一起在家的车道上面骑自行车，玛格诺利亚脸上虽然还挂着泪珠，但还是同意了。

就这样，一场情绪的风暴过去了。玛格诺利亚抹掉脸颊上的眼泪，跑去拿自己的运动鞋。她还给我看自己是怎么系鞋带的前两股的，系成兔耳朵的样子。贝接着帮女儿把鞋带系好了。母女两人都穿上了外套，然后走到了屋外。我也站起身离开了。

直到跟他们道别、开始回忆他们家放学后有条不紊的时光时，我才意识到在刚刚那整整 90 分钟当中，他们全家人没有一个动过电子产品。约西亚一直在看巴塔哥尼亚目录，孩子们在他身边游来荡去，但是一家人行为的重点肯定是在建立亲子联结，同时完成他们每个人的各项日常工作，因为他们都在厨房这个公共空间里活动，这里占据了一楼的绝大部分面积，差不多有 52 平方米。他们一家人的午后好像是一支经过巧妙编排的舞蹈，每个家庭成员都很明确自己需要扮演的角色。父母并没有唠叨，也没有大喊大叫，只不过是在必要的时候提供帮助或者问一些问题，好让整个活动进行得更顺利。

2013 年 10 月我首次接触到郝弗尔的演说，当时我们正在举行家长培训课程教师的聚会，她举了几个例子，强烈谴责家长才是孩子不当行为的问题根源。那个时候我已经上完了所有的家长培训课程，甚至开始教授一部分的内容。布莱恩当时也加入了家长培训课程的董事会，希望能够把整个组织变得更加适合父亲们参与。我们当时完全认同阿德勒学说的育儿理论，而且对于郝弗尔《牛皮胶布育儿法》一书当中的大部分理念都很支持，但郝弗尔坚称家长才是一切问题的根源仍然震撼了我。我实在太害怕了，连一周的"什么都不说，什么都不做"实验都不敢尝试，更别说永远都保持那样的育儿模式了。

直到 2015 年末，我在柏林顿花了整整两天的时间来亲身参与郝弗尔的课程之后，才彻底变成了她的粉丝。我意识到如果自己的育儿模式是出于规避恐惧的话，是没有办法教导孩子带着勇气面对人生的。而且坦白说，看到杰克逊一家的 3 个孩子明明都不到 8 岁，却比我们家一个 9 岁一个 11 岁的孩子做的家务都多得多，我感到很惭愧。

我雄赳赳地回到家，做好了要跟自己的孩子建立良好关系的准备，同时让自己不要像个暴君。我开始记录她们为对方或者为整个家里所做的暖心而有帮助的事情，以便到时候可以针对她们的贡献和能力作出具体的感谢。在这学年刚开始的时候，我和布莱恩跟孩子们一起做了一阵子厨房以及前厅的打扫工作，不过随着学业和各项课余活动任务变得越来越重，就渐渐开始让孩子们"打酱油"了。

全家人一致同意重新开始一起干家务，我和布莱恩提出要教孩子们如何洗衣服、烹饪新的菜色或者是帮他们一起整理卧室。令我感到开心的是，麦迪主动请缨要跟布莱恩学怎么做法式薄饼，阿娃则抓住机会请妈妈帮忙一起把她的衣服收拾好、打包归类，同时还要给书籍也做分类整理。没过几天她们就重新又开始跟我们一起做家务了，从洗碗、做饭、打扫、整理，到照顾宠物狗，每一项都参与。我们开始每周都有一次晚餐要吃火腿芝士法式薄饼，而这一餐都是由孩子们挑头来准备的。

在接下来的几个月当中，每当发现家里人对于某项家务工作开始感到厌烦，我就开始变换一个新的分配家务的策略。有一回我把一个鞋盒做成了"家务秘密盒子"，孩子们可以从中随机抽选一项家务。还有一回我把家务的名称写在了纸条上，然后把这些纸条全都收集在一个设计精美的扇形玻璃盘里。当孩子们做家务的热情和质量开始下降的时候，我并没有把这件事当作是针对我的不满，也没有把这些当作是将来孩子们可能会变得不负责任的表现，由此而避免了一场亲子权力争夺。

每当我的幽默感要流走的时候，我就开始用一条最简单的规矩来提醒自己，在采取任何的育儿策略之前，先想一想这到底是有益于建立亲子联结还是会有害。如果这个举措会伤害亲子关系，那就赶快停下来。与其伤害亲子关系，还不如什么都不做。肯定还会遇到下一次机会的，到时候再来解决眼前的这个问题也不迟。这样一来也能给你一些喘息的机会，好好想一想这个问题。

我始终不停地告诉自己如果孩子们表现出逆反情绪，或者是他们做家务做得越来越不上心的话，并不意味着我们作为家长的失败。与其把孩子们发脾气看作是一个必须要清除的不和谐音符，倒不如把它看作是某个地方出了问题的信号，以此提醒自己该进入侦查模式了。也许孩子发脾气是因为他们缺乏处理当前这个情况的技能，又或者是孩子在应对挫败情绪或者是组织性方面需要家长的支持。也许孩子只是无聊了，需要更大的挑战和更多的责任。这一点其实有些违背常识，但是的确很有用，也就是给一个不听话的孩子布置一项非常困难的工作，那么他们的行为很有可能会忽然得到改善。我只不过是需要继续为他们提供指导和引领，好让他们准备好应对下一个阶段，包括存钱和花钱、安排自己的时间、收纳自己的东西等，又或者是他们在人生当中需要攀爬的另一座任务的高峰。

加利福尼亚州立大学洛杉矶分校的心理学教授海蒂·瑞吉欧发现，让孩子帮忙一起做家务的时候，他们会生发出一种相信自己有能力并且有效率的感觉。瑞吉欧采访了几百个年轻人，问他们从几岁开始做家务，也问到了他们对于自己的感觉，从而发现这两者之间存在着明显的关联，也就是说经常做家务的人，倾向于认为自己的能力比较高。如果孩子开始做家务的年纪比较晚，那么这种关联就比较微弱了。平均来说，研究当中的对象大部分是从 9 岁左右开始做家务的。

与这个研究结果相类似的是，明尼苏达大学荣誉教授马蒂·罗斯曼对一项长期追踪研究的数据进行了分析，这项研究从调查对象上幼儿园的时候就开始跟踪，在他们10岁、15岁，一直到25岁的时候进行固定回访。跟十几岁才开始做家务，或者压根没有做过家务的那些人相比，那些从幼儿园的时候就开始做家务的人，长大成人之后的受教育程度、开展事业、拥有健康的关系、不碰毒品以及自给自足的比例都更高。不过在这里要警告各位读者，有研究者发现那些由于父母缺席或者是工作太过忙碌而不得不承担过多家务的孩子，有可能在学业上会落后。所以做家务与综合成就之间要取得巧妙的平衡。

还有其他的研究者发现，在孩子可以决定自己做哪一项家务，并且对于如何做和什么时候做这项家务有决定权的时候，家务对于孩子的良好表现才会产生最积极的影响。家长可以通过教导孩子做家务，并且等着孩子完成家务，来提升孩子的能力以及时间管理的技巧。当孩子需要负责遛狗、布置餐桌、做晚饭以及其他日常家务的时候，会获得自信以及意义感。当我和布莱恩把这些家务如实列出来，而且用的是每个家庭成员都需要承担的平静口吻进行陈述时，孩子们就自然配合了，只有一丁点的抱怨而已。也许在分配家务的时候，时不时地要从最简单的家务列表调整到秘密盒子这种新奇的手段，但是共同做家务这件事情应该能坚持下来。

//////

那么你应该从哪儿开始呢？这取决于你的孩子，也取决于你觉得怎样做比较合理。如果你觉得郝弗尔的"什么都不说，什么都不做"策略听起来靠谱，那就试试。要以孩子的兴趣和年龄为准，而不要以你自己希望他们掌握什么技能为先导。有些孩子特别喜欢分类整理，所以很适合整理厨房或者仓库储藏区域的塑料容器。那些喜欢手工操作的孩子，可能会觉得整理削铅笔机和或者是给打印机换墨盒很有趣。记得要从一个孩子能够胜任的家务开始，这样就可以逐渐累积成功经验了。

安安静静地坐下来待一会儿，问问孩子有没有什么事情是他自己想学的。要表现得很有激情而且很正面，要学会捕捉他们的兴趣点。要找一找那些能够让家务活动变得有趣甚至是变成一项游戏的方法。当我们想要让孩子能够在餐桌边上坐得住、好好学习餐桌礼仪的时候，就借鉴了家长培训课程里的一条建议，假装全家人都在一个高级的餐厅里面吃饭。孩子们也很快配合了，我们共同创造了一个叫作"路易斯家庭餐馆"的游戏，游戏里面有孩子们设计出来的菜单，还有一个供客人们登记的接待台。晚餐的时间花得比平常久，但是却更有序，也更有乐趣了。

如果孩子跟你商量好了要学某一项家务的话，那就制订一个教学计划。在训练开始的时候，一定要记得问问孩子已经学会了哪些事，无论是从概念上了解的，还是从旁观家人做家务的时候学会的，然后从这一点出发进行教学。先把整个步骤讲解清楚之后，再递给孩子切菜刀或者是需要铺的床单。

如果你的孩子才一两岁的话，刚好就是让他们积极参与的重要阶段。我敢打赌，你已经听到了无数次的"我自己来"，孩子们想要参与的意愿很真实，他们只是缺乏相关的技能而已。没有关系，你的目标就是要鼓励自己的孩子参与进来并且养成帮忙做家务的习惯，至于家务是不是能够完满完成，其实并不是重点。确保你一定要留下充足的时间，这样一来才能按照孩子的节奏来进行。第一个任务的目标一定要很实际，以此来确保这个任务能够成功。比如说可以从整理毛绒玩具入手，不要一开始就要挑战收纳整套百乐宝的玩具。你还可以让整个过程变得更有趣，比如说唱一唱傻乎乎的、跟做家务配套的歌，还可以发出一些稀奇古怪的声音，等等。即便是刚上小学的孩子，能够跟爸爸或者妈妈一起做一件事情的吸引力，也能够让他们从沙发上挪下来，帮你的忙。可以让孩子自己挑选自己想要掌握的家务技能。

想要20多岁或者十几岁的孩子一起参与做家务，可能更难一些。

对待这些大一些的孩子，最关键的就是家务的难度要比他们现有的能力高一些。要教他们一些踩在舒适区边缘的技能，比如说用明火做饭、锅还会吱吱响的那种，或者是给所有自行车的车带测量压力，然后打气。用现实生活中真的需要做的家务，不要编一些任务出来，这样一来，他们就可以看到自己工作的成果了。

麦迪一直都很喜欢做饭。8岁的时候就常常在炉子上给自己还有妹妹做煎蛋还有煎饼了。所以很自然阿娃在做饭这件事情上的技能就弱一些。何必要跟姐姐抢事做呢？为了改善这一点，我持续努力着，没有唠叨她，但总是在做饭的时候温和地要她来帮我。虽然做的时候有些不情不愿，但有一个星期她甚至帮我做了一个简单的火腿墨西哥夹饼呢。

几天之后，我下班晚了，正在开车回家的路上，肚子咕噜噜地叫，只剩下几分钟的时间，赶紧换换衣服，然后就要赶去开晚会。我给家里打了个电话，是10岁的阿娃接的。

"亲爱的，有一个紧急情况。我现在时间特别紧张，而且很饿。你能不能帮我准备一些吃的，让我回家的时候直接拿走？我大概还有20分钟就到家了。你还可以多做一点，留给你自己还有姐姐吃。"

"好的，"阿娃立刻说，这倒是令我很吃惊。"你想让我做什么饭呢？"

"能不能做火鸡墨西哥夹饼？就跟我们之前做的火腿夹饼差不多。只要直接从冰箱里面拿出一些墨西哥玉米粉圆饼，然后把火鸡放到饼上面，然后把芝士放在这上面，再……"

"等一下，"阿娃说。"让我先把纸跟笔拿来，你能不能一步一步告诉我做菜的程序呢？"

我感到很开心，于是等着她去拿东西。然后我就列举了做墨西哥夹饼的每一步环节。我回到家就发现一个纸盘子上放着两个热腾腾的墨西哥夹饼，这样我就可以拿起来到车上吃、赶路到下一个场地去了。旁边是阿娃用她圆圆的字体工工整整写下来的食谱：

1. 拿火腿/火鸡；
2. 拿高德干酪；
3. 拿墨西哥玉米粉圆饼；
4. 把干酪切片；
5. 一张墨西哥玉米粉圆饼要配三到五片干酪；
6. 五片火腿；
7. 微波40秒钟（做4到6个）。

如果碰上跟家务有关的事情，你不清楚从哪里入手，那就看一看本书附录不同年龄段的孩子适合的家务表吧。你可以从里面挑选几个，甚至是直接把这个表拿给孩子看，问问孩子有没有看到自己喜欢的家务。（看到这个表上的内容，你有没有感到很惊讶？也许你们家的孩子已经比列表上的大一些了，但你仍然不确定他到底能不能胜任。但你不试一下，永远都不知道到底行不行）

只要你愿意尝试的话，就会走运。一步一步地教给孩子怎么做这项家务，要确定自己对于孩子所做的每一步都表达欣赏之情，在刚开始的时候要克制住纠正他们的欲望。孩子们练习得越多，自然就会做得越好。在他们自己试过几次之后，问问他们想不想听听父母对他们做这项任务的评价。如果他们说不要的话，那就把你的嘴巴闭上。等待孩子一点点进步的过程中你要有耐心，因为你要的不是完美。学习一项新的家务，能够提供给孩子习得新技能以及跟家长相处的机会，而这个学习的过程不应该让他们害怕才对。

万一孩子拒绝学习新家务怎么办呢？那就改天再问吧。问的时候要有点幽默感。或者提议让孩子先试着做一个礼拜。可以告诉他们，你真的需要帮忙。如果这些办法都不顶用的话，那就从细微处开始，仔细寻找那些他们做到的微小贡献，即便小到帮你拿了一件外套都好，与此同时尽量鼓励他们多学一些。即便只是朝着你想要的方向前进了百分之五，那也算是个进步。要关注那些孩子们所做的积极贡献，这比只盯着他们不做的那一部分效果更好。

记住你的期待值要合理，要以孩子的年龄、能力以及性情为出发点。一个3岁大的孩子不可能像10岁的孩子那样，把自己的东西收拾得那么好，或者是对待其他人那么贴心。

随着孩子的成长，他们需要逐渐把自我照顾的责任接到自己的手上，从刷牙、洗澡、吃饭到穿衣服，包括收纳自己的东西。在刷牙还有吃哮喘药的问题上，我们跟阿娃之间展开了激烈的亲子权力争夺，后来我想到要邀请她跟我一起刷牙。比起我在一边叉着腰、脚点着地等她梳洗完毕，我们一起做事情的时候，她就变得配合多了。依照我的经验，11岁那时候孩子应该已经能够完全照顾自己了，也能给把自己喂饱了。也许这个时候你仍然是做饭的主力，而交代他们做简单一些的事，不过孩子们要在紧要关头派得上用场。要是那些明明孩子们可以自己完成的事情却被你做了，就等于是你把他们感受自己很有能力的机会给偷走了。

有时候在家里面也需要给孩子一些自主决定权，在我家里孩子们能够自己把握房间混乱的程度。当阿娃床边的地板上被一摞一摞的书堆得太满的时候，我可能也只会站在她房门口，给她一个晚安飞吻，因为我可不想冒着被绊倒在地的风险穿过房间去拥抱她。第二天阿娃可能就更愿意让我帮她一起整理她的私人图书馆了，这样一来我们就可以照旧在晚上入睡前抱一抱了。

在你家里面的控制区域有可能是地下室中的游乐室。如果你的孩子经常没办法整理好自己的衣物或者玩具，那说明他们可能拥有的东西太多了。我们家通常会通过慈善捐赠或者是办一个车库大甩卖来解决物品过剩的问题，孩子们特别喜欢车库大甩卖，因为卖得的钱他们可以自己留一半。当家里买入新的玩具、书籍或者衣服的时候，我们都试图通过捐赠或者是车库大甩卖的方式来处理掉相等数量的旧东西。

我都不记得自己的父母曾经在家务方面花过这么多的时间来训练我,所以当自己发现孩子们需要这么多的训练和支持的时候,我就觉得有些疑惑了。可是后来我又想起来,比起上一代人来说,现在我们生活在一个忙碌得多也孤立得多的时代。曾经有一段时间,我的奶奶跟我们一起住,她会教我们如何做饭和打扫。我跟我的朋友们都会在厨房里待好长时间,一边跑来跑去一边看妈妈忙着做家务。现如今的孩子经常出家门参加各式各样的活动,只有在晚饭还有睡觉之前的时候,才会回到家里跟父母待在一起。无论这些时代当中的变化到底出于什么原因,你都可以从今天开始培养孩子学习做家务的技能。

培养孩子的生活技能以及对于家务的贡献,只不过是成年人提升孩子个人能力的方式之一。另外一种方式其实更为重要,那也就是提升孩子们的社交以及情感技能。我在俄亥俄州的公立学校里面清清楚楚地看到了这一点。

//////

布兰迪·戴维斯急速跑下学校的大厅,这里是哥伦布的俄亥俄大道小学。我跟在她身后疾走,有一点喘。以一个身材矮小的女人来说,她实在走得够快。整个学校都维护得很好,而且遍地都是窗户,学校坐落在一个经济相对困难的社区里,我来之前经过了一个典当行、一个廉价杂货铺,还有一个被木板围起来的建筑。但是这所小学的建筑本身感觉起来很安全、很有生机,而且充满乐趣。

戴维斯先我一步来到体育馆的门口,然后跟体育老师们聚在一起商谈相关问题,有一个高个的男人站在门口。有好几个孩子全都聚集在这个男人的身边。其中有一个小女孩脑袋顶上绑着一个整整齐齐的发髻,脸上还挂着一幅可怜的表情,随后伸出手让戴维斯去检查。

体育课上有事情发生。

戴维斯之前曾经警告过我，可能是遇到什么情况了。她带的三年级班一共有 24 名学生，其中绝大多数都曾经在他们短短的人生当中经历过心理创伤。有人经历过父亲或母亲坐牢、死亡，或者是经历过暴力事件、家人酗酒或吸毒。而这还仅仅是她所了解到的案例而已。这些学生还要经受贫穷所带来的压力，在哥伦布学区的绝大多数孩子都有资格申请免费或者是低价的餐食。对于餐食的需求实在是太大了，以至于学校供不应求，只能给全体学生提供简单的早餐和午餐。在俄亥俄大道这样的学校里，孩子们在最基本的社交以及情感技能方面都有困难，包括如何控制自身的冲动、如何进行情绪管理、如何调动共情能力以及如何做决定等。

由于这些孩子都曾经经历过各式各样的创伤，所以打架是一触即发的。也许被别人斜瞥了一眼，或者是无意间推了一下，很容易就会引发更大的摩擦。这个年纪的女孩子简直就像是易燃物品。在俄亥俄大道小学，大人会重点培养孩子这些缺失的社交与情感技能，这其实跟郝弗尔把重点放在培训孩子生活技能的课程相呼应。

那个把胳膊伸出来的女孩子叫杰丽娜，是从另外一个学校转学到俄亥俄大道小学的，她在之前的学校里反叛和打斗是很正常的。她刚转学来的时候满怀戾气，再加上她的父母在闹分居，爸爸刚刚搬出家去，所以情况就更糟了。这些都是戴维斯之前告诉我的。

"你得好好看着你班上的这些孩子，他们随时想要打作一团。"体育老师这样跟戴维斯说，有一个男孩抓住了戴维斯的手腕，凑过来想要拥抱她。四周响起指责的声音。

"他们拿装豆子的小袋子乱扔。"有一个男孩说。

"那明明是你的小袋子。"其中一个女孩出声指责道。但是她目光所向的另外一个姑娘却否认自己有所牵扯。

"你当时也扔了，伙计。"那个男孩说。

"为什么你们全都跑到大厅来了？我没有跟你们说话，所以现在这件事跟你们大家无关。"戴维斯说。

"有人想扇我。我才不要受这份儿气呢。"杰丽娜声称,圆鼓鼓的脸上现出暴烈的神情。

"你一直都在说别人家里的事!"那个男孩说,由于怒气声音陡然拔高。

这句话引发了许多孩子愤怒的回应。

"现在都别说了,"戴维斯说。"我并没有问你,也没有问你,还有你。"她每说一个"你"的时候,就把严厉的眼光投向相应的口出抱怨的孩子。

"好吧,现在来跟我解释一下这是怎么回事。"她靠近一个高个的女孩说。女孩子名叫布丽安娜,穿着短裤,外加一件浅蓝色的POLO衫。女孩子基本上已经跟老师一样高了,即便这时候戴维斯还踩着高跟鞋。

"他们一直想要打我,然后我就想躲开,但是如果他们一直打的话,我也躲不掉啊。"布丽安娜说。

"说谎。"一个穿深蓝色POLO衫的男孩说,他叫布雷登。

"他们为什么要打你?"戴维斯问道。

"她说谎,说谎。"布雷登一直重复。

"你想不想要坦诚地说一说呢?"戴维斯问布丽安娜。

"我知道他们为什么想要打她。"布雷登主动说。

"那我也要问问他们的意见,"戴维斯对他说。"也要给他们每一个人发言机会,现在请到门口去吧。"

她后退了几步,杰丽娜、布丽安娜、一个身穿粉色航空T恤衫的女孩和几个男孩在徘徊。原本在体育馆里的孩子们,现在一个一个往外走,在相对远的围墙旁边排成了一条稀稀拉拉的队。又有更多的人出声指责。

"他们先打我的。"

"你打我。"

"她摸我了，伙计。"

女孩子们经过戴维斯身边要去排队的时候都抱了抱她。每次去俄亥俄大道小学的时候，我都会发现学生跟老师的关系特别好，学生总是围着老师，想要老师抱一下或者是其他的肢体接触。

杰丽娜仍然把胳膊往外伸着，那个穿粉色T恤的女孩基林在安慰她。体育老师没有批准孩子们想要去校医院的要求。基林开始向着那队孩子们走过去，而这个时候队伍已经开始向着大厅前进了。杰丽娜脸上还挂着泪珠，站在那里不动。

"走吧，走吧，杰丽娜。"基林催促她。

戴维斯带着孩子们在喷泉那里拐了个弯。她走到杰丽娜身旁，然后用两个手捧起了她的脸。杰丽娜这会儿已经火力全开地在大哭了。

"看着我，如果你要那样说话的话，的确会惹麻烦的，然后我就要向上面报告了。"她说。我并没有听到杰丽娜跟体育老师说了什么，但可以想见肯定不是什么好话。

"你不可以那样说话，现在到队伍里等我。"戴维斯温和地说。

杰丽娜垂着脑袋，拖着一条腿，一脚深一脚浅地往走廊走去。

尽管当时的情况在我看来已经很激烈了，但是戴维斯稍后却告诉我，如果换作几年之前的话，状况很有可能会更糟，甚至升级到互相扔东西以及直接开打。至少会有一个孩子会被暂时休学，有可能会被送回家去。就跟许多市中心的学校一样，即便是一个5岁的孩子，都有可能会说脏话或者是跟大人顶嘴，而且连眼都不眨。对一个同学扇巴掌或者是挥拳头，对他们来说是很平常的事情。他们经历的创伤经验，让他们更有可能会把其他人的行为误解为有攻击性，这在心理学上被称为敌意归因偏差。

但是自从戴维斯开始使用"PAX优良行为游戏"，这个情况就开始改变了，有实验证明这个模式能够将课堂扰乱纪律的行为减少7成以上。

游戏是这样进行的。在进行任何的活动或者是变化之前,老师跟孩子们都会展开讨论,并且共同确定哪些行为是符合 PAX 标准的,而这 3 个字母代表了和平、效率、健康以及幸福,他们同时还商定了哪些行为是彼此不希望看到的,还为这些行为造了一个词叫作"洛洛"。比如说在独立工作的时候,符合 PAX 的行为可能会包括双手完全忙于眼前的任务、眼睛盯着纸面、说话的音量控制在周围七八厘米以内才听得到的程度。而洛洛的行为则包括,拿着水瓶子玩、把润唇膏从课桌当中拿出来或者是跟其他人聊跟任务无关的事情。整个教室分成几组,每组有 5 到 6 个孩子。

每个游戏都是以戴维斯轻吹口琴为哨音开始的,每次游戏结束之后,如果队伍里面"洛洛"的情况低于 4 次的话,就可以从魔法宝箱里面挑选一个奖品,有时候戴维斯也会提供一些奖励的选项,让孩子们自己做决定。这些奖品全都是傻乎乎的游戏,顶多也就一两分钟而已,但是孩子们都特别喜欢。比如说孩子们就很喜欢跟着 GoNoodle 视频跳舞、玩老师怎么说我就怎么做的游戏、做健美体操,比如说高抬腿或者是拉伸之类的。

由于 PAX 是以孩子发育和儿童行为动机的关键原则为基础的,就可以避免奖惩措施所带来的问题。那些奖励并不是吊在钩子上的鱼饵,而是一些可以用来庆祝团队合作成功的肢体体验。这些动作本身就可以通过释放压力来提升孩子的自我控制力。单单是发明了"洛洛"这个词,就可以避免诸如"行为不当"或者是"错误言行"等传统标签所带来的束缚。提到"洛洛"这个词的时候,你的脸上是可以露出轻微笑容的,这也就避免了负面情绪的产生。简而言之 PAX 就是"学徒型"育儿模式的具体展现。

孩子们都很喜欢这个游戏,当他们预备玩这个游戏的时候,就会变得很兴奋。杰丽娜和基林对这个游戏玩得尤为投入。在游戏的过程中，她们都会鼓励自己的队员好好表现来赢得奖品。

孩子们在玩这个游戏的过程中不断提升着自身的控制能力，而这种能力也会延展至他们日常生活的其他方面。在开始运用这个游戏之前，戴维斯常常因为孩子的危险行为而把他们请出教室，有时候一天要请10多次。现在一整天都可以平稳度过，而没有一个学生失控，他们不会乱扔东西，也不会打架，就算闹也不会闹到戴维斯需要请来另外一个老师来帮忙控制局面的程度。

这就是成年人教孩子们该如何进行行为控制和情绪管控的方式。而这也是大人们培养孩子人际交往能力的方式。

当孩子们觉得自己没有用处的时候往往才会调皮捣蛋，而当他们觉得自己对于家里或者是课堂都没有贡献的时候，就会觉得自己没用。还有另外一种行为失控的原因是孩子们缺乏情绪察觉力和相关的技巧。你要在家里面寻找锻炼这些技能的机会，无论是帮助孩子练习控制愤怒情绪，还是处理其他的社交状况。

最简单的就是玩扮演游戏，如果你即将带着孩子去参加亲戚聚会或者是其他需要跟成年人打交道的活动，即便孩子还在学龄前也可以先来一轮情景模仿。你可以先预设相关的场景跟孩子聊一聊，并且问问他们觉得在这样的场合中什么样的行为比较适当。

如果你故意作出不恰当的行为，来给孩子一个纠正你的机会，就会更有趣了。如果孩子太害羞了不敢在面对生人的时候直视对方的眼睛，那你可以传授一个小技巧，让孩子盯着对方的额头看就好。这样的话对方是没有办法判别出有什么视线差别的，而操作起来对于孩子来说也没有那么费劲。

当你在训练孩子们社交技巧的时候，共同商量一些密语也会有用。在家长培训课程上我们学到了一招，一直到今天都还在用。由于保持礼貌是生活中获取成功的关键，所以当孩子们忘记跟别人说"请"或者"谢谢"的时候，我们就会用"关键"这个词来提醒他们。用上密语以后我们就不用当众唠叨他们了，不用再说："奶奶都夸你了，你该说什么呢？"

//////

丹尼斯·恩布里以图森为根据地，创办了PAXIS学院来打造并且推介PAX系列游戏，以及其他有科学实验依据的、用以对抗心理疾病的游戏，在这些游戏研发的过程中，他常常跟约翰斯·霍普金斯预防和早期干预中心展开合作，因为他本身就在这个中心的几项研究当中担任共同研究员。

"现在心理情绪和行为失调症特别多，小儿麻痹症的流行跟这比起来，简直算不了什么。"他告诉我现如今的数据显示，小儿麻痹症席卷全美，已经造成了6000多例病患的死亡和12万例伤残。但是这跟急救室里面每年上演的4.4万例自杀和50万的自残病例比起来，仍然是小巫见大巫。

恩布里认为PAX游戏是课堂里的行为疫苗，可以帮孩子提升自我控制力，因而提升他们在学校的表现成绩，并且能够在长期上减少诸如心理健康、物质依赖、欺凌、暴力以及犯罪等问题。实际上这个游戏也的确有效减少了许多患有注意力缺失症孩子的症状，而注意力缺失症通常是通过对孩子走神或者是冲动行为的观察记录来诊断的。在进行了一年相关游戏的训练之后，很多孩子由于自身的控制力增强而不再表现出类似的行为。

我是在马里兰州的哥伦比亚市见到恩布里的，当时我们在约翰斯·霍普金斯开办的训练中心参加一个教师工作坊。恩布里看起来像是一个上了年纪的精灵，也很像威利·旺卡。他带着英国摇滚明星艾尔顿·约翰那样的眼镜，下唇下面留了一小撮胡子，头发稀疏，脑袋顶上有一小簇。当日打扮以蓝色调为主，绿松石的耳环再加皇家蓝的紧身西裤，里面搭配着浅蓝色的花衬衫和深蓝色的花领带。西装上衣胸前口袋上别着徽章，乍一看像是军功章，离近了才发现全都是一些糖果色的胸针，形状特别有趣，跟旋转木马或者是学前班的操场特别搭。

恩布里在准备幻灯片，于是他的手指在笔记本电脑的键盘上翻飞。当我提到现在医生在给出失调的诊断时也许太过草率，而当今孩子们所面临的困难跟上一辈差不多的时候，他冷笑了一声。然后向我指出，在过去10年当中青少年自杀率上升了3成，而其中10到14岁孩子的自杀率上升了5成。"这些实实在在的尸体可不是过度诊断出来的。"他说。

"当今时代，行为遗传学上出了很大的问题，焦虑症触发了大量的自杀案例以及鸦片和大麻依赖。而受到这些病症影响的人群越来越年轻了，抑郁症患者的群体正在年轻化，而且抑郁症患者的比例正在不断攀升。"

这时候老师们手中抓着咖啡，开始走进教室里。他跟每一个老师打招呼，跟每个人愉快地握手，还会说一句欢迎光临。教室里面挤进来了将近三四十个老师，大部分都是女老师，只有三个是男老师。随后恩布里就开始向大家展示幻灯片并进行讲解，对那些支持PAX游戏的相关研究作了描述，其中一位研究者是约翰斯·霍普金斯大学的博士后，该研究指出，在进行了一年的PAX游戏之后，年龄在19、20和21岁的被测试者在基因表达方面出现了改变。有些携带着跟攻击性、抑郁以及注意力缺失症相关基因的孩子，在一年级的时候开始参与这项游戏，成长到读大学时，他们所表现出的冲动以及攻击行为次数都降低了。你的基因可能会令你更冲动或者是更有攻击的倾向，但如果相关的基因并没有被表达出来的话，你就不会表现出这些行为。因此既然这个游戏能够削弱基因表达，那么就很有可能会带来转变人生的机遇。

恩布里还谈到老师跟学生在教室里建立深厚师生关系的重要性。"如果你只是把一些事情强加在孩子身上的话，只能获得一个错误的回应。如果你能做通孩子的工作，并且跟他们通力合作的话，效果很有可能更加立竿见影，孩子们在行为上也会更快地配合起来。"

恩布里教课的时候特别多动，简直就跟戴维斯课堂上的孩子们不相上下。为了说明不同的观点，他还在一张桌子上做了俯卧撑，在想到某个特别恶心的东西时使劲拧着鼻子，还躺在了一张椅子上奋力摆动自己的胳膊。在训练的间隙，老师们在写反馈，他就在房间里踱步，沿着走廊来回走，而且还时不时跑来跟我轻声耳语，交流某个想法或相关研究文献。紧接着他带领老师们一起进行了一项练习，这项练习是老师们回去以后在每个学年刚开头的时候，可以跟自己的学生做的。他请老师们设想一下最棒的课堂场景，然后让他们把想象中看到、听到和感受到的内容都写下来，并且在课堂当中演绎出来。"为了让孩子对于未来有一个充满画面感的想象，就必须要让他们对于自己的同学以及师长产生一种信任感还有实在感。"他说。

//////

戴维斯所教的三年级班总共有 24 个学生，这会儿全都挤在教室最前端的地毯上。他们转圈圈、跳来跳去还嘻嘻大笑。身体跟着显示屏上舞者的动作扭动，紧接着显示屏空白了下来，他们瞬间回到自己课桌后的位置上，一边喘着气，一边面带微笑。

这就是活生生的自我管理教学的例子。自从戴维斯开始使用 PAX 游戏之后，就发现学生控制自己的能力有了稳步的提升。当孩子们获得了奖励，而且不是那种类似鱼饵的奖励的时候，比如说对着 GoNoodle 视频跳一分钟舞之类的，他们就会最大限度地享受这份奖励，随即在奖励结束的当下立即切换回学习的模式。每次游戏开始之前，老师吹响的口琴声能够在不触及他们警报系统的情况下，吸引孩子的注意力，但如果老师使用拍手或者是提高音量的手段，可能就会触到他们的警报系统了。对于创伤的相关训练让俄亥俄大道小学的老师们开始明白学生的脆弱之处。学校花了一批资金来购买练习用的自行车，还有其他可以给学生把玩的东西，比如说压力球、手指玩具或者是其他可以让孩子们上手玩的小东西，可以让孩子们解压。当孩子们感到愤怒的时候，常常会请求老师去骑 5 分钟的自行车，或者是玩一会儿手上小玩具。

"这些措施对于我们这些孩子们特别有用，非常有效地帮他们降低了焦虑程度，并且帮助他们把注意力放在自己的功课上。"戴维斯说。当时我们正并肩站在走廊里，面对着一排儿童用的练习自行车。在走廊墙上大概成人腰部的高度有一排突出的东西，还有好多塑料形状的动物图案，表面都已经因为孩子们的抚摸而变得非常光滑。

戴维斯告诉我，老师不会简简单单就把这些玩具交到孩子手上，因为对于不同的孩子来说，要使用不同的工具才能有效果。首先老师要跟学生之间保持强有力的关系，然后才能比较好地判断出是不是内在失调引发了孩子的异常，或者孩子们调皮捣蛋是因为什么其他简单的外部原因，比如说孩子饿了之类的。当然了，老师们也教给孩子们，这些玩具和自行车只是用来解压的，并不是拿来给他们解闷的。有那么一会儿教室里很安静，杰丽娜和基林围在我身边来讲解那些手指玩具的功效。"当你感到愤怒或者伤心的时候，就可以申请一个手指玩具，或者是申请去骑自行车。"杰丽娜说，"你可以待在教室里一直挤那些压力球，直到不再觉得有压力为止。"

我又问起这些手指玩具对她来说有什么用，她回答说："那东西很柔软，也会让我感觉不到愤怒或者是悲伤，因为当你愤怒或者悲伤的时候，如果直接把真实情绪都表现出来的话，那就会惹麻烦的，然后他们就会打电话请家长了。"当天晚一些时候，她跟班上另外一个女孩在教室当中擦身而过，拌了几句嘴。然后我就发现杰丽娜回到自己的座位前，拿起了一个可以揉捏的粉色小球。她使劲挤那个球，然后戳了戳球的中间，最后用球抵上了自己的眼前，同时闭上了眼睛。随后就重新投入到自己的学习当中去了。

这一年当中，戴维斯的学生有不少在历经各式各样的创伤。有的孩子一会儿被妈妈赶到奶奶家，一会儿又被奶奶赶回妈妈家，不然就是急切着等着父亲从监狱里释放的消息。也有孩子正在经历父母离婚的折磨。有一个女孩的继父被一枪打死，而当时她也正在枪杀发生的房子里，理论上应正在睡觉，但是老师觉得这个孩子大概听到了外面的争执和打斗，也听到了她继父被枪杀的声响。另外一个女孩的妈妈先是失踪，后来被发现的时候已经死了。"实在是一团糟，孩子可能忽然被什么东西吓着，或者是到了一天当中的某一个时间段就闹起情绪来，再不然就是我无意当中提到的什么东西可能触发了她的忧思，总之她有可能忽然就泪流满面，然后这孩子就会开始涂颜色或者是写字，如果这样的行为能够让孩子安定下来，其实我并不会介意，反正这个时候她也听不进去课程。"

在课外活动休息的时候，我去拜访了俄亥俄大道小学的校长奥林匹亚·威廉姆斯，当时校长正看着一群孩子跳舞、打球，或者是在儿童游戏用的立体方格铁架附近互相追逐。她把教学重点放在通过PAX游戏教授孩子们行为技巧上，而没有放在提升学业成绩上。如果孩子们连坐都坐不住，或者是一直打架的话，他们永远都没有办法学习到什么东西。她还为孩子们提供了一些基于创伤经验的课程，教孩子们用恰当的语言来描述自己的情绪和日常所需的社交技巧。"没错，这样做的确是花掉了不少的时间，我们从开学第一天起，就没有跟上课程大纲的进度。我们的确没有紧紧跟着大纲走，但其实就跟教授孩子们阅读技巧一样，你也需要让他们理解自己内在的情绪，并且教会他们描述自己情绪的相应词汇。"

恩布里很喜欢描述自己之前跟几名州教育部门行政官员争论的经历，这些官员在7年当中购买了四套不同的阅读课程。"买了这么多教程的效果怎么样？"恩布里问他们道。"不管阅读课程到底是怎么规定的,但是PAX游戏却对阅读能力有实际上的提高。由于孩子们在学校里面发生了变化,进而也改变了家长—孩子—学校之间的关系。孩子们在学校里惹的麻烦变少了,因此学校老师给家长打电话告状的次数变少了,家长打孩子的次数也降低了,诸如此类。"

PAX表格上面记录了孩子们想要在教室里面看到什么、听到什么和感觉到什么,因而在整个学年当中都是一个能够实打实瞧见的参考。"就好像孩子们的阅读和数学成绩可以做成线形图一样,现在他们一抬头就能看到这一份图表来提醒自己,这些是我们自己说想要在教室里面创造的东西,表格上的内容既不是老师编出来的,也不是校长编出来的,而是我们的集体选择,而且我们共同答应要为此努力的。"威廉姆斯说。"这就把主人翁意识和承担意识放到了学生们的肩头,许多时候老师干涉的太多了,让孩子们觉得自己没有什么权力,更何况他们在学校之外本身就已经没有什么自主选择权了。"

在2016到2017学年内,俄亥俄大道小学收了一名四年级的转学生,这名学生曾经亲眼看到自己的母亲射杀了另外一个女人,当他的妈妈还在监狱当中的时候,男孩子的爸爸取得了监护权,而这是他爸爸头一次养孩子。这孩子一下就失控了,后来用剪刀刺伤了之前学校里老师的胸口和手部。那名受伤的老师提起了刑事诉讼,学校要求孩子接受心理评估,得出的结论是怀疑这个孩子有情绪障碍,因此把他转去了俄亥俄大道小学。

"当时我一边看这个孩子的记录,一边在感叹我的天哪,头几个星期我都要让保安来帮忙,"威廉姆斯说,那个男孩会在没有经过允许的情况下直接跑出教室,也有可能会直接对身边的成年人展开咒骂。但是自从他来到俄亥俄大道小学之后,却发生了180度的变化。"之前他一天当中要闹四五次事,现在一个月才会出一次麻烦。"

他特别喜欢PAX游戏,而且会好好跟自己的团队成员配合来赢取奖赏,学校每天给他四次机会,可以在情绪难以抑制的时候离开教室,因此他其实是有权利选择离开教室的，不过他要好好打算、利用这几次有限的机会。一开始他会把四次权限全都用光，而现在他每天只需要动用一次，有的时候甚至一整天都压根不需要走出教室。

"我由此开始仔细思索，到底有多少孩子表面上被确诊为情绪障碍，但实际上他们并非患有长期的情感缺陷，而是因为受到了极大的创伤，而我们却没有花时间来探究其症结，从而找到适合帮助他们的方式？"她说。

威廉姆斯小的时候，学校里面有很多同学都经历过人生创伤。她妈妈是一名教师，并没有让孩子去距家只有5分钟步行路程的中学上学，而是送威廉姆斯和她的兄弟姐妹到内城区的学校读书，光是上学路上就要坐25分钟的公交车，她上的这所冠军中学就在市中心。"她觉得那些在相对不好的社区教课的老师们更厉害，因为在这样的地方教课必须要做更多事，也需要克服更多，"她解释道。"人们会问，你竟然挑了一个不良社区的学校？所以反倒是我妈妈需要更强大的理由来坚持这个决定。"

威廉姆斯在中学的时候主修生物，因为她更加注重理科，想要成为一名医生。但是自从本科毕业之后就改变了心意。为什么要一直不停地上学，而且还要背负学生债务呢？于是就去读了一个基础教育的硕士学位，随后做了老师。2012年的时候为了能让自己有更多的话语权，以此来影响更多的孩子，她升职做了校长。"我很热爱自己的职业，也很热爱这所学校，"她说，"我还要为所有做校长的人说句话，那些监管校长工作的人也是一样，因为只有身在其位或者是在工作上有紧密往来的人，才知道一个校长的工作量到底有多大，那简直是没有办法用语言描述的，没完没了。"

日常上课的时候，威廉姆斯喜欢站在走廊里或者是教室里，好让那些需要她的学生和老师能够方便地找到她。结果就是每天都有成百上千的文书堆在她的办公桌前。她告诉我："有的时候教职工会开玩笑说你今天的文件山比较矮呀,或者是今天的文件山可真高啊。"威廉姆斯每周都会固定去找一位心理咨询师,以此来进行自我调适,她还会进行一些压力管控的练习,比如说练习解压呼吸法。

白天实在是完不成这么多工作,所以威廉姆斯在放学之后还要继续处理文书,她为自己的工作感到骄傲。但是只要孩子们需要她,威廉姆斯就会放下手头的文书工作,一切都以眼前的孩子们为先。

"你要想清楚自己的侧重点到底是什么,还要决定自己相对需要放弃什么。对我来说,孩子们健康发展是最重要的,比起做预算或者是做报税单都更重要。我得说你不可能面面俱到,而且能把所有的事情都做得非常好,"她说,"我是个完美主义者,而且非常在乎自己的工作,我想把每件事情都做好,然而有些事情就是要被放到相对次要的位置。"

在推行 PAX 游戏之前,这所学校用的是在美国范围内非常流行的红绿黄行为表格。每个孩子的名字旁边都有这 3 个颜色,颜色旁边还有夹子来标示老师对于每个孩子当天行为的评价。现在回想起来威廉姆斯能够意识到这个评价系统是如何标示不良行为的,孩子们一旦被降格到黄色或者红色的等级上,而且这个成绩是明晃晃地摊在所有同学面前时,就很有可能会彻底失控。

"他们不想因为表现不好而显得特别扎眼,"她说。好多时候这些孩子就会直接放弃,不再好好表现了。"有些孩子就彻底好不了了,如果得了红色评价的话,就会彻底破罐子破摔。"

俄亥俄大道小学的 12 名老师在 2014 到 2015 学年当中接受了培训,由此开始积极试行 PAX 游戏计划。随后在 2016 到 2017 学年当中,大部分的老师都参与了进来。老师们在课堂上需要动用到罚站的次数越来越少了,因此可见这项计划成效显著。以前老师们常常让学生去罚站,有时候一罚就是好几个小时。2013 到 2014 学年当中,整个学校有 355 起一小时之内的罚站案例,但是到了 2016 到 2017 学年,却等比下降了77%，减少到83次。而且整个学校一小时之上的罚站的下降率更高，而这也对于授课时间有非常大的影响，从推行之前的317起足足下降到了39起，相当于在3年当中下降了88%。

"这也就意味着孩子们会有更多的时间可以待在课堂上，他们有自己的应对办法，这样一来孩子们仍然能够听到老师的讲解，这样就可以跟得上进度，或者是继续做功课，但是如果孩子们被送到专门用来罚站的教室，即便是带了自己的功课，回到课堂上仍然会落后进度，与此同时其他的孩子一直在做功课，而这样一来，被罚的孩子就更落后了。"

"我们大部分的学生都是低年级的，他们还没有办法独立学习，也没有办法通过自习就补上落下的课业，"她说。"在推行这个新办法之前，老师们可能说杰里米，你没有坐在自己的座位上，但是这样一句话可能会起到反效果，以至于孩子需要更久的时间才能安定下来。"

第一次参加PAX训练的时候，戴维斯是抱着怀疑态度的。训练当中的高科技术语以及理论探讨，让她觉得很无聊。现如今回想起来，戴维斯说自己当时觉得孩子们肯定会很讨厌这个东西。她当老师是为了帮助像自己这样的学生，当年无论多么努力，都只能取得D或者是F的成绩，她想要帮助那些非传统的学习者。

但是在网上见到培训师拉西展示了自己跟孩子们进行的游戏之后，戴维斯的想法就变了。每当遇到什么解决不了的情况时，她就会给拉西打电话，然后两个人会共同研究该怎么解决这个问题。拉西是因为美国国家儿童医院的外展服务而来到俄亥俄大道小学的，医院想要对那些最危险的社区进行广泛干预，免得行为和心理健康问题完全失控。如果不好好解决这些问题的话，无论是大人还是孩子都会落到进急诊室的下场，而这个时候医生所能做的补救措施就已经非常有限了。因此如果专业人士能够在问题发展得太过严重之前，就跟那些濒危家庭开展合作，显然是更有效的解决方法。

像是拉西这样的美国国家儿童医院内科医生会对几所学校全权负责，他们既会为学校里的孩子提供咨询服务，也会为教职工提供相关的资源。在一些俄亥俄学校的区域，甚至会组织对公交车司机进行创伤识别训练，好让他们在不刺激孩子们的失调症状的前提下，对某些问题进行干预。每一个县的精神卫生管理局的董事会会对相关的活动进行监管，并且出资支持类似于 PAX 的项目。俄亥俄州的经济还没有从大萧条当中恢复过来，贫困非常普遍，超过一半的孩子都属于经济上的弱势群体，俄亥俄大道小学被认定是高度贫困的学校。其中有些孩子甚至是无家可归的，在这所小学的 331 名在校生当中，有 86% 是黑人，7% 是白人，5% 是混血，而 2% 是西班牙裔。

"跟这些学校展开合作，能够有机会截断孩子们从学校直接到监狱的发展之路，我们的目的是尽量让孩子们都能够得到照顾，并且消除那些学业之外的障碍，来提升他们的学业成绩。"美国国家儿童医院与社区合作以及进驻学校开展心理干预的内科协调人泰尔门说，"这些学校发现，有的时候孩子们身上的负担实在太重了，即便我们已经指出了应该怎么做才能保持心理健康，但是许多家庭刚一入手的时候，还是很难保证按照既定的方针执行。因为这些家庭需要承担的事情已经够多了，而跟学校开展合作的方法反而能够起到有益的作用。"

泰尔门是在哥伦布市的西区长大的，母亲是个单亲妈妈，非常有警惕性。泰尔门有过几次变坏的倾向，比如说开始翘课或者是喜欢说大话，都被妈妈纠正了过来。她妈妈会在上班的时间请假到学校去，也会跟女儿朋友的家长联系，好共同监督这些女孩子。"每次我妈都会及时出手，她不会简单地惩罚我，而会跟我好好探讨，这对于我们母女来说也是增进了解的机会。"她说。

泰尔门有 3 个孩子，老大已经上大二了，老二上高二，老幺上高一，虽然他们全家都已经搬到了皮克林顿郊区去住，但是比较小的两个孩子仍然都在哥伦布市区的学校读书。"让他们在市区念书是因为我的个人价值观,同时也跟个人目标和追求有关。我一直都在为弱势和边缘群体争取权益,"她说。一拿到咨询资质,她就马上接了一份工作,工作的内容是保释被拘禁的不良少年。她加入了美国国家儿童医院的项目,想要尽早干预这些游走在犯罪边缘的孩子,这些孩子原本跟她的那些客户一样,最后有可能全都会被关起来。尽管她的参与并不能给医院挣钱,但是却省了不少钱。她通过推行诸如 PAX 游戏的干预手段,减少了美国医疗补助计划的开销,减少了需要去急诊室就医的人次,降低了成人吸毒的数量,降低了犯罪数量并且提升了毕业率。她为这些贡献感到相当自豪。预防类鸦片泛滥的专用资金组甚至把 PAX 游戏认定成为有效的预防手段。

//////

从表面上看,佛蒙特州郊区的杰克逊一家跟俄亥俄大道小学的老师们似乎完全没有相似之处。但是我希望通过以上介绍你能够看出生活、社交以及情感技能对于孩子的自我管理能力有多大的影响,同时也看到培养这些相关能力有多么重要。当一个孩子能够照顾好自己,并且对于家庭以及社区有所贡献的时候,他们就会感到自己有能力,而且产生使命感。这样一来自然就会减少孩子们行为出格的冲动。孩子们越练习情绪控制和冲动控制,就越能提升自我控制能力,这对于那些没有经历过创伤的孩子们也非常适用。

就像 PAX 游戏是积少成多地帮助孩子提升自我管理能力一样,你也可以循序渐进地培养孩子的行为技能。把孩子们的发育情况以及不同年龄想要达成的目标都记录下来,并且在制定目标的时候请孩子共同参与进来。鉴于这个过程有可能会非常缓慢,持续不断地提醒孩子和自己,搞清楚孩子已经成长了多少就变得非常重要,提醒的形式多种多样,可以采取手写日志、手机备忘录,甚至是语音日记等。选择一种能够迅速帮你注意到自己的孩子进步到了哪里的方式,并且以此作为第二天继续努力的基点。

　　尽管我们并不想要控制自己的孩子，但仍然希望可以影响他们。如果我们自己不去充当孩子生活技能以及价值观的首要老师，那么大众文化以及孩子的伙伴就会取而代之。当你对孩子更加关注并且更多倾听孩子心声的时候，同时可以继续练习第 7 章当中所学习到的技巧，你就能察觉到有哪些技能或者是性格特质是孩子需要加强的，一个一个解决这些问题。如果孩子总是记不住自己把东西都放在哪儿了，那就跟他一起头脑风暴，想一想有什么办法能够帮助孩子在离开学校或者是朋友家的时候，更有效地整理好自己的东西。如果你发现孩子缺乏同理心，那就开始在跟人交谈的过程中以身作则、向孩子展示同理心，即便孩子表现出一点点同理心的时候也要向他们明确地指出来。

　　能力是"学徒型"育儿模式的最后一块基石，随着孩子的成长、同时随着他们面临越来越大的挑战，你会一而再，再而三回到能力养成的问题上来。

9

确立界限，才能规约行为

"这不公平！"我们家 11 岁大的孩子冲我嚷嚷。麦迪原本跟我在我父母家的门厅里说话，现在冲了出去，还把那扇厚重的橡木混合玻璃大门摔了一下。先摔了门，又开了门，之后又摔回去。

整个房子都回响着这个青少年的怒火。没多久，客厅里面就响起了麦迪愤怒的咚咚咚脚步声。我深深吸了一口气，感觉胸口有热气上涌。我浑身上下每个细胞都非常渴望冲过整个房间，然后跟女儿好好嚷一通，又或者是直接把她丢到房子外面去。门廊里传来阵阵凉风，我借此又深吸了一口气。我要非常努力，才能维持冷静和坚定的态度，我不断提醒自己，多想想那些自己已经了解的跟育儿有关的知识——她的杏仁核显然已经在活动了，八成已经没有办法启动大脑当中负责解决问题和理智思考的部分。

在我的想象中，暑假的第一天可不是这个样子的。

女儿们的学习营都已经结束了，我专门把工作排开，好空出几天的时间，跟一家人轻松地准备，迎接我们到加利福尼亚州的家庭旅行。结果我强调了家里对于使用电子设备的限制，恐怕这也是全天下诸多父母的通病。其实这条规矩也是全家人一起商量、共同同意的，正如我们对待家务分配以及入睡前的相关活动也是商量着来的。这场情绪大爆发之前的一天，我跟自己 9 岁和 11 岁的孩子一起坐下来，把电子屏幕使用的限制规则重写了一遍，遵循她们的建议，我们把每天限制使用30分钟提升到了45分钟。孩子们坚称现在可是暑假，所以我也作出了让步。当时我们正在我父母位于威斯康星州的一个湖边别墅里面度假，而布莱恩还留在家里工作，于是我们母女三人就共同制订了新的协议，并且贴到了墙上。规定指出，如果孩子们吃完了早餐，收拾好了餐具，穿好衣服，刷完牙，做完10分钟的数学习题，并且完成了其他相关的家务之后，就可以看45分钟的电视或者电脑。

通常来说，对于电子屏幕限制使用的规矩，都能够在孩子们对于娱乐的渴望和我们所期望的健康的日常活动之间找到平衡。但是我女儿却违反了这一条家规，在没有完成任务之前，甚至是还没有开始做任何事之前就已经拿起了平板电脑。当我发现麦迪在房间中举着平板的时候，她却编了一个很逊的理由："如果阿娃不把自己的衣服拿过来的话，我也没有办法开始洗衣服呀。"我对于麦迪的说辞表示了理解，但是并没有让步，坚持她这一天当中都不可以玩任何电子设备，这个惩罚措施也是我们之前一致通过了的。

对学徒行为模式持怀疑论调的人，通常对于这个部分搞不太懂。虽然我们会在一定程度上容忍混乱的局面，也会在做决策的时候，让孩子有发言权，但这并不意味着没有下限。当面对一个大嚷大叫的孩子时，我们的确更有可能给出一个拥抱，而不是直接把孩子赶回房间去，我们不会直接命令孩子做这做那，反而会给他们提供相关资讯，让他们清楚自己所言所行会对其他人产生怎样的影响，但是当孩子破坏了我们事前商量好的规矩时，说好了的惩罚肯定也是免不了的。

正因为我们非常在乎孩子的情绪和观点，所以大家可想而知，当他们对某条规矩不满意的时候会不会告诉我们了。接下来的这一天当中，我女儿无论走到房子里面的哪个角落，都在抱怨。首先她坐在一张会吱吱叫的椅子上不停晃悠，一直到妹妹都出声抗议了。然后又跑到我面前，列举了好几条观点，说明这个不能玩电子产品的规定有多不合理。紧接着又大声抱怨说根本没有人在乎自己的感受。

每当麦迪做这些事情的时候，我的火气都会往上冒。但是如果开始吵嘴的话，那只会延长矛盾的时间，而且也会影响她对于自己行为后果的体验，既然违规使用了电子产品，那她这一天就是不能看平板，也不能看电视。"我非常关心你，而且我希望，当我跟你妹妹去图书馆借导游书的时候，你也能够一起来。"我是这样告诉麦迪的，然后就开始打包午餐准备出门了，与此同时我的心在渐渐下沉，在这样一个美妙的夏日当中，她有可能一天都要闷闷不乐了。

紧接着有一个小小的奇迹发生了，她慢慢踱步来到我面前，脸上的表情不喜也不忧，至少没有皱着眉。

"你要跟我们一起去图书馆吗？"我面带微笑地问道，然后麦迪点点头。随后麦迪就劝妹妹去陪我父亲一起做一件杂事，然后我们这两个之前还在拌嘴的人，反而相伴着坐上了车，开始向图书馆驶去。我说出了自己的疑惑，她这样安排是不是为了让我们两个有一些单独相处的时间呢？"是的，我对今天上午的行为感到抱歉，对不起。"她说。然后我就探过身去，握了握她的手。

有用的规约方式就应该是这个样子，坚守底线并不意味着你一定会感觉非常良好，也不意味着能够让孩子立刻开心地配合。但如果在女儿发脾气的时候，我也开始嚷嚷，那就会加剧我们之间的矛盾。如果当时罚她关禁闭的话，那她肯定从头到尾都在琢磨要怎么报复我，后果只可能是这样。而这样处理反而能够让她有空间慢慢冷静下来，最后终于决定，自己情愿要好好享受下午这趟外出，也不愿意自己生闷气。

//////

当我开始为本书的写作做研究的时候曾经想象过，只要能够使用恰当的鼓励性语言和跟孩子的成长相匹配的育儿策略，那么我的家庭生活就会变得有序而且冷静。但是由于我养的是活生生的人而不是机器人，所以不免意识到无论怎么样，养孩子都会是一个充满麻烦的过程。即便我已经在脑子里把家长培训课程的各大原则都内化了，但是相应的育儿语言和思维模式，仍然需要经过几年持续不断的练习，才能习惯成自然，尤其是在面临亲子冲突的时候，坚持这些理念就更是一种考验。在这个过程中我不得不摒弃许多自己曾经深信不疑的育儿理念，而且还要依赖布莱恩或者其他跟我们育儿思维类似的家长，来给自己坚持下去的意志。比如说如果孩子们在准备入睡之前磨磨蹭蹭的，那么就得不到睡前的拥抱了，但是我们不会出言挖苦孩子，也不会用眼神警告他们。好的时候，即便是一点点的进步，也要花好几个星期的时间才能看得见，而每当在这个时候，我就只能依赖信仰的力量来坚持这条路了。

　　我必须让自己放弃，不能总是想着时时刻刻都要说出最完美的话语，也不用要求自己在任何一种情况下都能作出最正确的选择。所有育儿理念都告诉我们，要尽可能维持始终如一，但我们都是人，总有起起伏伏。状态好的时候耐心十足，可以又冷静又坚定地慢慢商量好规则，说清楚如果孩子不守规则，要面临怎样的后果。而状态不好的时候也会不冷静。但是状态不好并不是什么值得羞愧的事，而是一个好机会，可以向孩子们展现应该要怎样去道歉，还有弥补自己的错误。又或者如果我们能够在发脾气之前及时刹车，就又获得了一个锻炼在5分钟之内平息情绪的好机会了，这样一来也不会直接把怒火都发泄出来。

　　更何况，那种宣称只要一以贯之地坚持下去，任何语言模式都能起作用的说法，其实并不对。反之，已经有研究证明如果长期对孩子打骂的话，势必会造成持续的伤害。

　　要相信孩子们能够在不经历痛苦或者羞愧的情况下得到学习经验，其实并不容易。当我开始启用什么行为就会产生什么相应的后果，而不再用做错事就要接受惩罚这个方式来教育孩子的时候，仍然常常使用谴责的语气，有的时候也在家长培训课程当中感到很纠结。如果使用这种育儿方式，跟孩子立规矩显然是特别困难的，这也是我们常常遇到的问题。如果孩子的行为带来了相应的后果，那么我们应该让他们静静地品味这一段经历，如此一来，孩子才可以在其中得到教训。而要做到这一点，对家长来说就意味着要对这种管教方法有信心。

遗憾的是，要坚守这种育儿模式，也意味着我们要把那些自己满意的育儿工具抛弃，尤其是当我们想要向整个世界展示，自己其实是好父母的时候。不能在公众场合羞辱孩子，也不要为他们的错误埋单，无论孩子是不是忘记带午餐到学校去，还是报名参加啦啦队之后又后悔了，都需要由孩子自己负责，而不是家长出面。与此同时，虽然教一个4岁的孩子，跟教一个十几岁的少年是不同的，但是基本的育儿原则仍然是一样的，那就是要尽可能多地赋予孩子主人翁意识，要给予孩子充分的支持和帮助，明确讨论清楚究竟要做哪些事项，以及如果违反了商量好的规矩之后会有什么样的行为后果。

比如说一个还在上幼儿园的孩子，可能没有办法想清楚究竟应该怎么安排早上的行程才会更加便利，但要在早餐之前还是之后穿衣服，却是可以自己选的。从另一方面来说，一个10岁的孩子可能就有办法，能够通过头脑风暴来决定放学以后应该要做什么事情，以及做这些事情的顺序了，包括独立弄一份零食吃，然后做作业，全都完成之后再去玩耍之类的。而一个二年级的小学生应该已经足够大，可以签订协议来保证，如果爸爸妈妈帮自己出了足球训练费用的话，那么他就应该要在未来8周的足球课程中坚持下来，即便自己其实在学了3周之后，就已经觉得无聊了，那也要继续参与每一次训练和比赛。

有一件事很重要，你一定要记得，那就是孩子们如果感到心情沮丧，其实是没有问题的。有时候正是那种不开心或者是不舒服的感觉，能够促使人们产生变化。当然了，孩子只能在并不愉快的经历当中变得更有韧性，如果一直被你保护在羽翼之下，他们是不会有任何成长的。而当你开始践行类似这种新的教养模式的时候，可能在这种模式还没有落地生根之前就会遇到反抗，尤其是当你们家的孩子已经比较大了的时候。

如果某个惩罚措施披上了行为后果的外衣，你该如何区分呢？接下来就来为你介绍4个评判标准。行为后果应该是跟行为相联系的，在一定范围内是合理的，是尊重孩子的，而且是提前就说好了的。所以如果你的孩子总是忘记要把自行车放到车库里面去，那你就可以头脑风暴出一个相应的后果，比如说接下来一周就不能骑自行车之类的。如果一下就要求孩子3个月之内都不能骑自行车，就不够合理了。如果你冲孩子嚷嚷，说他们不负责任，同时又开始骂他们的话，就不是尊重孩子的表现了。当然啦，如果你们事先没有就这个行为的后果达成一致意见的话，你也不应该直接就宣布孩子接下来一周当中不可以骑车。如果你对类似的例子想要了解更多，可以参看简·尼尔森的《正面管教》。

并不是每一个问题行为发生之前，都一定要预设好相应的行为后果的。当你发现问题之后，再头脑风暴也不迟，因为这个问题再度出现的概率其实是很高的。等待时机并不意味着你容忍这个行为，而是说你要在下一次机会出现的时候解决这个问题。

本章当中涉及的规约问题都是针对最常见的育儿难题的，从健康饮食、自我照料、早上出门的程序，到写作业、做家务、限制电子设备的使用时间、兄弟姐妹打架，以及自己管理自己的东西，包括要带午餐到学校去等等。

//////

4岁的亚历山卓和7岁的玛丽安娜姐弟俩，跌跌撞撞地跑进他们家的大门，一路从学校回到家，他们的头发和衣服都乱了。这家人住在华盛顿特区的一栋联排别墅当中。亚历山卓穿着一条鼓鼓囊囊的裤子，上面系着腰带，脚踝的地方打了好几道褶，而姐姐玛丽安娜上身穿着一件学校里发的红色T恤衫，下身穿着一条运动紧身裤。T恤衫是短袖的，尽管现在已经是十二月份的寒冬天气。

玛丽安娜都已经跑到台阶那边儿去了，一整条台阶从房子的中厅正中穿过，陡峭倾斜地向楼上延伸。她被一层层衣服掩盖着，团成了一个球，一边咳嗽，一边用自己圆滚滚的小臂把那又短又软的鬓发拂开。父亲科林跑到卫生间去拿出了一个体温计，夫妻俩很快就验证了自己之前的猜想，玛丽安娜的确是发烧了。

"我刚才就觉得她是病了，好吧，那我明天的假期聚会算是玩完了。"卡米拉以一种实事求是的语气说。

"什么聚会呀？"科林问道。

"工作假期聚会，应该是在明天白天办。"

"说不定我能过去晃一眼。"他提议道。

亚历山卓正砰砰地敲着旁边的一个橱柜，当父亲提议要拿水果当作零食来吃的时候，他一脸不满意。门以一种奇怪的方式挂着，门锁歪歪斜斜的，其实门并没有关上。卡米拉对丈夫说，看看拿一把螺丝刀能不能把这个门修好。当科林去查看门锁情况的时候，亚历山卓往后退了一步，眉头拧得更紧了。

"你想要吃树莓还是蓝莓呀？"卡米拉用西班牙语问亚历山卓。

他哪一样都不想吃，为什么不能吃软糖呢？

"因为你没有刷牙，"卡米拉解释道，根据他们家庭协议的要求，如果孩子在前一天晚上拒绝刷牙的话，那么第二天就不可以吃糖。

"你知道我想吃哪种糖吧？就是火箭飞船还有小饼干。"亚历山卓用英文问道，就好像是卡米拉根本就没有办法明白他的要求是什么似的。

"你可以今天晚上好好刷牙，然后明天就能吃糖了，今天你只能吃水果。"

亚历山卓听完了这句话,就开始用自己的胳膊使劲拍卡米拉的臀部和腿部。

"为什么?"他用西班牙语哀号道。"我两样都不想吃!"

"要不然你就吃树莓吧?"卡米拉建议道,结果又引来儿子新一轮的哀号,以及一连声的"不要不要"。

玛丽安娜就那样松松垮垮地歪在楼梯上,然后要求父母给她拿企鹅软糖吃,这是她当日份的甜品。每个孩子只要头一天晚上好好刷了牙,第二天就可以挑一样甜食作为自己的当日份甜品。卡米拉用西班牙语回答好的。

如果你吃不到糖但是姐姐却能吃到的话,那会比一整天都吃不到糖本身更糟糕。

"不要,不要,"亚历山卓可怜兮兮地哭道,调门越来越高了,然后就跟着卡米拉一起走进厨房说,"我要吃零食!"

卡米拉找不到玛丽安娜想要吃的那一款糖。"你有没有把小熊和企鹅软糖拿出来?"她问科林。"软糖应该是跟其他食物一样,都在车里。"

科林并没有看到软糖。

亚历山卓踢了踢墙壁,这一举动把他自己都震惊了,但是紧接着他的脾气变本加厉,直接扔了一支笔。"我要吃别的东西当零食。"他一边坚持说,一边把书、书包和手上所有能够得着的东西使劲敲。

"我们会给你弄零食吃的。"科林说。

"我要吃别的东西。"亚历山卓一直在重复,语调特别尖,已经变成沮丧的尖叫了。"这样子不行!"

这一对父母并没有尽力阻止儿子发脾气,因为这样反而会激化这种情况。按照郝弗尔的说法,那就是在喂养毒草。他们有既定的放学后活动流程,这对父母继续有条不紊地推进行程。

科林用一种冷静的语调对玛丽安娜说:"你是想要继续待在楼梯

上，还是上楼去躺到床上？想要换个地方待着吗？"

"我不喜欢这样，这样不行，"亚历山卓嚷嚷，"妈妈我不喜欢这样，我不喜欢！"

卡米拉大步踏出家门的时候，经过了儿子身边，说道："我去看看能不能找到软糖。"

"我不要！"亚历山卓继续可怜兮兮地哼唧，然后就彻底哭了起来，"妈妈，妈妈，妈妈。"

卡米拉去车里看了看，最后空着手回来了，事后她告诉我，其实当时出去并不是为了找软糖，而是为了给自己一个冷静下来的空间。

"妈妈，妈妈，妈妈！"亚历山卓说，"我不要！"

"亚历山卓，冷静点，"卡米拉用西班牙语说，"你不要什么？"

但是现在亚历山卓已经不能启动自己的理智了。他只是一边继续哭号，喊着妈妈，一边来来回回走进厨房，再走出来，后来终于回到自己楼上的房间里去了，而玛丽安娜此时还坐在台阶上咳嗽。

这一对父母讨论应该要怎么处理女儿发烧的情况，虽然楼上有一个情绪失控的孩子在大哭大叫，但显然并没有影响到他们。玛丽安娜又挪到客厅里的沙发上去休息，不到一分钟之后，亚历山卓就又下楼来了，仍然在叫妈妈。卡米拉就近坐在儿子身边的楼梯上，一边用手抚摸儿子的后背，一边轻柔地对儿子说：

"你想要吃什么零食呢？"她问，"是只想吃蓝莓还是也要吃树莓呢？你想不想吃芝士呢？"

亚历山卓玩了一会卡米拉的环形耳饰，最后决定要吃树莓。

"是只吃树莓还是要吃点别的东西？"她说。

"还要点别的。"

"别的什么呢？"

"我要蓝莓，还要两颗树莓。"亚历山卓说，他已经完全冷静下来了。"就好像吃糖的时候那样。"

"他想要吃蓝莓。"她对科林说道。

"好的。"

紧接着,亚历山卓就去洗手了,然后帮妈妈一起准备自己的那一份零食,整个下午都平静地继续着。他的父母很冷静地坚守了规矩的底线,与此同时,不但照顾好了另外一个孩子,卡米拉和科林在自己心绪烦躁的时候,还找到了自我管理的方法。这样一来就让亚历山卓有了冷静下来的空间,并接受了家里关于吃糖的规定。如果当时这一对父母直接放弃了规矩,比如说在孩子开始对卡米拉踢打的时候就直接投降或者是发火的话,很有可能就会激起一场亲子权力斗争,几个小时都解决不了。

//////

每个人都有不良的育儿习惯,比如说我就有两个,一个是在公众场所给孩子难堪,另外一个就是为他们的错误埋单。而这两个错误的根源就是在于我认为自己是一个有能力且愿意照顾孩子的母亲。如果孩子在公众场合表现得没有礼貌,我就会以一种他人可见的方式来纠正孩子的行为,这样一来周围的那些人就能够看到,我其实是个好妈妈。如果他们忘记带午餐去学校或者是把家庭作业放在了家里的某个台面上,我就会在孩子还没发现自己忘记带东西的时候,就带着满心的爱给他们送过去。而做这些的时候,我并没有意识到自己其实妨碍了他们体验成长所需的不适感。如果他们感受一下饿肚子或者是那种不好意思的情绪,反而能够被激发出下一次好好做安排的动力,从而能够记住自己需要带的东西。

回过头来看,我居然犯了那么多次短视的错误,只以眼前的结果而论,却忘记了自己想要帮助孩子成长为负责任的成年人这一长期的目标。但其实我们是有能力抛弃这些旧习惯的,正如我们也期待着孩子能够舍弃他们的某些旧习惯一样,让你的言行合一,支持并引导孩子，让孩子能够从自己行为的结果当中得到学习。不要担心别人会怎么看待你的孩子，也不要担心别人会不会对你的育儿方式评头论足。忽略掉你头脑当中那一个小小的声音，不要只是盯着当下的行为，而是要对孩子能够在未来有所学习有信心。

这一种规约可能会是隐形的，因为你并没有在公众场合给孩子任何的指导或者是纠正。也许孩子们会顶着一头乱蓬蓬的头发到学校去，或者是在学校里面没有零食吃，老师还有其他的家长并不会看到你在家里面跟孩子聊天，问他们一天是怎么过的，然后研究出一个更好的策略，帮助他们记得带自己的课间餐。这种私下的纠正能够有效地把关注点放在学习本身，而不会令孩子们在其他大人或者是同龄人面前蒙羞。

让孩子们在经验当中有所学习，其实是需要时间的，更何况他们需要学习的内容涉及生活当中的方方面面。从外表看起来，那些渐渐成长、获取独立的孩子跟那些被家长照顾得非常周全、总是在家长的督促下才能一步一步完成各项任务的孩子比起来，可能显得并没有那么有条不紊。但是随着时间的推移，当你的孩子不断跟生活中所面临的各项常规挑战做斗争的时候，当他们没有把你或者是你所定下的各式各样的规矩当作斗争对象的时候，就会渐渐学会要为自己的东西、日程安排以及行为负起责任来。而你们的亲子关系也不会因为唠叨、责怪或者惩罚而受损了。

行为的后果也许会跟你想象得并不一样，你可能不会相信，自己的孩子如何是在不哭不闹的情况下就承担了相应的行为后果，同时也很难相信孩子是能从经验当中得到学习的。积极型育儿的大师，也就是《正面管教》一书及其系列课程的作者简·尼尔森就直接提出了反对的观点："我们为什么会有这样一个疯狂的想法，觉得孩子只有在感到自己很差劲的时候，才有可能会做得更好？"

孩子所学习到的内容可能会跟你想象得并不一样，他们可能会发现某个解决问题的捷径，他们所选择的方式很有可能会带来一些额外的好处，而这些好处是你从来都没有想象过的。当我发现孩子们忘记带午餐，不再给他们送过去，也不再自作主张地去拯救他们时，他们俨然就变成了跟朋友或者是同学协商的专家，能够从其他人那里分到各种食物。后来在孩子们准备午餐的时候我发现，他们会多带一些吞拿鱼、饼干或者是薯条，而他们自己是根本吃不掉这么多东西的。原来他们通过跟其他同学分享食物来积攒人品，以便哪天忘记带午餐的时候还能有饭吃。

我得承认，这是个非常合理的解决方案，而且对于人生长远的成功来说也更实际，到底是应该把心思花在完善自身、确保什么东西都准备得万无一失上，还是应该发展人际交往的技巧并且累积相应的人际关系，来帮助自己应对不时之需呢？

我曾经亲眼看过孩子们展现这一解决问题的逻辑，那时候我们都在参加犹太教堂举办的展会，为幼儿园募款，当时我们家两个孩子一个8岁，一个6岁。十几岁的孩子负责嘉年华游戏，他们弄了一个巨大的月亮蹦床，还带滑梯。我买了10美元的游戏券，然后分给了两个孩子一人五元。我看着他们用这些票买小项链，还有彩色的沙子，然后他们就来到了那个月亮蹦床的地方，而玩蹦床需要花三张游戏券。我知道她们每个人手里就只剩下一张了。

啊哈！这下他们该好好学一学，应该怎样细致地安排好自己想做的活动，并且运用数学技巧来分清楚每项活动需要多少游戏券了吧。我看着她们走向了那个售票员，但是很吃惊地发现，没说了几句话之后，她们就把自己手上的一张游戏券交上去，随后踏上了蹦床的阶梯。

等到他们终于跳够了，穿上了鞋，回到我身边的时候，头发都已经被汗湿了，粘在额头上，两个人都是双颊通红。

"你们是怎样跑到月亮蹦床上的？"我问道，"我还以为你们的游戏券早就不够了呢。"

"哦，我当时就问那个售票员说，你愿不愿意收一张游戏券，然后放我们进去呢？"麦迪语气平淡地对我说。她从我手中接过自己的外套，然后穿在身上，随后我们就一起向外走去，我跟在她的身后，感到很震惊。

其实孩子远比你想象得更有能力，无论是应对小的人际交往还是大的人生抉择，他们都能找到自己的路，而他们所需要的只不过是尽情体验的自由罢了。

//////

有不少育儿建议指出，应该多给孩子选择，估计你也听过相关的言论，尤其是当一两岁的孩子，还有上幼儿园的孩子开始反抗父母的安排时，更要给他们足够的选择。如果是处在一个无力的局面中，那么有选择的话，就会令孩子获得几分力量。比如说，如果你们家的孩子，正处在上幼儿园的年纪，晚上哄睡的时候，你可以问他：你是想要先听故事还是想要先刷牙呢？早上出门的时候，你也可以问自己家一两岁的孩子，想要握着妈妈的手，还是想要拿着汽车的钥匙。如果他们坐进车里之后不想系安全带，那就问问他们想不想要扮演安全队长，而安全队长的职责就是确保在汽车行进过程当中，所有的乘客都系好了安全带。如果孩子对于某个事情比较抵触，而你却让他来负责这件事情，虽然听起来，不太符合逻辑，但是效果往往很惊人。

如果给孩子选择权并没有让孩子产生合作的意愿，那可能说明你只不过是假装给了他们一些选择而已，也许你给他们的几个选项，只不过是为了满足你的需求，并没有给孩子真正的选择余地。这是我飞到柏林顿去听郝弗尔的育儿课时，才意识到一点。

这个时候那为期 6 周的课程已经进行到第二次了，家长们看起来都已经上道了。郝弗尔在详细解说应该如何鼓励小孩子们培养独立性，家长们听得都非常认真。她建议大家要给孩子提供信息，而不是一味提醒孩子该做什么事情了。我们需要孩子开动脑筋，每一次都只教他们一件事情，并且给他们充分的练习机会。

"要给孩子机会来体验沮丧的心情，随后你就可以提出一些有益的建议或者是问题，比如说问问孩子，我们该如何解决这个问题呢？给孩子一些时间，就让他们沉浸在沮丧当中，如此一来他们才会意识到，自己其实是可以从这种情绪当中恢复过来的。随后你就可以提出建议了，可以跟孩子说，如果这么做的话，好不好呢？"她说。她像一个舞者一样，在教室里面来回移动，一边打着各种手势，一边把身体扭转成各种姿势，来强调自己的话。

"让学习的过程慢下来，我们总是很着急，嘴上说着什么快点，赶快把鞋子穿上之类的话，"她说，"他们应该要有时间好好坐下来，把鞋子一只一只穿上，还应该有时间揪出鞋舌，慢慢绑鞋带。你要好好观察一下，孩子到底需要多少时间，然后再去帮他们整理好。孩子的真实反应能够让你心里有数，随后他们也会学着你的样子来做这些事情。"

她举起一只手掌，掌面朝外，推向身体的一侧，用手势鲜明地表达出"退后"的意思。

有一个母亲说，她4岁的儿子不愿意洗澡，想问问有什么解决办法。

"那么你通常都是怎么办的呢？"郝弗尔问。

"通常我都会贿赂他，比如说洗完澡之后就会让他看电视剧，或者是吃个爆米花，"这位妈妈承认道，"我实在没办法对孩子说，好吧，你就这样脏一个礼拜吧。因为孩子其实并不在乎洗不洗澡或者脏不脏。"

"他在不在乎自己脏不脏，其实是无所谓的，因为你在乎这件事，你的目标是要让孩子洗澡，而不是让孩子关心自己脏不脏这件事。"郝弗尔说，"你的任务只不过是需要把外界的反应表现给他看，如此一来，孩子就能够掌握更全面的信息，再来做决定。"

"你可以这么说,孩子我不能强迫你必须去洗澡。我能告诉你为什么洗澡是有好处的,但我不能每天晚上都因为洗澡这件事来跟你斗争。是这么回事,洗不洗澡都是你的选择,而我也有自己的选择,毕竟你都是个大孩子了。我现在仍然愿意跟你一起读读书,但前提是你坐在那边,而我就坐在这边。"

随后她就做了个样子,假装一个小孩子坐在房间的一角,而妈妈隔了不少距离坐在另一边。

大多数家长脸上的表情都带着怀疑,不过有一个父亲点了点头。

"这个世界上并不存在,所谓好的选择或者是坏的选择,只不过是有些选择能够帮助你朝着目标迈进,而有些选择会阻碍你达成自己的目标罢了。"郝弗尔说,"这个时候孩子就面临选择了,我到底是想要跟妈妈在这儿为了洗不洗澡的事情争个不休呢,还是想要坐在妈妈的腿上听故事?嗯,我想要依偎在妈妈身边,那我现在就不能继续纠缠洗不洗澡这件事了。"

她解释说,如果孩子是因为得到什么贿赂才洗澡的话,就只能学会一件事,那就是如果自己不配合就能得到奖励。这孩子显然并不是因为怕水才不愿意洗澡的。郝弗尔提醒各位家长,孩子有可能连续三四天甚至五天都不会照着他们的期待行事。孩子可能需要如此反复好几次之后,才知道他们任着性子所做的选择其实是行不通的。

"这种情况会发生成千上万次,你得允许孩子真正作出选择,并且让他们知道,你也有选择,如此一来他们才不会觉得自己被迫做你希望他们做的事情,这样很难,但是对于孩子却见效很快。"

比如说你所遇到的是刷牙的问题吧,确保牙膏是他们自己所喜欢的,牙刷也是孩子亲自挑选的,此后刷牙就是他们的事了,你唯一的角色就是要决定,是要把孩子抱在怀中讲故事呢,还是在他们不刷牙的情况下,各坐在房间的一角,隔着一段距离讲故事。

有一位父亲想确认一下郝弗尔的意思,他说:"你所描述的这个方式其实并不是立竿见影的，因为你随后才会开始睡前读书，所以这件事情的结果会在读书的时候才显现出来。"

就是这么回事，郝弗尔说。如果你已经事先有了育儿问题的解决计划，并且确定这个解决方案是跟你所面临的问题有关系的，而且是合情合理并体现了对孩子的尊重的，同时这件事还是提前知会过孩子的，那你就把这个决定以一种实事求是的口吻摆出来。不要威胁孩子，也不要在孩子即将作出"错误"选择的时候，跟他们形容到底会出现什么样的局面，就让事情自然发展就好。

"那你打算什么时候挑明，跟孩子说清楚呢？"一位母亲问道。

"我没什么好挑明的，这个世界上的事情并不是先挑明再发生的，这个妈妈肯定已经告诉过儿子千万次了，嘴皮子都说烂了，告诉他每个人都应该洗澡。"郝弗尔说。

"好吧，我明白了，"那位提出疑问的母亲说，"所以你可以对孩子说，不一定必须做什么事情，但是两三个小时之后……"

郝弗尔可不希望家长们是这样处理问题的。她弯下身去跟之前发过言的那位父亲说话，用的是一种甜如枫浆的语气，郝弗尔假装自己是那位父亲的孩子。

"你不想洗澡没问题，但我等一会儿不会坐在你的旁边，"她说，"这听起来很容易激起孩子跟你进行亲子斗争的欲望，孩子就会说真的吗？"这时候郝弗尔把眼睛瞪得溜圆，模仿孩子的神态。

"这时候如果你说，不行，我已经告诉过你不会坐在你身边了，那孩子就会说，真的吗？那我偏要爬到你身上去不可！"

郝弗尔开始假装孩子拼命往父亲身上爬的模样，教室里的所有人都开始哄堂大笑。

"这样一来，这位家长下次上课的时候，肯定会告诉我们这个方法不灵。"郝弗尔说。

正确的做法是这位母亲应该表现得很低调，郝弗尔慢慢地向大家解释道，并且建议那位母亲这样说："好吧，我得说你现在都是个大孩子了。"接着郝弗尔说，"这时候孩子脑子里就忽然会意识到——哦，对呀，今天晚上该洗澡了，而我选择不洗澡，这就是我自己选择的结果，不过妈妈仍然会给我读睡前故事，只不过是读故事的时候坐得比较远而已。这样一来，孩子八成就会配合我们的期望来行动了。"

再强调一次，这个方案的关键就是要提前告诉孩子他们行为所需要承担的后果，而不是在争执的过程中直接甩出这个决定。等到哄睡之前，他们可能已经不记得你说过要隔着一段距离给他们讲故事，但是反复体验过这个后果，几次之后他们就会意识到这个情况了。

//////

9岁的玛丽安娜·卡伦正在打扫他们家那宽敞的门廊，随后发现了我，她立住不动了，蓝色的塑料扫把紧按在簸箕上，我的目光穿过一段陡峭的楼梯跟她对视，这段楼梯从便道延伸，一直通向大门。我身后在对面的场地里面，有人正在踢足球，他们每周日早上都踢足球。

"你好啊，"我对玛丽安娜说，"早上好。"

玛丽安娜的母亲卡米拉这时候站在屋外，手上拎着一个门垫，正在抖垫子上的灰尘。玛丽安娜继续扫地去了。

"刚才有人来了，孩子们跑到了门廊里，所以我们现在在简单地打扫。"卡米拉解释道，她头上戴着一个布艺的发带，把所有的头发都向后绑了起来。我看着门廊那宽阔的木头架，想象着孩子们是怎样躲在这些架子底下，这地方实在是很适合孩子们游戏。

"这么说当时你们跑到门廊上来了，所以回去的时候就把屋里踩脏了？"我问玛丽安娜，她点了点头。

"这里挺脏的，不过孩子们喜欢这儿，"卡米拉说，"他们喜欢这一整片地方，会搬着椅子，还有其他的东西跑到这儿来，这里超级脏，然后灰尘就会被带到屋里去。"

"我们昨天用泥巴捏球来着，"玛丽安娜说，她长得又瘦又高，跟妈妈一样有短而卷曲的头发，不过颜色比母亲的浅一些。"实在是太好玩了！"

"哦，原来你们昨天捏泥球了呀，现在我更明白为什么这里这么脏了。"我说。

科林把我请进屋去，随后端来了一杯咖啡，我就待在客厅里面等着他们打扫完。我在厨房和前厅之间来回走，瞥见了6岁的亚历山卓，他正挂在房子里面的楼梯上玩呢。他一看见我就冲上了楼去。玛丽安娜回到房子里，手上晃荡着一把蓝色的塑料水壶。

卡米拉也进来了，已经收拾好前厅了。她告诉我这场计划之外的大扫除，让亚历山卓不太高兴，因为亚历山卓通常会在周末的早上迅速地把自己分内的家务做完，之后就可以玩苹果平板了。他之前就跟父母说，只要我一来他就要藏起来。

亚历山卓果然是说到做到，我们在他自己的卧室里、卡米拉的家庭办公室里还有卡米拉和科林的卧室里都找不到他，就连阁楼上的游戏室里也不见亚历山卓的踪影。游戏室的两边各有一座轻型的弹出式城堡，一座是粉色的，而另一座挂满了马戏团的彩色横条纹装饰。卡米拉似乎知道亚历山卓通常会藏在哪里，于是走到每一个房间，都会去摇一摇厚重的窗帘，想要碰到亚历山卓那小小的身躯。

最后卡米拉在客厅里面发现了儿子，当时亚历山卓躲在玛丽安娜坐的沙发后面。他一被发现就溜走了，跑上楼去。卡米拉追在他身后，没多久亚历山卓就跟在卡米拉身后走下楼来，进入卫生间。他们两人准备了一块湿抹布，好让亚历山卓拿去擦里里外外门把手上的脏污。后来卡米拉告诉我，当时亚历山卓说他只要擦一个把手而已，结果他把两个都擦干净了。

打扫结束之后，一家人在客厅里面召开了一次家庭会议，当时奶奶瑞塔正在他们家做客，也就一起参加了这个会议。他们每个人都向其他的家庭成员这一周以来的某一个行为表示了感谢，随后迅速地回顾了一下这一周都做了哪些事情。我留下来跟卡米拉和科林聊天，而这个时候孩子们跟奶奶一起来到厨房。大概 20 分钟之后，卡米拉去厨房看看他们的情况，随后回来告诉我们玛丽安娜刚刚给自己还有弟弟都做了早饭。

我赶快跑到厨房去，看到亚历山卓扑通一声坐在一张餐桌椅上，用叉子戳着煎蛋和吐司。而这个时候玛丽安娜正踮着脚往微波炉里放马克杯。

"我听说你做好了早饭呢，"我说，"看起来真不错呀，你做的是煎蛋吗？"

"是的，"她说。随后玛丽安娜启动了微波炉，"我喜欢在牛奶里面加百分百的巧克力，这巧克力是尼加拉瓜产的，是奶奶买来送给我的。"

然后，玛丽安娜就把热好的牛奶端回了餐桌上，而这时候亚历山卓手边已经放着一杯巧克力牛奶了，两个孩子都一边吃饭一边慢慢悠悠地搅拌着自己的马克杯，亚历山卓是在用勺子搅拌，而玛丽安娜用的是一根小巧的金属搅拌棒。我们聊了聊女童军和露营的事，后来亚历山卓晃晃悠悠地离开了餐厅，玛丽安娜走到了原本弟弟坐的那一边。

"现在我要搅拌弟弟的这一份儿了，"她说。她开始用搅拌棒搅亚历山卓的巧克力牛奶，随后喝了一大口，"挺好喝的，不赖。"

她又搅拌了一会儿，然后说道："亚历山卓，你的巧克力牛奶好了！"

"真的吗？"他脸上带着一个大大的微笑，跑进了餐厅。

//////

现在来说说家庭作业吧，我真希望这世界上从来都没有家庭作业这个东西，有无数的证据表明，家庭作业对于中学以下的孩子来说是没有用的。回想一下有关玩耍的研究，我们就知道，其实年纪小的孩子在户外跑一跑，跟兄弟姐妹和朋友一起玩耍，或者是自发探索阅读、音乐或者美术的魅力，实际上会更有好处。所以我对各位的第一个建议就是，不要太过担心家庭作业的问题。

当然了，大部分的家长都要面对这样一个事实，那就是老师会希望孩子们都完成家庭作业。这样一来，孩子心目中学校跟家长之间的联系会比较紧密，因此你最好不要折损老师的权威。

跟孩子商量好有关家庭作业的规矩和日程，孩子应该在什么时候或者是什么地方写作业呢？要花多长时间来完成呢？如果作业做不完的时候，什么事情就要向后推呢？比如说做不完作业，那么玩电子产品的时间就要推迟。对于不同的日程，要保持开放的态度，让孩子多多尝试来选取一个最适合自己的安排。有的孩子比较适合一回家就直接坐下来写作业，而有的孩子需要跑着先玩一会儿，因为他们在学校已经坐了一整天了，也学习一整天了。

一旦你跟孩子商量好有关家庭作业的规则，那就要坚持，不要随随便便就更改。也许你们商量好了，家庭作业应该在30分钟之内完成，那就定好倒计时。通常来说，孩子上几年级就应该花几十分钟来做作业。定时器响了之后，孩子就可以离开书桌了，定时有助于防止孩子磨蹭。依据我一个成年人的经验，在做某一件事情之前，先预设好相应的时间，那么这段时间就会被充分地利用起来。孩子很快就会学到，要想把所有的事情都做完，那就要保持高效和专注。

要积极跟校方争取，我的家庭很幸运，因为孩子们的小学校长曾经读过有关家庭作业的研究，而且校长相信自由玩耍是有价值的，并且认为放学之后加强亲人之间的联系是很重要的。于是校长鼓励老师们尽可能地少布置家庭作业。

阿娃在四年级的时候遇到了一些拼写方面的困难，每个星期都会收到一个清单，上面列着20个单词，而且要完成5份不同的家庭作业，好记住这些单词，来应付每周五的单词测验。她会用不同的颜色抄写单词，也会做纵横字谜游戏。阿娃很讨厌坐下来抄写单词，尤其碰上天气好的时候，她就更烦躁了。有的时候她会不顾我们的坚持，只完成其中的一项作业，而结果却是她一直都能在单词测验上取得非常好的成绩。

她显然不需要那些额外的作业，也能学会所有的单词，她不想要承担那些繁重的课业任务，其实是很有道理的。于是我们坐下来跟阿娃的英语老师聊了聊，最终同意她可以每天只学单词 10 分钟，而到了第二天的时候，写了什么就给老师交什么。如此一来问题就解决了。

如果你们家孩子的课业负担太重了，那就跟老师反映一下，并且跟老师分享你所观察到的实际情况。比如："我的孩子从下午 5:00 开始就坐下来做作业，一直做到 6:00，然后就再也坐不住了，没办法集中精神。"

请老师帮忙一起解决这个问题，大部分教育从业者在遇到家长真诚的问询时，都能够比较妥善地解决相关的问题。你可以提议在未来的几周当中，帮孩子减轻家庭作业的分量，如果老师注意到在这个试验的过程中，孩子的功课有所提升的话，可能就愿意少留家庭作业了。

最主要的原则是家庭作业是孩子的责任，而你不应该帮孩子修改错误，或者是辅导作业。家庭作业是老师评估孩子们课业学习成果的方式，并不是为了测验你自己的二年级数学水平的。当然了，如果孩子想让你帮忙简单地指导一下，你是可以提供相关的信息的，你也可以适当地观察孩子是不是处在学习的正确轨道上。既然孩子要为自己的家庭作业负责，那么他也需要为家庭作业的分量负责。如果孩子一直没办法在合理的时间范围内完成家庭作业，那就应该让老师知道这个情况。我们社会当中，加班文化已经非常猖獗了，你可千万不要再做帮凶哦。

这种处理方式可能会显得很激进，但如果你从孩子一年级、三年级、六年级或十年级起开始，就接管了他的家庭作业的话，那什么时候算个头呢？你的孩子什么时候可以自己负起责任来呢？独立完成作业这个目标看起来挺高，但是如果孩子尽早朝这个目标进发，就会更容易一些。如果在孩子整个高中期间，你都在主导他家庭作业的完成情况的话，那么孩子上了大学要怎么应付呢？

现在就把责任交还到孩子手上吧，你可以在制订家庭作业的计划和作业质量追踪体系方面为孩子提供相应的帮助，然后就应该放手交给孩子自己处理，越早实现这方面的权责交接越好。

有一个朋友家的孩子对于家庭作业特别抵触，所以她来咨询我的意见。她的孩子只完成最少量的作业，书写极为潦草，甚至根本不在乎老师会不会对自己的作业不满意，也不在乎自己的成绩是不是会下降。"我应该要怎样修正他们的态度呢？"她问。我建议她使用本书第6章、第7章和第8章当中提到的工具，以便修复亲子关系，同时培养孩子的能力，比如在家庭成员之间用相互尊重的态度聊一聊有关教育的看法，明确指出孩子进步的地方，并且注意搜寻孩子在学校之外的学习兴趣点。

给了这些建议之后我不得不说，孩子对于写家庭作业不上心其实是很符合发育特征的。有很多的家庭作业都很无聊而且没用。大多数老师也对于家庭作业并没有那么在乎。不要坚持认为孩子对家庭作业的态度应该有所改观，更不要因此而认为孩子原本精准的判断其实是有问题的。他们并不是一定要爱上家庭作业，才能够承担起完成作业的责任。

在麦迪上三年级的时候，我意识到了这一点。各位读者应该都知道，我以前是个好学生，一直都成绩拔尖，用漂亮圆整的字母写作业、写下一串一串整整齐齐的数字，都会让我很享受。给字母 i 加点的时候还有给 t 加横的时候，我总是很开心。

不过我的孩子不是这样的。

麦迪上三年级的时候，老师告诉我们她对于学习没有什么动力，而且比较懒散，她只花了一点点力气来学习，成绩也只是刚刚够得上中游而已，但是标准化测试的分数显示她其实完全有能力取得更好的成绩。我们跟老师通了好几个月的邮件，都很纳闷为什么麦迪的成绩一直在持续下降。她会因为许多情况而惹麻烦，比如在课堂上说话、在本应该写作业的时候在书桌底下藏小说偷偷读、传纸条，还有捉弄自己最好的朋友，等等。老师汇报的这些情况跟我们在家看到的实在是非常不匹配，因为她在家里的时候特别愿意帮忙，也很有能力。最后，我们听从了我嫂子的建议，她是一名小学老师，我和布莱恩两个人要求旁观上课的过程。

我所看到的情况，令自己很震惊。眼前的一切跟我印象中的三年级一点都不一样，孩子们没有办法在课桌前坐超过 30 分钟。老师们也不再向全班同学统一下指令了，现在孩子们都被分成好几组，每个组里面有 6 名学生。在一个为期两个小时的综合学习模块当中，每隔 20 到 30 分钟每一组都要交替任务，一开始可能围在老师的讲台旁边、以小组的形式在听课，随后可能会坐在地毯上跟一个伙伴一起玩学习游戏，后来还有可能会回到自己桌子上进行独立作业。

除了跟老师直接接触的那段时间，她本应该集中精神来做那些没有老师参与或者进行评估的活动。在这个过程当中有许多的作业单是不需要上交的，即便是交上去，老师也仅仅是用一个对钩来打分。怪不得麦迪觉得上学很无趣，而且也没什么用呢！怪不得她一旦发现有机会可以跟朋友聊天，或者是玩个恶作剧，就想要捣乱了。

这一次经历让我对于当今时代教育的看法发生了转变，也对于自己孩子的看法发生了转变。如果是我坐在那个课堂里的话，可能没什么问题，因为在写作业的时候我能够从内心找到一种乐趣。但是对于麦迪和阿娃来说却不是这样，她们四分之三的学习时间都浪费掉了。

经过无数的讨论，又观摩了许多学校之后，我们最终把两个孩子都转到了私立学校去,那里的课容量更小,而且课后作业量也更少。我知道能把孩子送到别的学校去是一种特权,但即便是在我参观过上课情况之后,两个孩子仍然在公立学校就读的三年当中,我的思维观念也完全转变了。我不再认为女儿们身上有什么非得马上解决的问题,我会把孩子们相对一般的学业成绩,当作是她们本身的性格跟班级环境不相匹配的标志。我们可以采取不同的措施来攻克这个难题,同时提升她们及时完成各项学业任务的能力,但是有一些压力点仍然存在。我接受这一点,同时不再向自己的孩子散发有言或无言的信息,不再表示她们身上有问题。

现在麦迪上七年级了,终于开始对于家庭作业上心了,也在乎自己的学业表现了。大部分时候当她回到家里,就已经完成了部分的作业了,随后她就会跟狗玩一会儿,或者是跟妹妹一起吵吵闹闹地撒撒欢,接着就会安生下来,继续做功课。

偶尔她也会对放学之后的这个流程有所抱怨或者抗拒,不过总体来说,都在正确的轨道上前进着。事实证明,当麦迪有所挣扎的时候,都是因为遇上了某个学业上的问题,比如说,不明白某一个数学原理,或者是某一个项目实在是太过庞大,让她不堪重负,需要别人帮忙来引导她把项目拆分成几个不同的步骤来执行,而出现这样的情况时,我们必须要有充足的耐性。在这种情况下给孩子施加压力是没有什么帮助的,只不过会给他们的自我形象打上一个懒散坏学生的标签。

//////

亚历山卓正坐在一边,紧盯着自己的苹果平板,全神贯注地玩一个根据动画片《疯狂赛车城》改编的游戏。开放式厨房里这时候传来定时器的鸣叫声。

"好啦,亲爱的,已经15分钟了。"他妈妈卡米拉用西班牙语说,提醒儿子他们已经商量好的规则,家里一致同意放学之后可以玩15分钟的电子设备。

"没有，没有，还不到嘛，"亚历山卓这样对妈妈说，他在华盛顿特区的一所公立学校就读，现在身上还穿着校服，上身穿着超大码的黄色上衣，下身穿着松松垮垮的裤子，"我想要……"

"你想要干什么？是不是想要来帮忙呢？我现在要开始洗菜，然后做晚饭了。"

"对呀！"他回答道，然后作势要把苹果平板拿开。

"好吧，亚历山卓，我现在要把苹果平板收起来了。"卡米拉说，随后走到了桌子旁边，伸出一只手要去拿苹果平板。

"不要嘛！我马上就打完这一局了。"

"你还有一分钟的时间，然后我们就要把苹果平板收到一边了。"

"什么？哦，现在我知道是怎么回事了，大家都赢了，梅特做了一个开心的表情。"亚历山卓说，"只要我打赢的时候，他就会表现得很开心。"

"好啦，可以啦。"她说。

他们家厨房的墙面上有一块巨大的黑板，上面用粉笔写着购物清单、需要讨论的问题，以及家庭活动的时候应该做什么好玩的事。在黑板旁边挂着一个薄薄的卡片，每个孩子都用蜡笔画出了他们早上都应该做哪些事情，比如说吃早饭、刷牙、整理书包以及穿鞋，同时还有放学之后要做的事情，从做作业、干家务，到自由玩耍的时间等等。坐下来玩苹果平板之前，亚历山卓就已经安排好了下午要做的事情，先做作业，然后清理餐桌，只有完成了这些事情之后，最后才可以玩15分钟的苹果平板。

"好吧，你想不想要帮我一起准备晚餐呢？"卡米拉问儿子。

"想。"

"那我们就去吧，让我看看……"随后卡米拉就转身回到厨房，看着自己早些时候在台面上摆出来的那些食物。

亚历山卓终于关掉了苹果平板，开始琢磨食物的事情。"吃热狗吗？"他用英文问妈妈，站起身来把苹果平板放到一边。然后他一路小跑到水池边，看妈妈在干什么。卡米拉对于家规的冷静坚持终于有成效了。她既避免了把事情搞成亲子权力斗争，同时也并没有放弃规约的底线。

"不，我们不吃热狗，"卡米拉面带微笑地用西班牙语回答说，"你想不想要拿起刀来帮忙切菜呢？你愿意吗？"

"可是我不想洗手了。"他也用西班牙语回答道。

"我们之前准备零食的时候，你洗没洗手呢？"

"洗过了。"

"洗过了是吗？那就好，说明你的手已经很干净了。"

亚历山卓拿着一个碗来到厨房的操作台旁边，随后又搬来了一个凳子。然后母子两人就一起开始洗西红柿了，这个是当天晚餐沙拉的食材。接下来他们还要一起洗孢子甘蓝、绿皮西葫芦，还有南瓜。

//////

对于兄弟姐妹之间的争斗，有一个最好的、绝对保证有效的解决方案，那就是只生一个孩子。

如果你的孩子已经有了兄弟姐妹，那一切都太迟了。他们需要自己把相互之间的关系捋顺，而在这个过程中肯定会拌嘴，甚至会产生肢体冲突。而这些摩擦并不一定是坏事。这就好像小熊崽和小狗崽一样，想要学习社交和相处的界限，就得通过相对粗暴的游戏方式，小孩子们也需要通过这个试错的过程，来搞清楚人与人之间的相处是怎么回事。

当你开始广泛使用建立联结的各项工具，比如说跟每个孩子单独相处、言语上的鼓励和日常欣赏与表达感激等，也就在家里营造了温暖和紧密关联的氛围。当你不再给孩子贴标签的时候，他们就不会觉得一定要跟自己的兄弟姐妹分个高低胜负了。兄弟姐妹之间的争斗渐渐地会越来越少。

说完这些基本的方针之后，我们当然还有一些额外的方法，可以帮孩子把他们的精力集中在更加有效的事情上。

最关键的是，尽可能不要插手兄弟姐妹之间的争斗。不要选边站，不要变成孩子们摩擦的裁判。只要你的孩子已经超过了一两岁，而且能够自己保护自己，那么你只需要在孩子流血或者是骨折等危险时刻出现就够了。孩子们吵架往往是为了获取你的关注，如果不是的话，那他们也很有可能只不过是打闹取乐而已。

有一回我的两个孩子走进厨房，而那个时候我正在做晚饭，他们两个时不时就戳对方一下，或者踹对方一脚，我的脾气上来了，这是一个忙碌的工作日的傍晚，我可不想看着孩子打架，可是正当我打算说点什么的时候，其中一个孩子却咯咯笑了。我意识到他们打来打去只是为了好玩而已，于是就把他们轰到了另外一个房间，继续准备晚餐了。就是从那一次起我才意识到，孩子们打来打去也可以只是为了好玩。

你要把自己的注意力放在自己可以做的事情上，比如说，离开房间或者是戴上耳机听一些令你心绪平静的音乐。如果你觉得自己有必要干预，那就要保证对孩子一视同仁，如果对他们的摩擦进行评判的话，不要只站在其中一个孩子的一边，这样只能激起孩子的逆反心。

如果要跟孩子说点什么，那就提供一些有可能帮助他们解决争端的信息，比如："我发觉玩具是引起这个问题的源头，那我现在要把玩具收起来了，如果你们两个达成了一致的意见，想要一起玩这个玩具的时候，我会很乐意再把这个玩具拿出来。"

家长培训课程的创始人琳达·杰瑟普有一个关于兄弟姐妹争斗的规矩，那就是，但凡有摩擦，都只能发生在自己家的屋子之外，无论外面是什么天气。孩子们有两个选择，要么就到外面去吵去打，要么就在屋里心平气和地解决争端。我们家里有一阵子也借用了这个规矩，当孩子有矛盾的时候就把他们赶到屋外的草坪上去自己解决。当然，只要你看到两个孩子齐心协力地玩耍，或者是对于彼此表示感激的时候，不要因为害怕影响了这个美妙的时刻，就只是对自己笑一下，然后溜出房间去。你要对这些行为表示强调和鼓励，并且明确地说出来。这样一来你就可以开始促使孩子们手足关系产生改变了。

//////

我们家那只白色的哈瓦那宠物狗冲了出去，跑到了草坪的一边，开始逗耍一只我之前都没注意到的知更鸟。那只鸟直接飞上了树枝，我跟着狗一起跑，想让它穿过草坪，然后我就感觉到自己的袜子渐渐湿了，这才意识到草坪之前刚刚洒过水，还没有干。

"我们回屋去吧，"我对狗说，"我给你弄点吃的。"

它立刻跑上了门前的台阶，我走进房子里面，然后看了看表，这个时候是早上 7:43。整个房子都很寂静，我把狗链子挂起来之后就走进了厨房。

"嗨，妈妈。"10 岁的阿娃对我说，看到她已经起床了，我有点吃惊，因为我去遛狗之前她还躺在床上。阿娃平时很喜欢赖床，但是现在她已经穿好了短裤和汗衫，不再披着浴袍了。头发也绑成了她惯常的马尾辫。

这时候 13 岁的麦迪摊在餐厅里靠窗的在椅子上，冲着自己的手机微笑。

"早上不能玩手机。"我斥责一声，然后就走到垃圾桶之前把装狗屎的袋子丢了进去，让自己尽量保持冷酷的样子。

"我想咱们是不用去吃贝果了，"我尽量使自己的语气保持平稳。出门遛狗之前，我给每个孩子都送上了早安吻，并且告诉她们，如果想要去最喜欢的那家贝果店买吃的，那么她们就需要在早上 7:40，也就是我遛狗回来之前准备好。

"我马上就好。"麦迪叫了一声,把苹果手机关掉,同时伸着懒腰站了起来。

"我倒是希望咱们能去。"我对她说,仍然保持着语调的平稳。然后把一些剩下来的咖啡,倒进一个马克杯里,放到微波炉里去加热。阿娃在我身边绕来绕去,想从吐司烤箱里面拿自己的牛角面包。

"他妈的搞什么啊!"麦迪嚷嚷起来,我转过头却发现她的脸都变红了,头发还因为睡觉而乱蓬蓬的。她握起了拳头嚷嚷,"你妹的阿娃,你妹的……"

"如果有人一直说脏话或者是直接动用武力的话,我们肯定就不会去贝果店了。"我重申了一条基本的家规,"很遗憾,你感到失望了,亲爱的,要不你拿一个牛角面包,然后到车里去吧?"我对自己说要表现得坚定而友善,继续按照早上的日程进行就好。

"光吃一个牛角包饱不了,我还需要吃一个贝果。今天我要在那个傻乎乎的音乐剧排练期间坐上一整个上午,什么事都干不了。"

"我以为你要参加贝斯的练习呢。"

"我只需要弹四首歌,而总共排练还有另外36首歌,"她嚷嚷道,仍然站在餐厅中间,两条腿扎了根似的,拳头仍然握得紧紧的。"我甚至都不能弹那四首歌,那歌实在是太无聊了,我不要去上学了,我就待在这儿。"

别接这个茬,我对自己说,如果你要跟孩子争论的话,只会让她这个不听话的行为更严重。我说了一些同情的话,然后就走回前厅去了。阿娃在我身后一溜小跑地跟着,把自己在学校用的苹果平板装进背包里。"你可以帮我把睡袋拿到车上吗?"她问,放学之后阿娃要参加一个朋友的留宿生日聚会。

"其实你可以分两趟把东西运到车上呀。"我对孩子提议。

麦迪嘴里一直在骂人,气冲冲地超过了我们两个。她砰砰砰地跑上台阶，愤怒地把自己把房门打开，"全都是阿娃的错。"她嚷嚷。

"请你不要摔门。"我一边说一边走回厨房去，从微波炉里拿出咖啡。我在咖啡里面加了一些甜菊叶，还有牛奶，洗了个苹果，准备当早餐。

砰砰，哐哐。

麦迪又气冲冲地跑下楼来，回到了餐厅。从椅子上一把抄起自己的手机说："去你的手机！全都是你的错！"她跑到房子的后半部，那里是孩子们的阳光房，里面堆着许多乐高。"我要把这些东西全都扔了。"

我试图对那些乒乒乓乓声音充耳不闻。我在宠物狗的碗里放进狗粮，阿娃很快就把牛角面包吃完了。

麦迪又跑了进来，脸上挂着两行泪。一下瘫坐在沙发上，开始抽泣："我实在是太累了，昨天晚上一点觉都没睡成，因为爸爸一直在咳嗽。"

"哦，那实在是太糟糕了。"我说。

然后我就停住了话头。

要不要过去抱抱女儿呢？她会不会直接把我推开？麦迪现在长到13岁，身体却前所未有的结实，虽然说仍然像以前一样苗条，但是却变得更加壮实了。麦迪已经不是一个小姑娘了。

"而我现在把大家的早上都给毁了！"她开始号啕大哭。

我走了六步，来到沙发前，坐在了她身边，伸出手揽住了她的肩膀，并且亲了亲她那沾满泪痕的脸颊。她把脸转过来，埋在了我的颈窝。然后我就用两只手抱住她，说："你并没有把我们的早上都给毁了，现在才 7:57，这一早上还长着呢。"

麦迪哭得更凶了，我最后紧紧抱了女儿一下，随后站了起来。"我知道你现在很沮丧，我希望你最后决定要不要跟我们一起出门。"

当我穿过房间的时候，她哑着嗓子说："我这就来，请不要不等我就走了。"

那时候已经是4月份了，从前一年的10月份开始我们就在努力地完善早上的日程，这时候我们两个女儿都上了中学，我有点怀念她们还在上小学的日子，那个时候如果她们磨磨蹭蹭，没有赶上我的车，就只能自己走到附近的小学去上学。后来我们终于一致同意，如果要搭妈妈的车去上学的话，就要在早上8:00出门，车会准时出发，无论孩子们赶得上车还是赶不上车。这一年当中，阿娃错过了几次早上搭车的机会，于是只好在家不耐烦地等上好几个小时，直到我或者是我父母当中的一个人，能够开车来送她去上学。而麦迪从来没有错过任何一次搭车的时间。

这时候阿娃正站在前厅里面，上半身被背包压得有点垮。"我来帮你拿睡袋吧。"我说。

等我回到房间里来拿咖啡还有健身包的时候，麦迪已经在操作台旁边往牛角面包上涂黄油了，我站在她的身边。

"对不起，妈妈。"

我一把揽过她的肩头捏了一下，说："我接受你的道歉，我也应该早点遛狗回来的。"

我把自己的东西都拎起来，然后走到了旁边，晚一点再跟她探讨骂脏话的问题吧，麦迪回来的时候也会把自己撞倒的桌子还有凳子都整理好的。她还违反了我们另外一项规定，在完成功课和家务之前就开始玩手机，也就意味着当天不能享有15分钟的电子设备玩耍时间了。

我们又重新回到了正轨上来。

PART 3
"学徒型"养育模式的实用技巧与建议

//////

养育孩子都是有相似性的，
孩子需要在你有爱的指引下，
在生活中进行长期学习，这期间是没有捷径的。
我们的任务就是孩子取得胜利的时候为他们欢呼，
在他们跌倒的时候把他们托住。
同时为孩子祈祷他们能够迎来强劲的离岸风，
让他们加速向自己的目标前进。

10

放弃做完美父母，但要努力成为孩子的榜样

我们会把自己的烦恼传递给孩子，这已经不是什么秘密了。在我还没有开始钻研那些孩子是如何从父母那里遗传到焦虑的研究之前，我就知道自己的不少恐惧之处与小癖好是跟我的父母有关的。其实这个没什么关系，我们每个人都有自己的古怪和软弱之处，这才是有血有肉的人。问题的关键是要了解你自己，知道有哪些事情对自己来说有挑战性，并且学着去掌控相关的内容。为了尽可能地利用好这本书、好好运用神经生物学以及行为科学的有效资讯，并且借鉴郝弗尔、格林以及善用家长培训课程和PAX的成功经验，你首先需要应对的其实是你自己。

对我来说，致命的弱点在于追求完美，我总是想要寻求正确的答案。在我人生当中的绝大部分时候，但凡遇到什么急不可待的问题，总能够在某一本书中找到答案。

早在2003年我怀孕的时候，就读了《海蒂怀孕大百科》《写给闺蜜的孕期指南》《梅奥医学指南：健康孕期全知道》。我会关注自己所摄入的食物、练习孕妇瑜伽，还会每周参加一次产前游泳课。孩子出生之后，我参加了一个新手妈妈互助营，非常认真地听取大家的经验，想要在她们试错的过程中，探寻对于自己来说有用的育儿路径。

我要在当妈妈这件事情上做到一百分。

也许你已经清楚，这并不是一个容易达成的目标。在孩子们被小布包裹着、嘤嘤啼哭的时候，甚至早在他们降生之前，就足以带给我们很多意外了。如果家长很外向而且喜欢社交，则有可能会遇上相对小心内向的孩子。如果家长内向而柔和，则可能需要应付一个精力充沛、特别喜欢制造混乱的小恶魔。

我必须要放弃自己心中那个想要当一百分妈妈的目标，我没有办法保证自己的育儿策略时时刻刻都是正确的，更没有办法随时都准备好处理紧急情况的预案。我必须告诉自己，不要再去琢磨什么培养完美小孩的终极方案，也不要妄想有什么办法能够让孩子一辈子都优秀、直到长大成人后也不犯错。与此相反，在养育活生生的人的时候，我必须要学会培养自己的耐性。

现在我的育儿目标转换了，变成了跟孩子齐心协力、帮助他们分清楚自己的目标、从而达成这些目标，同时也需要制定规矩，以此彰显我们家庭的价值观，并且保证他们的安全。与其试图在某一本育儿书当中找到一劳永逸的解决办法，我反而会从不同的渠道广泛汲取资源，随后就在现实生活中进行测试。每天早上我都抱着积极的心态醒来，认为我跟孩子能够在这一天当中比前一天合作得更无间，而当我遇到从未料想过的困难时，就会深吸一口气，然后想办法解决问题。每天晚上入睡之前，我都会思索第二天可以继续尝试的办法。

这种育儿模式并不是放任不管，《失败的礼物》以及《如何让孩子成年又成人》之类的书都写得不错，这些书都鼓励家长不要再过度关照孩子，要遵照孩子本来面目，让他们自然成长。我虽然同意诸如此类的育儿书当中的概念，但是很担心家长们看过这些书之后，会误以为应该放任孩子做一切事情。如果让孩子随意使用电子设备的话，他们很有可能一整天都在一边打游戏、一边吃垃圾食品。作为家长，我的责任是在保证健康的前提下，帮助孩子发现他们自己的兴趣点，如此一来，他们就可以在 18 岁的时候，长成一个有能力、有自主意识并且能够控制自己的年轻人。

我们需要帮助孩子明白他们内心有着怎样的情感和压力，并且帮助孩子发掘适用于自己的调控工具，从而应对好这其间高高低低的旅程。除非我们能够直接面对并且搞清楚自己的内在情绪，否则是不可能给孩子任何情绪调控方面的帮助的。

关于这一点，我曾经受到过震撼教育。有一天刚放学，我那情绪紧绷的大女儿就宣称："我今天过得特别有压力，现在都受不了了！"一边要应对放学后加餐的混乱场面，一边还要应对精力充沛的妹妹跟她打打闹闹，麦迪已经到了崩溃边缘。

但是我却能够从她那充满烦躁的声音当中听到自己的痕迹，无论是麦迪所说的话，还是她所用的语气，都是我对她们用过的。如果孩子们太吵了，或者我自己没有睡够觉的话，就会觉得濒临崩溃边缘、神经过敏外加行为失调。但是我却并没有选择控制自己的情绪和行为，反而责怪环境，甚至是责怪自己的孩子，这简直比责怪环境还要糟糕。我得学着，无论面对任何情绪的时候，都能够坦然接受，并且为孩子树立自我管理的榜样，这样孩子才能有样学样。我意识到当自己决定为母时，就已经失去了在情绪受到伤害或者是自尊心受损时幼稚任性地发脾气的权利。从那之后，我尽可能努力地改变自己的措辞："我现在觉得压力很大，需要5分钟出去走走，好让自己冷静下来。"

作为一个家长，想要追求完美以及固守成规的愿望总是在拖我后腿。每个家长都背负着自己的负担，也许你需要控制焦躁或者是情绪失调。根据政府的报告来看，美国成年人在一生当中，有29%会经历一次焦虑失调，有15%的成年人会染上滥用药物。

除了那些确诊过的情绪问题之外，其他情绪危机也有大把的泛滥空间。也许正如卡米拉·卡伦一样，你的孩子也会在大发雷霆的时候，把自己的怒火都发泄在你身上、使劲拍打你的胸口。又或者只要你遇到别人跟你大声说话或者是抱怨的时候就如临大敌。也有可能你的家庭环境不允许任何人表露消极情绪，更不会对消极情绪进行任何讨论。

如果你还没有尝试过花时间来解析自身在沟通途径以及人际交往习惯方面有什么不适的情况，那现在就花一点时间来研究研究吧。要找到方法来控制这些问题，同时尽可能想办法降低这些问题对孩子的影响。如果你想要控制孩子使用电子设备的时间，那么也是同样的情况。在要求孩子怎么做之前，我们必须看一看自己在使用电子产品方面为他们树立了怎样的榜样，同时对自身使用电子设备的行为进行调整。每个家长的办法可能都不一样，有些家长会做几次深呼吸，把自己稳住之后，再想办法用一种建设性的方式来应对育儿问题。还有一些家长会在感到愤怒渐渐失控的时候出去跑一跑，或者是去树林里面遛遛狗。有些家长会在判别清楚孩子是真的处于危险之中，还是自己内心因为孩子的某些行为而产生了莫名的恐惧之前，先抑制住自己想要大声警告孩子不要干吗干吗的欲望。你的孩子在每一天当中的每一分每一秒都在观察着你的行为，所以你要想清楚自己希望孩子将来怎么养育他们的小孩，从而以相应的标准来要求自己。

对很多家长来说，要实现这种转变，很大程度上取决于我们能不能搞清楚，我们有多少冲动是源自于有关"其他人会怎么看我"的忧虑。你需要注意自己对于"怎样才算是一个好的家长，以及孩子应该要表现出怎样的行为模式"这个问题是怎么看的，同时要对于自己的这些看法提出质疑。把这些念头放下，有可能会解决部分的家庭争端。

我们前9章都把关注点放在孩子的行为上，现在就利用这一章、抓紧机会聊一聊成人的行为。我要向大家分享自己是如何不再追求完美，同时也分享另外一位母亲是如何掌控自己的焦虑和抑郁，以便确保自己的孩子不会遗传她这些内心纠结的。通读本章之后你就会发现，榜样的作用对于孩子来说有多么大的影响，你会意识到花时间来探索自身和学习应对生活的新方式，究竟有多大的价值。

//////

一块雕塑粗糙的木牌上面标示着"这边走",指出了通往山云禅宗中心的路。这个禅宗中心坐落于圣达菲外基督山山脉荒芜的山麓,沿着蜿蜒的山间小径走过一圈之后,我发现了禅宗的沉思室。它就坐落于茂密的松柏之间,在这岩石遍布的沙漠地带显得异样葱郁。这栋黏土筑就的建筑彰显着典型西南部建筑的风格,隐没在一个狭窄的三角地带,那情形就好像是日本庙宇一般的神秘所在。

山姆和弗兰西斯卡·麦克米金都长着金色的头发,一路在前面领跑上山,我跟在这两个孩子身后,而他们的母亲香农·麦克米金就走在我身边,边走边向我介绍家庭僧伽是怎么回事,这其实是一个由家长和孩子共同组成的社群,他们会短暂地聚在一起,随后就分别去参加各自静修的冥想课程了。香农是一个苗条的金发女郎,下身穿着深蓝色的紧身裤,上身是一件粉色的T恤衫,外搭羊绒罩衫。我们一起走进了沉思室那金棕色的双开扇大门。我们把鞋子留在小门房里,然后就步入了正殿,正殿里有一排排的窗户,明媚的春光透过窗户倾泻进来。我们走进最深的一间房间,那里似乎布满了金色的木头和光线,正立着一座小型的青铜佛像。

这一群人一共有10个大人和8个孩子,大家都渐渐安定下来,爬到及膝高的、围墙而建的深褐色木质平台上,有些人跪坐在棕色的蒲团上,整个房间渐渐安静下来,我也挑了一个地方坐下来。

在入口的地方,孩子们挤来挤去想要在自己的朋友身边找个地方。7岁的山姆正在摆弄一个非洲食蚁兽造型的毛绒玩具,还有一罐闪着诡异光芒的液体。罐子从山姆的手中滑落,盖子弹飞了,发出嘭的一声。甘油和香皂的混合体,渐渐渗到了沉思室那满是泥土的深色地板上。

"妈妈,山姆拿的那个东西炸掉了,洒得满地板都是!"10岁的弗兰基嚷嚷道。

"什么？"香农正坐在冥想蒲团，这时候扭过头去看，面颊染上了两片红，她喉咙发紧，心跳加速。深深地从鼻子中吸进一口的气，然后缓缓从噘起的嘴巴当中呼出来，她管这个方式叫"吸管式呼吸法"，好让自己的生理起伏平静下来。

"哦，香农，这对地板可不好。"泰里说，这是一位稍稍年长的女性，有一头剪得非常短的白发。

"罐子就这么倒了！"山姆号啕说。

"我知道，我知道，"香农回答道，走到了儿子身边说，"把盖子捡起来，然后我们得把这里清理干净。"

山姆一把抓起瓶盖，随后递给了妈妈。香农从邻近的厕所里面拿出一块抹布，然后就跪了下来。她把那些黏糊糊的东西弄起来。山姆原本想要跟静修的朋友分享这罐子里的东西的，那是他自制的静修工具，里面绕来绕去的零星闪光代表着自己脑子里的压力。香农又做了一次深呼吸，提醒自己只要正视席卷而来的焦虑和窘迫的感受就好，只要注意到自己内心那个自我挑剔的声音就好，注意到它一直在谴责自己应该事先把罐子盖给粘结实，注意到这一切之后再冷静地转换成解决问题的模式就好。

"我们现在一起唱一首歌，"领队带着大家继续进行下午课的练习。香农使劲擦着地板上那些闪亮亮的东西，她的导师凯特·雷诺兹就坐在房间的正中央，开始领唱。

自从 20 世纪 60 年代开始，就有很多对于东方冥想感兴趣的人把这个方法引入到美国，小学校就如雨后春笋般涌现出来，其教授的内容包括内观或静修、禅修、香巴拉、打坐、密宗、唱诵、气功、太极、超验乃至于瑜伽等，它们都包含着类似的元素。

通用的一个训练方法是静静坐着，然后让自己的思绪集中到一点。目标就是要尽可能地感受当下，而不是在过去盘桓或者是为将来做打算。有许多地方需要关注，包括呼吸、言语、老师的声音以及身体的感受和周围的声响，如果是散步冥想的话，还需要注意你的脚步。你的思绪自然地会上下翻飞，而当大脑走私的时候，你只需要把它拉回当下冥想的目标就好。这属于心能的练习，可以增进内心意识。

常常练习冥想的话，你的心智就能生发出一种韧性和力量，以此来应对日常生活中的种种挑战。因为常常练习的缘故，你就可以立即回到平静的状态，这样一来，当你需要冷静应对危机的时候，就会比较游刃有余。

我 15 年前就开始对静修冥想感兴趣了，因为有证据表明静修冥想可以提升幸福感，而且还能治疗失眠、焦虑和抑郁。更何况还有许多研究表明，那些常年坚持冥想者的大脑学习力更强、处理信息更厉害。

我就曾经试着通过在线音频指导进入冥想，也尝试过面对面的冥想小组，但是总是在中途就睡着了。每当我坐下冥想的时候，思绪就会到处乱跑，没多久，头就耷拉到胸口上了。后来我会因为自己的呼噜声陡然惊醒，猛地抬头，对自己注意力不够集中感到非常不好意思。所以最终我放弃了。

多年之后，当我的孩子开始因为强烈的情绪而挣扎的时候，我又开始尝试冥想了。有无数书籍、博客上以及其他的母亲，都在宣扬冥想是如何帮助自己的小孩掌控愤怒和沮丧情绪的。我也打算试一试，于是开始试着使用冥想光碟还有小画册。我的孩子都不愿意配合，她们都说冥想很无聊，而且还没有什么用。

我把儿童冥想的技巧用在了一群紧张的孩子身上，这些孩子都加入了我们社区的夏日游泳队。当时他们正打算参加比赛，排成了一列，我教他们假装沐浴在一股花香中，随后开始呼气，然后就像要吹泡泡那样，慢慢吐气。他们都很喜欢，但是我自己的孩子却抗拒这种练习。我应该要怎样让她们敞开心胸、来接受这个具有突破作用的方法呢？

正是抱着这种急切探寻答案的情绪我才来到圣达菲，找到了香农·麦克米金。

//////

香农在生活遭遇巨大打击的时候,找到了冥想这条路。她童年过得跌宕起伏,因为父亲患有躁郁症,所以她们家的财富一会儿暴涨一会儿骤跌,后来她终于变得对未来比较乐观了,跟丈夫尼古拉斯一起在圣达菲安家落户,那是一个节奏比较慢的城市,非常重视生活的幸福感,当时他们第一个孩子也快要诞生了。搬到这里来生活对于香农来说是一个有益的变化,因为她从小生活在神经紧绷的东海岸,在十几岁和二十多岁的时候都过得很有压力,一直在跟焦虑和抑郁做抗争。她在纽约的一家电影制片厂工作,经常把自己逼到极限,还是夜店的常客。有一个朋友建议她到圣达菲来过个夏天,她来了,遇到了尼古拉斯,从此以后就没有再离开。她父母甚至也搬到了西部,就在女儿家附近买了一座房子,好跟未来的外孙离得比较近。父亲也处在最健康的状态,在当地做志愿消防员,情绪显然很稳定。她终于感到跟父亲之间产生了联结,而这是在小时候从来没有过的体验,因为那时候父亲身上的心理疾病,父女俩是没有办法靠近的。

可是父亲忽然患了中风,很快去世了,香农既要照顾悲痛的母亲,又要面对自己内心的伤痛,还要挣扎着照顾特别难伺候的新生儿弗兰基,夹在中间实在喘不过气,后来出现了一系列的问题。

"我父亲走得很突然,也很令人震惊,我当时实在不能相信我们父女之间就要到此为止了。我实在是太心碎、太悲痛了。"在家庭僧伽结束的几天之后,我来到天空中心,这是一个非营利性的家庭心理咨询机构,专门帮助学校和家庭做自杀干预以及其他心理健康问题的调控工作,里面有香农的一间办公室,我们俩都坐在舒服的沙发上,香农向我回忆了这一番往事。

"我忽然特别清晰地意识到,自己没有任何精神习练的经验,这就让我非常难以应对父亲的死亡，我不知道应该要相信什么，我也不知道他去了哪里，我实在是太过迷失了，完全没有任何精神方面的社群可以依赖。我的悲伤无以寄托，那实在是我人生当中最艰难、最艰难的时刻。"她说。随后低下头去，瞥了一眼膝盖上那一块锡纸包住的芝士三明治。她眨眨眼睛，把眼泪逼退。

每周都进行的孕产瑜伽课程为她提供了一些安慰，"瑜伽对我来说是一个可以提供宁静感的巨大依靠，同时还能让我跟自己的情绪共处。我把瑜伽当作心性习练的运动。瑜伽能够让我跟自己的身体和呼吸产生联结。"她说。在弗兰基出生之后，香农仍然会继续在家里练习瑜伽，她不再继续出任画廊的总监，而是在家工作，做一些图案设计和活动策划的兼职工作，同时负责养育弗兰基，后来还要加上小儿子山姆，小山姆是在2009年出生的。

香农最喜欢的就是瑜伽练习的结束式，也就是躺尸式，练习的时候就躺在地上，浑身保持不动。山姆差不多1岁大的时候，香农报名参加了凯特·雷诺兹的静修育儿课程。这一回她开窍了，终于感到自己身心的双重联结，静修帮她控制自己压抑的情感和思绪，香农从小到大一直都在跟焦虑或抑郁做斗争，她学会对情绪席卷全身的状态有所觉察，也学会了简单地关注这些情绪的涌现，而不试图压抑这些情绪。

静修甚至还把她引领到了新的职业道路上，她拿下了社会工作的硕士学位，成为一名家庭咨询师，开始通过天空中心在学校里面带静修的团体课。后来在2010年秋天的时候，香农又在静修的作用下，挨过了甲状腺癌的诊疗以及完整的甲状腺切除手术。她情绪起伏了将近一年，换了一个又一个内分泌医生之后，才找到控制激素的办法，这个过程也多亏了静修，她才能够撑下来。

"静修对我来说实在是一个绝佳的应对问题的机制，"香农说。这并不意味着通过静修，她的疾病都被治愈了，尽管现在身上已经没有癌细胞了，但是在日后的生活中，她都需要把好好维持身体健康当一件大事，慎重对待。"尽管我特别想说，我童年一切心理阴影都已经被治愈了，但实际上我却并不能把静修练习、人生选择和新职业方向这些内容，从父亲以及他心理疾病对我人生的影响当中彻底剥离出来。"

但是与其把焦虑看作一个令自己蒙羞以及不想保留下来的自我特质，香农开始把焦虑当作一个能够帮助自己的超能力。过度紧张的特质能够帮助她及早判断所遇到的情况，并且能够精准地对他人进行评估。因此她就变得更有觉察力，而且能够作出更好的选择。她可以控制焦虑所带来的负面影响，也试着欣赏焦虑所带来的积极作用。对于香农来说，静修式育儿就意味着在面对孩子言行的时候，把自己本能的反应先放一放，随后有意识地选择自己的应对方式，而不是直接展现出来愤怒或者是烦躁与批评。所谓放一放，有可能就像是先做一个深呼吸，随后再作出反应那么简单，也有可能是等到第二天的时候再面对那个问题，并且确保大家都冷静下来了，是在有节制的状态下进行沟通的。

心理疾病就好像是一个你不想要的传家宝一样，是会遗传的，这只不过就是纯粹的基因作用而已，然而心理疾病更多是由生理遗传和环境因素双重刺激而产生的结果。焦虑症现在正处于患病率不断攀升的阶段。记不记得我们在第 2 章当中曾经讨论过，几乎三分之一的孩子会被诊断出有焦虑症的倾向。焦虑失调可能会表现在很多方面，比如说处在情绪崩溃的边缘，很易怒，很容易累，或者是没有办法安然入睡或集中精神。最关键的是焦虑症患者会被过度又无法控制的忧虑侵袭，从而影响到正常的工作学习或者是人际关系。

弗兰基小的时候得过腹绞痛，长到一两岁的时候特别黏人，后来大一些了，又变得情绪反复无常。即便是特别小的意外情况也能引来他的脾气大爆发。结果孩子发脾气的时候，不但让父母十分警惕，也把自己吓得够呛。"她会对家长说，妈咪帮帮我吧，我现在情况不好，我需要帮助。"香农回忆道。香农能够想起来自己儿时也有类似的情绪，"因为我成长的环境时时处处都有可能爆发危机，所以我的身体就变得特别反复无常，我经常有这样的感觉，总觉得有什么可怕的事情要发生了。"

香农通过教授弗兰基静修来应对这个问题。她自己已经学会如何近距离地面对自己的焦虑，并且把焦虑当作自己固有的一部分，她鼓励弗兰基认识自己的情绪、跟人讨论自己的情绪。在弗兰基8岁的时候，他们一起看了动画电影《头脑特工队》，影片的主人公是一个十几岁的女孩子，描述了她随着家人搬到旧金山、入读新学校之后的个人化情感历程。尽管那些名叫喜悦、悲伤、愤怒、恐惧和恶心的角色都能够引起弗兰基的共鸣，但是仅仅有共鸣是不够的，随后她们进行了很多母女之间的谈话。

"弗兰基当时对我说，我身体里有比电影里面的人物更多的情绪，"香农说，"我当时对她说，是的，我们家人的情绪比其他人更丰富。我们家在这方面是有遗传病史的，所以我们要好好了解情绪方面的问题。"

在香农的感受中，焦虑就好像热力一样。焦虑也会扩散开来，从胸骨、肚脐和心脏所在的三角区域散发出来，随后席卷全身，紧接着喉咙上下就会被一股紧绷感压住。她鼓励弗兰基辨认恐慌症爆发时的相关身体感受，从而可以对此有所了解。母女两个人都会写日记，而且她们发现，能够叫得出不同的焦虑感受的名字，把它们记录下来，从而充分认识这些感受，是能够帮助自己减轻焦虑症状的。

"我差不多9岁的时候，曾经骑着自行车一路回家去，我当时对于邮箱的记忆格外清晰，还能清楚地回忆起树上的树叶还有天空，我意识到自己脑海里有一个声音，这个声音一直在对我说话，然后我就发现自己竟然意识到了这个声音。我当时就在想，这是哪来的声音呢？写日记能够帮助我一直保有内在的声音，并且对于生活的种种保持观察的状态。"

香农为孩子做了一个冷静应对焦虑情绪的榜样。她意识到自己非常有可能走上爸爸的老路,也就是说很有可能会慢慢发展成依赖毒品和酒精度日、没有办法为自己的孩子提供稳定的家庭生活。"上大学的时候,我曾经吸过大麻,并且以此作为应对焦虑情绪的解决机制,其实真的挺有用的,"她说,"我很担心,弗兰基长到十几岁的时候会变成什么样,也很担心青春期会对弗兰基造成怎样的影响。会不会这孩子在第一次尝过啤酒之后就会意识到,这个东西有效,能够缓解焦虑感。我希望在母女之间保持亲密联结,说不定这样的话在女儿的成长过程中就不会遇上类似的事情。"

//////

在阿娃上一年级的那一年,我跟丈夫建议她去参加附近的一所音乐学校的管弦乐宣介会,在那场宣介会上,讲解员让孩子们随意试一试小提琴、中提琴或者是大提琴,她急不可待地挑了小提琴。她特别喜欢参加管弦乐的排练,跟一群有音乐天赋的孩子待在一起,特别适合我们家那外向的姑娘阿娃。让我高兴的是,阿娃也特别愿意每周都到我们家附近去跟一个小提琴老师上一对一的课程。

相对于阿娃的姐姐来说,这是一个有益的变化,因为麦迪学了几年的钢琴,但是总是心不甘情不愿的。每一回练钢琴都变成了一场斗争,每一次去上课都会引发老师温和的批评。我们最后终于认输了,同意麦迪放弃学钢琴。我想,也许钢琴并不适合麦迪的性子。跟摇滚乐队或者是管弦乐团不同,学习钢琴的学生没有办法在排练和表演的过程中,常常跟其他的人进行社交活动。

当看到阿娃学小提琴没有多少挣扎时,我就以为新发现了一条恰当的育儿策略,可以完美地诱导出孩子学习某样东西的热情。我们的女儿竟然发自内心地想要去学习一项很有挑战性的技能!有一回下了课之后，我们两个手挽着手走在一起，阿娃哀怨地说："为什么我就不能不去上小提琴课，直接拿暴风果吃呢？"直到孩子说完这句话，我才意识到，原来每周上小提琴课之后，老师都会给她糖果吃。这番话让我直接从幻想中跌落回现实。

即便是成长在"学徒型"育儿模式的家庭环境当中，可一旦接触真实的世界，比如遇上小提琴老师会发糖果吃，或者是连续几周表现优异就可以参加班级的比萨聚餐之类的情况，孩子照样可能会觉得很开心。这并不是什么问题，这些经历反而能够引发深度的讨论，好让我们跟孩子好好聊一聊，为什么家里的规矩跟学校外面是不一样的，并且说清楚我们希望自己孩子能够内化出怎样的价值取向。

如果孩子在学校里面或者是那些带有旧式育儿观念的活动当中，被某些成年人折辱、斥责或者是惩罚了该怎么办呢？在第3章当中我们已经讨论过，类似这样的行为，有可能会激发孩子们的战斗或者逃跑反应。孩子跟他们最主要的养育者之间那一种相互信任的亲子关系，应该能够帮助孩子对这些经历所带来的持续伤害产生免疫力。毕竟有很多成年人都可以把个别的老师当负面的例子，以此向孩子解释，在长远上来讲应该避免以什么样的方式来对待别人。这些经历也能够帮助孩子们增强韧性，好让他们意识到自己即便受到了严苛的对待，也能够挺过来，甚至从中学习到一些人生经验。

如果你看到朋友家有些育儿招数很有用，自己想要试一试也是很自然的。尽管你可以向其他人推荐这本书，而且我也衷心希望你愿意跟周围的人推荐，但实际上在对方并没有询问的情况下就贸然提出建议，并且希望对方能够修正他们的行为，其实挺难的。一个基本思路就是你可以把用在孩子身上的策略借鉴过来。你可以跟对方建立联结，发现他们的长处，并且以同理心应对他们所面临的挑战。到了那个时候，他们可能会更愿意敞开心胸来接受你所给出的建议，当然你最好是可以事先问一问他们想不想听建议和意见。一个温和的问题往往会比"你应该……"的句子更能够引发对方的思考。

　　如果本书当中所提供的任何模式或者是建议，并没有办法引起你内心的共鸣，那现在就不要管它了。如果贴纸积分或者是其他激励机制对你来说是有用的，那就不要急于立刻把它们推翻。你要把本书当中的育儿观念化用到自己的生活中，我在跟孩子沟通的时候，往往会使用柔和和试探性的语言，比如说用"我注意到了你……"这样的句型来描述某些不当的行为，就像罗斯·格林那样，竭力开展一场有助于解决问题的亲子谈话。我会避免用命令的语气跟孩子说话，反而是借用自己在家长培训课程上使用的句式，比如说在向孩子提出要求的时候用"你想不想要……"来开头，无论你是想要请孩子帮忙把脏的碗碟放进洗碗机里，还是把背包拿起来。

　　来参加我的家长培训工作坊的人，经常会对这些句式表示不爽，觉得这是示弱的表现。我会建议他们在忙着控制孩子行为之前，先使用具合作意识和中性化的词汇，不过与此同时我也意识到，学徒型育儿模式其实很有可能因人而异，而且也应该跟你的个性、你们家孩子的需求和技能以及你们的家庭文化背景相匹配才是。亲子之间建立联结的方式应该也会因地而异，比如说巴尔的摩或者哥伦布那一带的风格，也许就会跟华盛顿特区、圣达菲、缅因州或者其他本书中所提到的地方有所不同。

　　我们家是兼具英美特征的亚洲人以及犹太裔白人组合而成的家庭，所以我自然不会期待那些非裔美国人家庭、拉丁裔家庭或者是美国其他地区的家庭中，会酝酿出跟我们家一模一样的育儿风格。我们家庭成员之间比较习惯情感外露的表达方式，而且还有一点傻乎乎的，这可能对你来说并不适用，毕竟你的个性和风格很有可能跟我们不同。但是尽管我们可能操持着不同的语言，但是以互相尊重为基础，以开放的心态聆听并且注重解决问题，仍然对于提升育儿质量非常有帮助。

　　也许为了贯彻实施学徒型育儿模式，我们需要放下自己固有的某些文化和家庭习惯。我爸爸是美国圣公会教徒一派，我的母亲是华裔，所以他们两个都倾向于使用铁腕式育儿模式，我认为自己既可以丰富父母对我的教养方式，又可以对他们的模式进行取舍，把那些不利于当今孩子心理健康的东西拿掉。

移民而来的父母善于教导孩子关注个人勤奋努力和受教育水平的力量，而这一点其实跟尊重与合作是可以兼容的，父母并不是把孩子培养到18岁就可以卸任了，也不是说孩子被常春藤盟校的大学录取就算是育儿终极胜利。美国的家长在育儿方面有一种想要效仿中国、法国或丹麦等其他国家的倾向，要么想要吸取人家能够教出高分学生的经验，要么就是眼红人家平均幸福指数高。媒体上面总是充斥着各式各样新的学业、艺术和体育成绩的评估方式，这很容易诱使我们陷入竞争型育儿的误区，而对此我们应该竭力避免，我们要鼓励孩子自己来定义成功，而不是将孩子是否成功的衡量标准与我们自身的期待画上等号。

我希望当一个个的家庭以及社群开始朝着这个方向来育儿的时候，具有批判性思维的学徒型育儿模式会有越来越多的拥趸，这些人就可以促使社会的看法产生改变，从而带动大众有关成功观念的转变。仅仅避免自己家的孩子产生焦虑、依赖心理和其他的心理疾病是不够的，因为我们希望自己的孩子能够在现实生活当中找到有韧性、有独立性而且有能力的伴侣、朋友以及同事。如果育儿模式没有在大范围内发生改变，这个愿望就不会实现。

没有人可以做一个完美的家长，有可能你一不小心就会重新回到旧模式里去，又开始用奖惩措施来操控孩子的行为了。与其陷入自我批评中不可自拔，不如把你自己的这次重蹈覆辙，当作对于大家都有借鉴意义的学习机会，并且为孩子树立一个榜样，让他们看一看应该怎样从错误当中拨乱反正。每一天当中你都会跟孩子进行成百上千次的互动，如果孩子的表现跟你的期望不一致，那你也没有必要害怕，因为很快就能够找到对这个行为进行拨乱反正的机会。

//////

我们现在继续讲一讲冥想室当中的故事，香农把山姆弄的那一团脏污处理干净之后，孩子们就跟家长分开了，他们有自己的冥想课程要进行。我跟着孩子们一起去了，特别想要学两招，到时候可以用在自己的女儿身上。我们坐在餐厅的地板上，随意围了一个圈。有两个上了年纪的佛教徒在下指令，他们需要应付8个动来动去、时不时会放屁，也会咯咯笑的小孩子。那名女性教徒的语调当中压着怒火和愠恼，我实在是再熟悉不过了，因为自己就体验过很多次。

我只有给予她无限的同情了。

我们都向在座的人做了自我介绍，山姆还把自己的名字一个一个字母地拼了出来，这让其他的孩子开心得不得了，都笑了起来。伊基和哈德利是山姆一年级班中的同学，这两个孩子在一群人当中笑得格外用力。

"我不知道你们有没有听清楚他的话，因为你们一直都在大笑。"主讲人泰瑞清晰地说，声音实在是过分甜腻。"可不可以请你把名字再说一遍呢？"

"山姆。"

在大家都完成了自我介绍之后，泰瑞让大家坐得更紧密一些，并且试图让整个队伍的外形从一个不规则的椭圆变成一个圆形。

"现在听我说，伊基，可不可以请你往后挪一点点，这样我们的队伍就更圆了。"紧接着发现山姆也在往后挪，她惊恐地说，"山姆，不要动，不要动。"因为这样一来，队伍反而就乱了。

孩子们笑得更凶了。

"贝蒂，我想要伊基到这边来。"她对自己的助手说。

"我能不能到那个坏孩子们去的房间角落里待着？"伊基问。

"不要,现在不是瞎胡闹的时候,我想要你到这边来,不要挨着山姆。"她说。

泰瑞敲响了冥想铃,孩子们相对安静了一些,听着铃声的回音。铃声飘扬的过程中,偶尔传来孩子们咯咯的笑声或者是兄弟姐妹闷声打闹的动静。伊基趴在地上扭来扭去,最后钻到了餐厅的桌子底下。

泰瑞试着给孩子们念一本书,书的名字叫作《静修大师》,一边读一边还要对孩子们做出一些规劝或者是威胁。孩子们可能会安静半分钟,随后又开始放屁或者是咯咯咯地笑了。

"贝蒂,如果他一直坐不住的话,你就得把他带走了。"泰瑞说,"你得冷静下来。"她对山姆说。

过了一会儿,孩子们开始柔声唱歌,打断了泰瑞的读书声。

"让我们对彼此更尊重一些吧,保持礼貌是很重要的。"贝蒂说。

"哈德利,你觉得自己有没有办法安安静静地待上两分钟?"泰瑞恼怒地说。

"可能吧。"那个小姑娘回答道。

"好吧,那就尽力控制一下自己!"

大概10分钟之后,凯瑞带着5个相对大一些的孩子,来到另外一个小一些的独立房间,那房间小得简直就像是个衣橱。这些孩子当中也包括弗兰基,我也跟他们一起进去了。我们寂静无声地坐在那里,没有受到什么事情的干扰,大家真的开始冥想了。泰瑞又读了一会儿书,随后年纪大一些的孩子跟比较小的孩子又重新聚在了一起,共同练习静修,其中一项内容是散步静修。尽管整个过程并不是尽善尽美,但是散步冥想却赢得了当天下午小孩子们最高的配合度。

只要山姆一跟自己的同班同学一起出现,就会想要调皮捣蛋,从而影响了整体的进度。幸好这段时间结束了,孩子们终于来到冥想大厅跟父母团聚,共同等待公告的宣读,随后就向彼此告别了。

我留下来,跟凯特·雷诺兹聊了一会儿,这是一个身材高大的女人，带着灿烂的微笑，留着齐肩的棕色半长发，不过我猜她小时候头发八成是金色的。她嗓音浑厚低沉，简单向我叙述了当日下午的达摩宣讲，因为我当时在观察孩子们的静修，所以没有听到这场宣讲。

"我们现在所处的文化环境，简直就像是一条极速奔流的河，河流的力道实在是太强了，很容易在忙着处理每天待办事项的过程中，就忘记了真正重要的东西。"她对我说，我们两个正盘腿安坐在空空荡荡的房间里，"静修和冥想是个机会，可以让你陷入一个旋涡之中，从而得到休息和重置。这并不是什么难事，因为我们的文化之河跟普通的河流不一样，它其实遍地都有旋涡，只要你想要找一个旋涡，那就能够找到一个栖息之地，以便好好跟你自己认为真正重要的事情，你真正会思考的内容，以及你真正想要的事情做联结。"

跟香农一样，凯特也是在自己人生经历重大危机的时候，发现了冥想这一条路。那个时候她女儿4岁，精力极其旺盛的儿子才1岁。育儿的任务实在比她想象的艰巨得多。"我当时真的觉得在带孩子这件事情上，自己是搞不定了，我实在是太绝望了。"她一边对我说，一边回忆当时常说的一句话，那就是"我真的特别爱自己的孩子，但是却并不喜欢养孩子"。

凯特是一名家庭治疗师，专业是辩证行为疗法，这是一种专门针对有自杀倾向和有性格失调前兆人群所研发的强化治疗方式，辩证行为疗法课程体系当中有四分之一的内容都是静修，而她对这一部分的内容最感兴趣。有一天她经过了一个佛教中心，发现有一块牌子上写着"儿童达摩"和"父母冥想"，于是就直接把车开了过来，在这里开始接触自己的冥想导师，并且开始进行育儿冥想课程的学习。"我的人生似乎从这里开始就有了起色。"她说。

现在凯特自己也是一名冥想导师了，她发现定期让自己沉浸在静修的练习当中，有助于帮她坚持自己心向往之的那种育儿模式。"这对我来说是必需的，否则我就没有办法教课，没有办法用一种一以贯之的方法来教导孩子了。"她大笑了一声,告诉我这些话。"如果我不坚持练习静修的话,就会很容易回到自动化模式当中去,也很容易分心或者是变得控制欲很强,最后就回到我母亲的那种育儿模式中去了,也有可能是退回我外婆,甚至是曾外婆的育儿心态。家族代代相承的惯性其实是刻在我骨子里的,并不是说不好,只不过那种育儿模式不是我想要的。"

我想到了当天下午对于孩子们的观摩,然后就问她小孩子要静心并进行冥想到底有多难。"你有没有发现什么有用的办法呢?尤其是对于那些特别需要静心的孩子来说?"

"孩子们最需要什么呢?其实他们最需要的就是大人们能弄清楚自己应该要怎样做。"凯特说。"大家其实很容易,就向孩子传输一些我们自己都不愿意实践的东西,其实最重要的就是,人们在自己的生活中能够对此有所意识,并且尝试去静心,这样一来就可以为孩子们作出榜样了。"

//////

去参加家庭僧伽之前,我们先送弗兰基和其他几个十几岁的女孩去打长曲棍球,而我和尼古拉斯、香农以及山姆一起踩着自行车,沿着铁路附近的自行车道骑行。骑了一小会儿车之后,我们就回到了尼古拉斯的卡车里。

"山姆,慢一点,"在我们接近一个繁忙的十字路口时,香农说,她稳稳地把一只手放在儿子那套着明黄色羊毛衫的肩膀上,"不要凑得太近。"我们4个人停了车,推着自行车站在十字路口的一端。

等了很久之后,信号灯终于显示可以开始过马路了,尼古拉斯带头、山姆急匆匆地跟在爸爸身后,我跟香农看到他们到了另一边的小街上,我们大家都需要赶到那一边去,路上并没有来回车辆。

"停下!"香农隔着半条街就喊了一句,但是山姆仍然继续往前走，因为上坡速度减缓了，终于来到了街对面。尼古拉斯已经穿过了十字马路口，跨站在自行车上，看着自己的儿子。

"好的，山姆，走！"尼古拉斯说。正当一辆黑色的休旅车从角落出现、冲向他的时候，山姆猛踏了几下脚踏板。

"停下来，山姆！"香农尖叫，随后推动自行车，想要赶上自己的儿子。她浑身都又僵又紧，完全不见任何吸管式呼吸法或者是静修的痕迹。

这个时候山姆已经过了一半马路了，不过没有继续登脚踏板，所以前进得很慢。

"来吧，山姆。"尼古拉斯对儿子鼓励道。

"尼古拉斯，我们两个跟孩子说的不一样啊！"香农大喊道。

那辆车开始减速，但是仍然向着那个自行车上的小小身影驶来，山姆暂停下来，不确定应该要怎么做。

"继续骑呀。"尼古拉斯说。休旅车的司机把车停了下来，冲孩子挥挥手，示意他先通过。

山姆继续往前骑，来到了马路的另一边跟父亲汇合了。香农赶来的时候发现，自己跟那辆休旅车的司机是认识的，于是就简短地交谈了几句，而这个时候尼古拉斯把自行车放回了卡车里。坐回卡车之后，山姆说："刚刚好吓人。"

"尼古拉斯，刚才我们两个说的实在是不一样。"香农责备道，后来她跟我说要不是我也在车里的话，当时她就会跟老公吵起来了。对我来说，山姆从来都没有真正面临被车撞的危险。我能够明白香农的忧虑之处，但我仍然认为是因为她内在焦虑的作用，才让她把手搭在儿子肩头，同时也让她给出不要再继续骑车的指令。

后来他们全家在跟洛伊斯外婆吃饭的时候，又谈起了这件事。

"我今天在路口差点被车撞了。"山姆说，"我当时很害怕。"

"他差点就被车撞了吗？"弗兰基抬起头，眼睛瞪得圆圆的。她原本正在吃东西，盘子里是炖鸡肉和米饭。

"我当时正在骑车，后来爸爸跟我说骑过去，这个时候有一辆车来了。"

"我当时跟孩子说停车，而他爸爸却告诉山姆继续往前走，所以可怜的山姆就左右为难了。"香农解释道。

"我当时按了刹车，然后就让自行车靠着惯性往前走。"山姆说。

"后来发现我其实认得那个司机。"香农插嘴道，随后话题就转移了，她告诉大家跟司机是怎么认识的。

"爸爸，你现在想要去骑自行车吗？"山姆说，显然这一次经历并没有打消他对于骑车的热情。尼古拉斯迅速吃完了晚饭，随后爷俩就去骑车了，共同沐浴在新墨西哥州日落时分的温和天气中。

我帮着他们把碗碟放到洗水池里，觉得安心了一些。即便是这样一个非常重视冥想的家庭，仍然没有办法随时随地沉浸到静修的状态中去。我脑海中突然闪现了一个想法，自己冥想总以失败告终，以至于这几年一直把冥想看成一条走不通的路，但反过来想，这会不会有可能变成成功的开始呢？后来我决定听取香农的建议，下载了几个冥想的应用，打算再试试看。我不再纠结孩子是不是不愿意坐下来跟我一起冥想了。如果我自己能够变得更冷静自持的话，孩子们至少可以在我的榜样作用下获益。

//////

在我们家孩子的小学里面，万圣节是一个大事。孩子们会相互商量服装的选择，有些孩子甚至会组团装扮，比如说可能会扮作不同颜色的蜡笔或者是童话或电影当中的不同角色。有一年还有一个朋友曾经问过我的意见，她女儿和几个朋友想要组团装扮，但是其中一个女孩跟妈妈抱怨，说自己受到了排挤。我的朋友很担心自己的女儿可能会当看客、任那个姑娘被排除在外，而这个女孩明明是女儿最好的朋友。

我觉得这些女孩子都已经 11 岁了，需要自己解决这些问题，我建议朋友跟女儿敞开心胸谈一谈，探讨一下那个被排除在外的女孩可能会有怎样的感受，而在这个过程中母亲是不能加以评断，也不会提出建议的。最后在妈妈没有干涉的情况下，女儿可能会在经历了这件事情之后，学习到更多的人生经验，从而更能对朋友的处境感同身受。如果最后女儿并没有任何的表示，那么母亲就可以确定，女儿需要相关锻炼来提升对于伙伴的同理心。

我的朋友后来意识到，她对于这个情况的反应很大程度上是基于恐惧的，她害怕其他妈妈们会因为女儿的行为，而对孩子乃至她自己作出某些评判。这一点其实我常常有所意识。虽然很困难，但是我们始终都应该竭尽所能地把这个心理负担放下。孩子们本身需要面临的挑战就已经够多了，要是再把他们的表现跟父母的育儿水准挂上钩，那孩子就更艰难了。

我的邻居们有可能会认为我教孩子教得不好，但是我心里有底，所以能够面对这种有可能会出现的局面，毕竟我发自内心地认为自己所做的决策是适合孩子的。即便事后我真改变了育儿的思路，但仍然也不能否认这个促使我发生转变的过程是有价值的。

生活中有许多东西是你不可改变的，比如说科技现状、学校里面充满竞争的氛围和现代学院的结构等。你可以渐渐让自己避开那些会引发焦虑的、有关孩子是不是足够优秀的话题，或者是在不使用任何电子设备的情况下，维系家庭生活、跟家里人吃饭。但是无论怎么说，你仍然跟这个时代纠缠不清。移动式电子设备以及无所不在的媒体会对育儿造成挑战，意识到这一点是有好处的，但同时你也要认识到，这也同样给我们孩子这一代带来了机会。正如我那现年 25 岁的继女一样，千禧一代的确在童年的成长过程中遭遇了不小的压力和焦虑，但是这一代当中的许多孩子都变成了有创造力、思维开阔而且以社会公义为导向的年轻人。

  如果你所处的环境会让你怀疑自己育儿的方式到底对不对，那么就把注意力集中在学徒型育儿模式的共同特质上，注意培养深厚的亲子联结、对于不当行为的原因进行探讨，并且注重培养孩子的认知、社交、情感以及基本生活的技能。在佛蒙特州的郝弗尔的课堂上能够看到这 3 个元素，在缅因州那些经过罗斯·格林培训的教育从业者身上也能看到这 3 个元素，在马里兰和哥伦布的那些使用 PAX 游戏的课堂上，以及华盛顿特区里面践行家长培训课程原则的家庭里面，还能看到这 3 个元素。要记住我们在第 3 章当中讨论过的内容，同理心能够帮助孩子在大脑中实现对于自我控制来说十分必要的神经连接，而孩子们如果处在情绪爆发的当口，是没有办法吸取到任何经验，也没有办法解决任何问题的。

  即便你只是把自己的育儿模式朝着期待中的方向做了一点点的调整，那也是在为孩子的生活而进步。你要庆祝孩子那些细小的变化以及与此相关的家庭生活质量的提升。不要急着找证据来说明自己的规约模式是有效的。也许要等到几天乃至几周之后、等到你发现亲子之间的互动变得更加流畅的时候，才会看到成果。

  我们是孩子仅有的父母，所以我们必须要鼓起勇气来成为最好的自己，同时要能够在有所不足的时候原谅自己。这些努力都会是值得的。

11

持久改变：
建立育儿支持网络

冈萨雷斯—麦考伊家听起来就像是一个世界摔跤比赛的主场馆，乒乒乓乓的。

6岁的克洛伊·皮尔森和4岁的杰西·泰姆陈从通往楼上的第三级台阶上跳了下来，降落在厨房和餐厅之间的门厅里。随后这两个孩子又跑到楼梯上，想要再跳一次。我能听见二楼传来遥远的尖叫声还有蹦跳声，那里有两个9岁的孩子，分别是索耶皮尔森和米罗·麦考伊，还有8岁的玛丽安娜·科伦和罗莎·麦考伊，正在玩"你猜猜、我猜猜"的游戏。

但是并没有大人跳出来干预这些孩子，四对夫妇一边互相聊着政治还有阿育吠陀饮食法的话题，一边为几家人共同参与的晚餐准备着咖喱、香蒜、花椰菜、孢子甘蓝、米饭，还有牛排。有几个爸爸一起在餐厅里面烧起了火，主人安迪·麦考伊在天台上做烧烤，妈妈们在厨房里忙进忙出、摆放餐桌上的餐具。大家穿的都是休闲装，不过都很好看，诸如深色牛仔裤、毛衣和有领衬衫等。

从当天傍晚聚会开始的那一刻、直到最后一位客人从大门离开，所有的成年人都表现出对于噪声和孩子们疯狂游戏的高度忍耐力，他们在面对玩得太过分的孩子时会轻巧地给予引导，无论这孩子是自己家的还是别人家的，但是在引导的过程中并没有喊叫、责怪或者是说教。孩子们在聊"小鸡涂鸦屁股"还有放屁的话题，家长们也都不过问，只是在发现孩子们在交换精灵宝可梦卡片、马上就要闹崩了的时候，才会转移一下孩子们的注意力。除此之外这些小到 4 岁、大到 9 岁的 8 个孩子基本上都在独立玩耍，在整座房子的三层楼之间随意跑来跑去。

这几位家长全都是家长培训课程的毕业生。安迪和安娜·冈萨雷斯夫妻俩报名参加了家长培训课程初级班之后，偶然发现了杰西的父母、本·泰姆陈和麦卡拉·赛利格曼也在这个班级里，与此同时卡米拉和科林也从我和布莱恩所带的初级班毕业了，这几位家长提出要求，想要在中级班的时候继续做同学，在这个时候遇到了埃里克和尼科尔·皮尔森夫妻俩，他们是跟着其他导师完成初级班课程的。初级班和中级班通常都是为期 8 周的课程。

科林开始鼓励孩子学校里面其他同学的家长也来了解家长培训课程，作为牵头的家长，他会跟其他的家长分享有用的书籍和音频资料。我所接触过的家长们都表示，抱团能够强化他们在课程当中学习到的、坚定而友善的育儿策略，并且可以帮助他们挥别自己父母那一辈的育儿模式，在不一样的育儿道路上走下去。

"我们很爱自己的朋友，非常珍惜他们，而且尽可能为他们提供帮助。"安迪这样对我说。他的父亲是铁腕式的家长，他虽然很爱父亲，但是却并不想沿用父亲的教养模式。"抱团起来，大家能够形成一个非常强大的支持网络，给孩子们，还有我们这些被不恰当的方式教养长大的家长们，提供双重支持。我们只不过希望自己在教育孩子方面能做得更好一些。"

//////

几十年甚至几百年以来，人类一直都在努力探究到底是什么东西让我们的身心失调、不可自控，同时想要搞清楚到底要怎么做才能有效改变我们自身的行为。研究者发现，无论是为了减肥、戒烟还是戒酒，人际方面的支持不但有助于提升行为转变的概率，而且有助于维持和巩固良好的新行为习惯。有一个研究发现，跟一群人见面并且探讨策略、制定目标，会比一对一见咨询师的减肥效果更好。还有，那些参与减肥的人如果在疗程结束之后，能够跟其他的参与者形成互助小组继续坚持减肥的话，就更有可能维持住减肥的成果。这些研究都是建立在知名的电视节目《减肥中心》和《匿名戒酒会》实际成果的基础上，而这些节目的成功都依赖于参与者亲眼看到跟自己境遇相似的人有效跨越层层挑战，最关键的成功因素是同伴之间的积极回馈以及参与者对于自己将来的乐观态度。

把一种新的育儿模式坚持下来最困难的地方大概就在于，我们所处的世界实在是忙忙碌碌又总是不乏有人在品头论足。当麦迪三年级的时候决定，不把自己那一头又粗又长的头发梳理好、直接扎成一个马尾，当时我嗓子里涌上来一系列的反对声。我简直能够想象其他的家长和孩子的老师会怎么评判这个造型。但是我却控制了自己，不让自己横加干涉，女儿至少应该对于自己的身体有自主权。在类似这样的方面我给她的自由选择权越多，她就越乐意在早上出门之前和晚上放学之后的日常流程上配合我，也越乐意帮忙做家务。

为了抵御这个充满了批评声的世界，你可以找到能够给予自己支持的社群。你可以邀请其他的家长来一起见面讨论相关的想法，你可以用这本书或者是本书推荐的其他书目和资源来作为谈话的引子。你要从跟自己观念近似的家长那里得到群体的支持，哪怕这个群体要靠自己从头开始筹建也是一样。我跟布莱恩愿意持续义务做家长培训课程组长的一个原因，就是想要继续沉浸在跟我们有类似育儿观念的人群当中。这样一来，当我们感到疲惫或者是意志力薄弱的时候，就没有那么容易从自己选定的育儿道路上跑偏了。写这本书能够让我做到言行合一，因为我常常发现在自己把某一个育儿策略写完之后不久，就会付诸实践。

不要认为只要你读完这本书，你自己养育孩子的方式就会发生飞跃性的变化。有一项统计了77门家长培训课程的研究表明，最有效的那些课程，都让家长在几个星期之内持续练习新的育儿模式，同时这项研究还发现，那些有效的课程都注重提升积极的亲子互动，并且都教授了情感沟通的技巧。想要养成这些习惯是需要时间的，践行本书当中新型模式的全部教育从业者都经受了专门训练，并且还在学习这些新技能的时候，在有人指导也有同伴共同参与的环境中进行了练习。

就好像家长培训课程的创始人琳达·杰瑟普在高级班当中对那些家长们所说的一样，学习新的育儿技巧其实"跟训练孩子用马桶非常相似，一开始总会弄得一团糟，但你却没有察觉到什么异样，甚至都不清楚自己已经把尿布尿湿了"。

"随后你就意识到自己尿了，到了这个时候做什么预防措施都已经太晚了，但是要想真正完成马桶训练，这个步骤又是非常必需的。第三步就是当有便意的时候你会开始有所意识，但是刚开始的时候总是来不及，所以永远会弄得一团糟，但是你却在逐渐进步、快接近目标了。这些都跟培养育儿新策略的步骤是一样的。一开始我们总会搞得一团糟，但即便只是对这个问题开始有所意识，那也是一个好的开始。随后你就会警觉得更快，然后在自己选定的道路上继续坚持下去。"

在尝试新型育儿模式的时候，我有一个个人非常偏爱的技巧，那就是第7章当中所介绍的"自己嘟囔、然后走开"。也许孩子说了什么反抗你的话，随后你就感到怒火中烧，你张开了嘴，然后想起来自己已经决定不再以大喊大叫的方式教育孩子了。可是你却并不清楚自己应该要怎么做。你要让自己有个喘息的机会，以此来想清楚下一步该怎么做。假装你听到远处电话响了起来，或者是炉子上的火还没有关。随便嘟囔一句借口，然后尽快离开当下所处的房间。尽一切可能避免自己又落入以前被愤怒驱使的习惯轨迹当中。

当我刚刚做妈妈的时候，每周都会去参加我们当地育儿中心所组织的母婴互助组，我特别喜欢跟其他的妈妈比对育儿笔记。我们会在看护孩子、睡觉和应付那些自以为什么都懂的亲戚等方面分享经验，但是随着孩子越长越大，我才发现跟其他人的经验做对比已经越来越没有用了，甚至还会引发最不好的念头。

孩子要想找到自己人生的路，就需要去体验、经历失败，然后从头再来。你也是一样，要注意有没有哪些朋友或者家人，会让你变得格外有竞争欲，或是让你感到格外焦虑。留意还有没有什么其他的事情，会令你采取完全不会带来任何益处的育儿行为？也许社交媒体会令你有这些念想。一旦你搞清楚有哪些情况会在你执行新的育儿模式过程中带来挑战，那就要控制自己接触这些人、事、物的程度。

不要认为你有必要说服那些持异见者，并向他们证明自己的育儿模式是适合自己家孩子的。你要知道，总归会有跟你不同意见的人出现，如果有人对奖惩分明的育儿模式表示支持，你可以琢磨一些不至于得罪人的回应方法。如果他们对你说"那对我很有效"，或者是"我也好好长大了呀"之类的话，你可以温和地指出现在时代不同了，或者表明你的孩子有其他的需求，也可以只是微笑点头。

//////

在麦迪上四年级的时候，我开始在家长培训课程中代课。对于自己所发现的正确育儿道路，我当时特别沉迷，而且总是能够很快就鉴别出自己身边不好的育儿案例。我当时觉得自己能够应对一切的育儿问题。然后麦迪四年级的老师桑德勒推荐我们使用一个行为追踪应用，让我大为惊恐。只要孩子表现得跟老师的希望一致，比如说积极完成各项科学任务，或者是积极参与课堂学习等，就可以得到积分；如果孩子们表现不好，比如说忘记带作业之类的，就会被扣分。使用积极育儿法的家长们把这个行为追踪应用看作是眼中钉，因为这种方式很冷酷，而且还会操纵孩子的行为，最终会降低孩子内在的行为动力。简直就像是照了哈哈镜之后、变形版的 PAX 游戏。老师并没有让全班同学通过趣味群体活动的形式、来设定行为好坏的标准，老师仅凭一己的喜好决定行为的好坏，而且还会单独把个别孩子拎出来指正。

很不幸，我女儿并没有读过相关的研究，她特别喜欢这个行为追踪应用，花了好几个小时打扮自己应用里面的小人儿，又是挑肤色、挑发型，又是搭配身体部位的。她常常留意自己的评分，只要发现了绿色的加分标志就很开心，只要发现红色的扣分标志就很沮丧。在一年当中我发现了好多回，只要她一看到红色的标志就会很丧气，但是这却并没有降低她对于这个应用或者桑德勒的老师的热情，桑德勒老师甚至还变成了她在小学里面最喜欢的老师。麦迪甚至还建议我在家里也使用这个应用，如果孩子们做了家务，或者是表现得非常有爱，就可以得到加分，诸如此类。

尽管我并不会向其他人推荐这个应用，也不会开始用奖励来促使孩子们做某些事，但是这经历却能够让我对奖惩育儿模式进行持续思考和表达。

麦迪的四年级是在学习的过程和激动的情绪当中度过的，因为桑德的老师把关注点放在了学徒型教养模式的三大支柱上，也就是重视关系、沟通并且培养技巧，同时也明确强调行为的界限和固定的日程。我的女儿每天都能感受到老师的关心和老师对学生的兴趣，而且总是能够在遇到问题的时候直接跟老师吐露心声。由于老师采取这种挑战与支持并存的模式，麦迪在学业成绩以及行为技巧方面都得到了提升。尽管研究中表明，以奖惩措施为行为调控体系的方式会带来负面的影响，但是最终的实际结果却比研究的结论更重要。

这也有助于帮助我反思自己对其他人育儿模式的评判，同时也能用来检视我对于别人家言行表现完美的孩子的嫉妒。首先，我们并不清楚别人家里的具体情况；其次，每一对父母都跟自己的孩子有独特的亲子关系，这是跟孩子的性格、兴趣和技能有关系的。尽管我们都很希望自己孩子的缺点可以消失，但是缺点并不会随随便便就消失不见。我们其实应该尽力跟孩子配合，以积极的眼光来看待孩子，并且接受孩子原本的面目。我们家孩子可能比我更活跃，我们家吃晚饭的时候可能比我小时候更混乱，但至少我的孩子相对来说身体会更强健，而且会比我小的时候有更多的机会探索不同的兴趣。

采取这样的育儿观点，等于是以看到孩子的优点为基础。与其纠结孩子身上的不同之处，盯着他们的个性、技能还有大脑功能上的不足，我们还不如去看积极的一面。患有注意力缺失症的孩子长大之后，有可能会变成一个颇具创造力的天才或者是强有力的领袖。混合武术冠军兼鼓舞人心的演讲家斯科特·桑能说，那些向家长们宣告他们的孩子患上阅读障碍的医生应该这样说："恭喜！你们孩子成为身家百万企业家的概率，比其他人高一百倍！"当年他的家长就不顾医生的诊断，没有把他送到特殊的机构去治疗学习障碍。

如果我们家长没有办法为孩子展望一个成功的未来，孩子们就只能自己探索了。这是孤独的成长之路，同时也是相对没有效率的育儿模式，我们应该要让孩子去追求自己的梦想，而不是限制他们。

当我们竭力想象孩子的未来时，很难不去观察朋友和邻居家的情况。把自己家的孩子跟其他人的孩子相比，肯定会令我倍感恐惧或者是悔恨，因为我总是禁不住想：我是不是每天放学之后都应该陪孩子做公式题呢？为什么我女儿没有去参加足球联赛？竞争式育儿会引发许多不良的育儿选择，我们都应该竭尽所能，免得陷入这种模式当中。

跟一群思维类似的家长建立联系，就是一个好的开始，我们可以轮流提醒彼此，我们的孩子要在独立和自主的道路上越走越远，他们的价值并不仅仅体现在学业分数或者是课外活动成绩上。家长培训课程的参与人群以及我们的邻居对我和布莱恩来说，扮演的就是这样的角色，孩子们会在邻里之间的院子里自由自在地玩耍。

我对自己的孩子说，她们在 18 岁之前的任务就是搞清楚自己是谁、自己的激情所在，以及如何利用自身独特的技能为世界做贡献。我的职责就是帮助她们把这些问题弄清楚，而不是把我自己的选择强加在她们身上。尽管我女儿特别擅长踢足球，但我并不会因为她在这方面有天赋，而且足球成绩能够在她申请大学的时候有所加分，就强迫她继续踢。

我们可以在摒除主观臆断的情况下锻炼自己，作出正确的判断。当看到其他家长在公众场合严厉地指挥孩子干这干那的时候，我的心都会揪痛。但我仍然会自我提醒，其实我并不完全清楚他们家里的事情。我可以根据这件事来表明自己想要采取怎样的育儿模式，但是却并不会对那个家长的行为是对是错、是好是坏而作出评论。

采取这样的育儿模式意味着，要有意识地打破我们文化当中的常规。当我们在制订家庭日常行程的时候，总是会把孩子的意见也考虑进去，我母亲有时候会怀疑这算不算是对于孩子的纵容。"毕竟世界并不会围着他们转。"她说。

但我却把这个做法当作深深的鼓励，而孩子们可以由此汲取面对世界的力量。学徒型育儿模式可以帮助孩子锻炼表达自我主张以及跟人协商的技巧，同时也能给孩子一个体验自身决定及其后果的机会。他们在提升自己的责任感、毅力深度和思想的灵活度，这些都有利于他们在长大成人之后获取成功。孩子在切换表现方面是很熟练的，他们特别清楚自己能把爸爸、妈妈、爷爷、奶奶、外公、外婆还有老师逼到什么份上，从而相应调控自己的行为。

//////

我去柏林顿的那天晚上，正好赶上了薇琪·郝弗尔的第二节课。她原本在教室里走来走去，而后忽然停了下来，家长们一直向她咨询各式各样的情况，什么时候让孩子看电视算是肩负正向责任的特权，什么时候又算是对孩子的贿赂？如果孩子吃晚饭的时候特别磨蹭，应该怎么办呢？一位穿着绿色雨衣的母亲举起了手。

"现在怎么办呢？"郝弗尔假装一副没有耐心的口吻说道。

"我们这周末出了一件事，当时我儿子本来要跟一个玩伴一起玩，后来他们两个都太调皮了。"那位妈妈说。

"他们做了什么事情？"

"他们用马克笔在一整扇门上又涂又画。"

"在你们家里面吗？"

"是的。"

"这两个孩子几岁？"郝弗尔问。

"4岁。"

"为什么你会在孩子就能拿得到的地方留下马克笔呢？"

"那些马克笔是我们家6岁的孩子放在外面的，我都不知道。"

"所以他们在门上面涂涂画画，这种行为很调皮，因为……"

"如果是在纸上或者其他的地方写写画画，总比涂到墙上和门上好吧。"那位妈妈咯咯笑了一声，回答道。

"但是这就算很调皮吗？你觉得孩子这么干是为了使坏吗？"

"我觉得孩子应该能分清楚怎样算对、怎样算错吧。"她说。

"好吧，我只是想问问清楚，所以你当时是怎么做的？"郝弗尔说。

"我跟儿子谈了谈。"她说。

整个房间爆发出一阵哄笑，因为大家的表现已经让郝弗尔觉得，他们对孩子聊得太多、说教太多了。他们已经形成气候了。

"那么问题在哪儿呢？一句话，问题到底是什么？"

她顿了一下，有点结巴。

"没办法善用马克笔。"其中一位妈妈试着说。

"你们现在正要解决的到底是什么问题？"郝弗尔追问。

那位穿着绿色雨衣的妈妈仍然很茫然。

"把你绕进去了吧?"郝弗尔说。

"该怎么修门?"其中一位怀着孕的妈妈说。

"是的,问题就是门上被马克笔涂满了,你现在却把问题推在了孩子身上。"郝弗尔说。

"所以我应该要让孩子去把门处理干净吗?"穿绿雨衣的妈妈问道。

"让孩子去弄?好吧,你倒也可以试试,祝你好运了。"

笑声更多了。

郝弗尔反而建议那位母亲问一问自己的儿子:"看样子你们在门上写写画画了呀,是怎么开始的呢?我想知道他们是怎么样兴奋起来的,这样我就可以为他提供相应的信息了。我会对孩子说,啊哈,你觉得我们看到这扇门的时候,会作何表现呢?说这话的时候我总会保持微笑,因为这样一来孩子就会觉得,也许自己并不会陷入麻烦。"

她继续模拟妈妈发现门上被马克笔涂满之后,母子之间可能会发生的对话。

"其实我并不知道。"

"好吧,这其实是好消息,你并不清楚要怎么办,也许你可以猜测一下自己会怎么办?"

"不准孩子看电视?"

"不对。"郝弗尔说,继续模拟那位妈妈的反应。

"我不知道。"

"门无论如何都是要清理干净的,所以做妈妈的就该解释说,我们应该怎么清理门呢?这样一来就把孩子领上道了,我们已经知道这条路通往哪里,只不过是引领孩子想到门总归要清理的这一点,紧接着启发他们,看他们要不要用钢丝球。然后问问孩子,你们知道钢丝球放在哪儿吗?不知道是吗?想不想要我跟你们一起到厨房里去把钢丝球找出来呢?"

整个房间都彻底寂静下来,家长们都在消化这些内容。

"说实话，我并不是特别在乎那扇门怎么样了。"郝弗尔说，"那门实在是不值一提，如果我的孩子被诊断出来有什么疾病，那我肯定会直截了当地告诉你，那扇门一点都不重要，就算上面涂满了马克笔的印记也无所谓，我必须要时时刻刻谨记这一点。这件事会把我惹毛吗？绝对不会，这反而是一个学习的机会。"

"我的房子并没有挂在房市上，也没有房产中介要来看这个房子。那么我想要教会孩子什么呢？我要教会他们人都会犯错，而这是一个为自己的错误承担责任的机会，孩子可以学着在做事情之前先想一想后果，这是一个受用终身的技能，紧接着就要做补救了。就是这么回事，这种情况会重复上百万次。"

她鼓励在座的家长让这个过程慢下来，好让孩子的大脑集中到解决问题和计划下一步该怎么做上来。这并不是什么魔法，只不过是家长在尽力保持冷静，同时搞清楚这个问题并不是出在孩子做了一件坏事上面。

"问题是现在门上被马克笔涂满了，然后就可以让孩子参与进来了，但是如果我们宣称孩子就是问题所在，那么需要处理的就不是门，而是孩子本身了。孩子本身没毛病，他只不过是犯了个错误而已。"她说。

//////

麦卡拉·赛利格曼现年47岁，斜着肩膀靠在餐厅淡绿色的墙上，正在滔滔不绝地谈着政治。她4岁的儿子杰西猛地冲进房间，朝着妈妈跑过来。杰西留着及肩的棕色头发，乱糟糟地缠在一起，眼睛又大又圆，穿着一件超大码的条纹毛衣，看起来特别像《麦瑟·梅尔的小动物》里面的角色。孩子特别着急地敲着妈妈的大腿。

"杰西，"孩子的爸爸本·泰姆陈说，他现年42岁、留着黑色的胡子、穿着短夹克衫、外面套着厚重的毛衣。"你能不能到我这来，说说你想要什么东西，爸爸可以替你拿，让妈妈把正在说的话说完，好不好？我注意到你一直在打妈妈。"

杰西颠儿颠儿地跑到房间另外一边去找爸爸，而这时候他爸爸也蹲下来，听儿子说话。

"有没有甜品可以吃？"他问。

"有甜品的，"本回答说，"只要我看到甜品出炉就会拿给你的。"

杰西看起来满怀欣慰，他正准备离开的时候，却听爸爸说："你能不能时不时地看一下火呢？看看火有没有变小，还是一直那么旺？"

杰西带着使命感跑去餐厅，紧接着跑回来报告说："火还旺着呢。"

"那你可不可以时不时就查看一下呢？"本一边问一边站起身来，继续跟其他的家长聊天。杰西点了点头，随后跑回餐厅去了，6岁大的亚历山卓和克洛伊正在那里练体操。

"我得时不时去看看火还旺不旺，不能让火变小了。"他对伙伴们宣告说。

两个大一些的孩子流露出鼓励的表情，他跑过去看哥哥、姐姐转圈圈。克洛伊的妈妈尼科尔也在旁边看着。杰西蹲着屁股往墙边挪，克洛伊等着他腾地儿，打算做个横翻筋斗。

我留意到本可以通过倾听孩子的忧虑、向孩子保证这个问题会得到解决，并且让杰西照看着火、自然地为孩子创造一个贡献力量的机会这几个步骤，解决杰西需要过度关注的问题。我简直可以想象出来杰西站得笔直、坚守自己职责的模样。

克洛伊经过一段助跑之后，完成了一个横向筋斗。

"你的腿是直的。"尼科尔先是鼓掌，又竖起了两只大拇指，随后评价道，这是家长培训课程所提倡的具体回馈模式，详尽描述女儿的姿势跟一句空洞而毫无营养的"干得不错"，是不一样的。

"雅莉克西亚才厉害呢。"克洛伊提到了自己的一个同学。

"是啊，她都不会放弃。"她妈妈说。

克洛伊把下嘴唇紧紧地噘起来，想象着自己远方的竞争对手。

"继续努力，继续练习。"尼科尔鼓励女儿说。

克洛伊跟妈妈说，等一会儿她要到一个没有地毯的房间里面去，再做一次横向筋斗。

"我要到楼上去。"她说。

但是她想先弄清楚布朗尼做好了没有，一旦得到了答案，她就急速往楼上跑去了。

换成另外一批人，如果没有观念近似群体的帮助，本在处理杰西敲打妈妈这件事情的时候可能会被人投以非议的眼光，尼科尔可能没办法那样轻轻松松地看着孩子瞎闹，也没办法把注意力放在跟孩子建立联结上，而是忙着让孩子安静下来。当然了，孩子们玩得这么疯，显然不是所有的朋友都能接受的。他们这群人寂静无声地接受，能够让家长更容易地跟孩子建立联结和沟通，从而培养孩子的能力，而与此同时，每个人都度过了一个愉快的周六晚上。

//////

阿娃出现在我厕所的门口，我放下了吹风机，这情况很少见，我的女儿特别喜欢睡觉，而在这一天的早上七点半，她居然就已经穿好了短裤和汗衫，还背上了书包。看样子似乎连牙都刷好了。

"我准备好了，"她尖声说，"我们能去买个甜甜圈吃吗？"

这个时候阿娃10岁，麦迪13岁，已经是学年年末的时候了。前一天晚上我曾经向孩子们承诺过，在上学之前会带她们去买个甜甜圈，当作特别的礼物。只要大家能在七点四十的时候完全准备好，我们就去买甜甜圈，这样一来才能在八点一刻的时候准时赶到学校。在这一学年刚开始的时候，我们就已经确定了这个上学的时刻表了。

"好啊，去看看你姐姐准备好了没有。"我回答说，同时默默觉得自己应该尽快把头发吹好。

阿娃很快就回来了，脸上挂着一副酸酸的表情。

"她还在床上呢。"

"嗯，也许你可以催她快一点。"我说。

这也是头一回，通常麦迪都是那个积极起床、早早就穿戴整齐的人。阿娃又不见了。

她回来的时候发出一声哀号："她说根本就不想去！"

啊呃。

看到这里你应该已经知道，我的孩子们发起脾气来可是要命的。她们会对家具或房门踢踢打打，会把东西撞倒，即便这两个孩子还只是 10 岁和 13 岁大的小姑娘，却能够发脾气发到把全家人都牵扯进来。感觉就像是一场情感的大风暴，也许之所以威力这么大，是因为这两个孩子都快进入青春期了吧。

"妈妈，你能不能先带我去买个甜甜圈，然后再回来接麦迪呢？"

我考虑了一下阿娃的请求，这个请求也不是没有道理，我可以在送完两个孩子之后再换衣服，准备去参加工作会议，毕竟我已经遛完狗了。

但这是不是对于阿娃的拯救呢？我回忆起薇琪·郝弗尔曾经在课堂上说过，孩子每天都要面临挑战，这样才能变勇敢、变得有能力。想必郝弗尔会建议我让阿娃感受当下的失望，从而应对挑战、来控制自身情绪，同时为早餐另做打算。郝弗尔大概还会建议我要对自己公平一点，不要为自己本来已经繁忙的工作日增加额外的负担了。随后我决定，尽管我打算拒绝她的请求，但我仍然要跟孩子保持深厚的联结。

"对不起，亲爱的，我们说好七点四十的时候每个人都准备好才出发的，而她显然是还没准备好，我能理解你现在感到很失望，我打赌你能在楼下找到其他吃的东西。"我对孩子说，同时告诉自己要有心理准备。

"这不公平！"她嚷嚷道，"我按时准备好了，却因为她没有准备好而不能去吃甜甜圈。"

"我真的能够明白你现在很不开心，"我回答说，让语调充满温暖和同情。"当你把自己的责任都尽到了，但是却因为其他人的选择而没有办法推进日程的时候，的确挺令人沮丧的。不过有时候跟家人相处就是这个样子。"

她怒气冲冲地走了，我一边拿起直发板，一边尽力忽略另外一个房间传来的声音，嘭，嘭！我处理好头发，然后走到了卧室里。

阿娃正躺在我床上，整张脸皱巴巴的，圆嘟嘟的脸颊上淌着泪水。看起来并没有什么东西砸坏了。

"家里根本没有吃的东西！我现在饿了，全都是麦迪的错！"

我坐在女儿身边，把一只手放在了她的腿上，不打算跟阿娃争辩我们家里到底有没有吃的，毕竟前几天我才跟布莱恩一起去买过食材，买回来了鸡蛋、吐司、麦片，还有好多水果。阿娃其实是把自己饿肚子的事，怪到了别人身上，而我也有意忽略了这一点。

我列举了一些食物来充做早餐，但是都被拒绝了。

"吃蓝莓杯状小松糕好吗？我们家应该还有小松糕粉，做饭的时间也够。"我说。

她跳起来去查看食物储藏室里有什么东西，我穿过大厅，发现麦迪仍然躺在床上，她胃疼了。我抱了抱麦迪，随后提了几个应对的办法。当我走到楼下的时候，阿娃又哭了。

"根本就没有蓝莓小松饼粉了！只有柠檬素！我喜欢人工种植的那种蓝莓。"她抱怨。

我表示了同情，并且表示自己相信她能够准备好自己的早饭。在准备咖啡和苹果切片的时候，我给阿娃留了空间。让我感到有点吃惊的是，她忽然觉得柠檬素也可以接受。但是阿娃仍然大声说，不确定时间还来不来得及。她决定要做迷你版的小松糕，这样烤起来会快一些。

"妈妈，你能不能帮帮我？"她问。

尽管脸颊上仍然挂着泪痕，但是阿娃却露出了笑容。我先把烤箱预热了，她一边读包装盒上面的步骤，一边极为有效率地把食材都准备好。我们齐心协力、通力合作，她坚持自己承担大部分的烹饪任务，她很喜欢和面团，也喜欢把面团扣在小松糕模具的过程。

"我一点都不会把吃的分给麦迪的。"她宣称。

"即便麦迪已经帮你做过好多次早饭了，也不分给她？"

"上次她做早饭的时候还说以后再也不会替我做了，因为我当时没有说谢谢。"她说，"她甚至还对我说了'关键'，就好像我是个小孩子似的，实在是太高高在上了。"（记不记得在第8章里面我曾经写到过，我们家里会用"关键"这个词，来提醒孩子保持礼貌）

这又是一个对我的考验，我当然希望自己的孩子能对彼此表现得很大方，但是这种大方应该是发自内心的，我不能强求，我只能以身作则表现自己的慷慨。

"好吧，这当然是该由你决定，因为这些小松糕是你做的嘛。"我说，"但是我很怀疑下一次她如果做了什么你想尝一尝的东西的话，到时候会出现什么样的情形。"

阿娃忙来忙去，并没有回话，我让她默默地想。

麦迪拖着脚步走进了厨房，我给了她一个拥抱，问她的胃还疼不疼，她说还有点疼，不过好一些了。她拿了一些水果，因为觉得吃不下其他的东西。不过我猜她大概能吃下一个迷你小松糕吧。

"你不可以吃。"阿娃说。

我给自己打了打气。

"噢，那太糟糕了。"麦迪说，脸上是一副可怜巴巴的表情，想要博取同情心。

我闭着嘴不说话，把自己其他要带的东西都拿上，然后往车里走。阿娃开始把小松糕都打包起来，打算在开往学校的路上吃。麦迪离开了房间，于是我探过身去耳语道："你觉得要不要多带一个小松糕？万一你改变主意，愿意让麦迪吃一个了呢？"

她点了点头。

我把车开到房前，一边听着美国国家公共电台早间版节目，一边等两个女儿。阿娃先出来了，挺开心，而且还带着一种自豪感。我实在是松了一口气，自己一次又一次忍住了，没有干扰她，也没有毁掉那天早上女儿学习和成长的机会。她一下取得了三连胜，从情绪调控、解决问题到道德决策，简直就是大获全胜。

随后麦迪手拿着一个小松糕从房子里出来了。

啊哦，她是趁着阿娃没注意的时候偷拿的吗？

我转过头去看后座上的小女儿，"为什么麦迪手里有个小松糕呢？"我问。

"是我给她的，不过只给了一个。"她说。

//////

在那个聚会的夜晚将近结束的时候，卡伦夫妇俩和其他的家长都围聚在炉火旁边，聊着养孩子、政治、滑水和食物的话题，我甚至都没有注意到埃瑞克已经从房间里面跑出来了，就见他已经跟索耶和克洛伊一起站在了门廊上。

"索耶，克洛伊，你们是来说再见的吗？"埃瑞克问。孩子们以微笑向安娜和克里斯表达谢意。

"你们明天要去滑雪吗？"卡米拉问。

"是啊。我们明天要去滑雪。"索耶回答。

"好吧，我们走吧。"埃瑞克轻声说，还四处扭头寻找自己的外套。

怎么会这样呢？我纳闷，很气恼自己竟然没有注意到艾瑞克和尼科尔所使用的育儿妙招，竟然能让孩子们自发抛下了楼上正在上演的《精灵宝可梦》。不过孩子们也可能想要好好休息休息，以便明天出去能好好玩。

埃瑞克跑到楼上去，因为他有一只袜子找不到了，而这个时候安娜对所有人说，大家都大可不必急着走。

"必要的话，我的孩子能自己哄自己睡觉。他们可能会说，哦，我们累了，晚安吧。"她说。

"谢谢你们邀请我们来。"埃瑞克说，他已经从楼上下来了，手上拎着袜子和鞋子。

大家都互相拥抱或者是吻别。

"谢谢你们招待我们。"尼科尔说。

在父母跟其他人告别的时候，克洛伊光着脚在那边等。

"克洛伊正在很有耐心地等呢。"本注意到。又是明确到具体细节的表扬。

皮尔森一家走出大门，步入二月柔和的夜。安娜从窗户里面望着他们，随后他们也朝着汽车走过去，车停在公园路，那条路上风很大，而且还是单行道，尽管这是一个住宅区，但是这条路仍然是从欢喜山那一带通往克里弗兰公园地带的主路。

"我很喜欢尼科尔就那样拎着克洛伊的鞋子，"她说，"克洛伊把鞋子丢了，但是她并不在意。"

"谁？"卡米拉问道。

"克洛伊没有穿着鞋，不过现在艾瑞克正背着她。"安娜解释道。

"不穿鞋其实也没什么关系，地上没有玻璃。"科林说。

谈话仍然在继续，大家聊到了自己最喜欢的书店和餐馆，也聊到了孩子们放学之后的日常行程。

过了10分钟之后，同样的情形又再度上演，我抬起头看到卡米拉正跟亚历山卓和玛丽安娜站在一起，两个孩子很乖巧地把外套穿上，根本没有跟家长腻歪。尽管刚刚喝了红酒，脸上泛着兴奋的潮红，但是他们也并没有忘记该带着孩子回家了，卡米拉的肩上挂着一个背包，很平静地站在门口，与此同时孩子们在自己系鞋带。

"再见啦。"她说。

"再见。"安娜回应道。

"玛丽安娜，晚安啦。"科林说，他要留下来帮忙。

"爸爸不走吗？"亚历山卓问自己的妈妈说。

"爸爸要留下来帮忙清理地毯。"卡米拉解释道。

"谢谢啦，卡米拉，谢谢啦，亚历山卓，晚安。"安迪说。

随后，没有说一句不乐意，卡伦家的孩子们离开了这一场聚会。这跟我们在本书开头描述的混乱场景实在是有天壤之别，也跟不少多个家庭共同参与的聚会不一样，通常来说，孩子们尝到了甜头以后就不愿意走了，因为他们连续几个小时都处在失控状态。

//////

我在家长培训课程的组长和学生之中找到了同伴，同时也在邻居里面找到了同伙，这些邻居愿意接受我的育儿模式，而我也愿意接受他们对于孩子的安排。毕竟即便遵循的是同一个育儿方针，但是在不同的家庭里也会呈现出不同的面貌。

我希望大家能够明白，虽然写过一本育儿书，但是并不是说我能够为每一个孩子挑选出最恰当的策略。当然了，只有身处在一段关系当中的人，才会理解这之间的动态平衡。你不但是那个最有能力准确分析孩子需求的人，也是那个最能够满足他们需求的人。

总之，单单把自己的孩子培养成有韧性、有能力的成年人，其实是不够的，他们还需要未曾被焦虑、抑郁或者是自我怀疑搞垮的同伴、伴侣和同事。我们整个社会都应该要拥抱学徒型育儿模式，为了达成这一点，我们需要社会的支持。

你可以开始寻找那些跟自己思路类似的家长群体，甚至自己打造一个这样的群体，无论是在线上还是线下的都好，无论是通过家长群、读书俱乐部、宗教群体还是讨论小组都可以。如果你所住的地方周遭并没有其他的孩子，那就想想别的办法，在不会令孩子遇上危险的情况下，让孩子能够有机会感受那种自如随意、以孩子本身为主导、早一辈那般的游戏时光。

也许通过群体婴儿看护或普通的游戏组，就能够让你还有家人朝着更理想的育儿模式前进。如果你能看到某个家庭开始尝试新的生活模式，不再把孩子的日程都填得满满的，就会看到这样的做法对于整个社区会产生多大的影响，能够让大家都不那么痴迷于竞争型育儿大赛。

要知道在孩子不断长大以及你的生活发生变化的过程中，总会遇到一些困难，我也知道本书中所提到的某一些建议，在你看来可能很难实施。如果你一直工作到晚上六点，而孩子只能上课外托管班的话，你该怎么监督孩子做功课呢？怎样才能让一个基本上不怎么跟你说话的青少年自愿做家务，或者是答应你对他们电子设备使用的时间限制呢？可以尽情从小事情开始，就从那些最容易发生改变的情况入手。开动脑筋，迎接不同的可能性，要对自己信以为常的观念进行质疑，比如说你曾经认为"孩子的同学们每天晚上都可以玩电子设备，那我也不能把他的手机拿走了"，那么现在可以重新琢磨一下了。当你下定决心采取行动的时候，可能很难想象出会有多少家长追寻你的脚步。说不定，孩子甚至还有会欢迎这种对于电子产品使用的限制呢。

在读这本书的时候也要做笔记，把那些你认为有用的，并且能够引发自己共鸣的内容都写下来。我想每个读者记下来的内容都会略有不同，我们都是带着各自的期待和负担成为父母，每个人的性格也有所不同。有些我能够认同的行为，可能远远超过了你的舒适圈。有些我认为应该限制的行为，可能在你看来并没有什么关系。你是最了解自己孩子的人。

当你灰心丧气的时候，就重新看一看自己的笔记摘要，这样就可以回想起来当时自己为什么要走上这条改变之路,为什么要推翻既往的育儿习惯,以及为什么在家里营造出新的育儿模式。对我来说,清单上列着我希望孩子长到18岁和25岁的时候能够拥有的性格特质,我需要把目光放到长期目标上。如果我们总是控制着孩子的行为,那么他们就永远没有办法掌握自我规约的力量。

你可以再列一个清单,写上自己在这一条改变之路上所取得的胜利经验。也许你的孩子非常渴望权力,但是却在争论之中偃旗息鼓,这算是一种胜利;也许你们家两三岁的孩子愿意在上车之后系上安全带,也算是一种胜利;如果不经过拌嘴,也不需要贿赂,孩子就会自己去睡觉,在孩子入睡的时候你能够享受一小时清清静静的成人自我时光,还是一种胜利。孩子们变化得很快,所以让他们适应新的好习惯而且把关注点放在新出现的问题上,并没有多费事。每当有一个细小的胜利出现,就该好好庆祝一下,这样才能提醒自己在这一路上已经前进了多远。

去年初夏的时候,在一个星期五的晚上,我到小区里的泳池参加每周一次的家长欢乐时光,同时还为小区里面的游泳队打气。我跟两个朋友一起坐在泳池岸边聊天,靠近成年人常常聚集的野餐餐桌和椅子那边,孩子们在泳池那边吃意大利面,嘻嘻哈哈的,在我们周围也制造出一片微小的噪声。

两个男孩对着墙拍网球,跳起来想要够球,距离我们也就不过一米半远。直到我的朋友冲着那两个孩子的方向吼了一句:"球可不要砸到我!"我这才察觉到孩子们打球的噪声。

我意识到这两个孩子玩得这么野,很有可能会伤到站在附近的家长或者是小孩子。我认出了其中一个男孩,他是游泳队的,在安排他跟其他人比赛游泳的时候,我会时不时地鼓励他两句,也会问起他的兴趣爱好。我特别喜欢在游泳队做志愿工作,安排比赛就是我最爱的一项内容。

"嘿，丹尼尔，"我边说边朝他们迈了一步，"你的反射神经真好呀，刚才我还以为那个球肯定会掉到游泳池里呢，但是居然被你接住了。"

他停顿一下，用那种中性、不是特别带有敌意的眼光看着我。其实有无数10来岁的男孩子，早已经把那种带有敌意的目光升级了。

"我有点担心你们的球可能会砸到这附近的家长或者是年纪比较小的孩子，你们愿不愿意到棒球场附近的操场去玩球呢？"我面带微笑地问。

他嘟囔着同意了，然后就跟伙伴一起跑到我所说的那个操场去了。这其实也没什么大不了的，但是想想8年前我还在孩子学校的操场上、被同样是这么大年纪的男孩子们彻底无视呢，这样看来变化可着实不小了。正是因为我跟这个孩子相互之间有所联结，并且很清晰地进行了沟通，同时还对于他的能力表达了欣赏，所以我从这个男孩那里获得了在开始准备写这本书之前、完全没有办法想象的合作。

我们常常会认为要解决育儿问题，就要采取一系列能够立竿见影的措施。当然了，有些行为是应该立即制止的，遇上了孩子们在遍地是车的街上乱跑或者是咬其他孩子这类的状况，我们是没有时间慢慢想办法来解决的。这种时刻我们就必须要单方面去保护自己的孩子或是捍卫自己的理智了。但是其他的事情应该留足时间让孩子慢慢学，比如说教导孩子健康饮食以及餐桌礼仪等，孩子不但需要时间消化，你也需要时间来看看自己的教法是不是得当。要让自己有喘息的时间。

如果看完这本书，你只能吸取到一点内容的话，那么我最希望你能记住的是这一点——孩子调皮捣蛋并不是紧急情况，也不是有问题的标志，只不过是孩子成长过程中的自然环节。在面对孩子种种行为的时候，你要想办法暂停一下，从而在意识清晰的状况下作出回应。脱离反应模式可以提升你跟孩子之间的联结，能够让你有机会跟孩子进行更好的沟通，同时在你不插手的情况下，给你的孩子随机应变和培养自身能力的空间。这种思维模式转变本身，就是一个很大的进步，能够强化学徒型育儿模式的三大支柱。

航海的时候是没有办法一步就到达目的地的，必须要善用逆风的力量，从而一点一点地改变航向，迎着你的目标前进。当风不再吹的时候，你就需要改变方向了，调转船的另一边，继续朝着既定的方向前进。你仍然要继续迎风航行，来来回回地调换方向，继续以一定的角度向着目标前行。越靠近目标的时候，船越要以之字形继续前进。

有的时候风停了你就只能随波逐流，似乎看上去并没有什么进步似的，如果你变得缺乏耐心、想让船直接冲向目的地，风帆反而会被吹直，随后船也会停下来。

养育孩子都是有相似性的，孩子需要在你有爱的指引下，在生活中进行长期学习，这其间是没有捷径的。尽管我们特别想要把自己头脑当中好不容易得来的知识，全都一股脑地传给孩子，但是他们需要自己经历生活的种种，他们也必须自己探索出人生的答案。

我们的任务就是在孩子取得胜利的时候为他们欢呼，在他们跌倒的时候把他们托住。同时为孩子祈祷他们能够迎来强劲的离岸风，好让他们加速向自己的目标前进。

邀请你的孩子一起来做家务吧：2—18岁分年龄段适合家务清单

以下家务是按照一般孩子可以胜任的年龄段划分的，从小事做起，同时你要做好准备，至少在孩子8岁之前，他们做家务的时候你都是需要一起动手的。最重要的是，是你要邀请孩子来学习一项家务技能，而不是强迫他们干活。

刚学走路的孩子（2—3岁）

★ 在孩子够得着的范围内，用鸡毛掸子进行除尘

★ 给宠物的食盆里面添饭或者是倒水

★ 把脏衣服放进洗衣篮

★ 把玩具捡起来、收起来

★ 撕碎做沙拉用的生菜叶子，或者是帮忙把食材搅拌在一起

有许多这个年龄段的孩子也可以完成以下任务：

★ 在大人的帮助下收拾床铺

★ 在大人的帮助下，把干净的毛巾拿出来，换卫生纸

★ 在大人的帮助下喷水、擦窗户，清洁台面

上幼儿园的孩子（4—5岁）

这些孩子可以完成上述一切任务

* 摆放餐桌
* 帮助家长切菜并准备食物
* 从车里拿东西
* 帮忙把家里买的杂货拎进屋
* 把垃圾桶里面的垃圾倒出来
* 给室内的植物浇水
* 清理水槽的残渣
* 把袜子配成对儿，把洗好的衣服进行分类整理
* 用扫把、新型吸尘器或者是干拖把扫地
* 在大人的帮助下喷水、擦窗户，清洁台面
* 把麦片倒出来、给面包涂上黄油，以及做一些不用动火的餐食

小学低年级生（6—8岁）

这些孩子可以完成上述一切任务

* 出门扔垃圾
* 把洗碗机里洗好的碗碟拿出来，并且摆放整齐
* 清理车子的内部
* 帮忙把家里买来的杂货放好
* 用吸尘器或者是湿拖把打扫整个房间
* 在家长的帮助下，把洗好的衣服叠起来、放规整
* 喷水并且擦拭花洒以及浴缸
* 喷水并且擦拭马桶的外侧
* 洗碗

- ★ 帮忙剪枝、扫雪
- ★ 帮忙去遛宠物或者是清理宠物的笼舍
- ★ 准备课间餐,打包午餐带到学校去
- ★ 写感谢卡,或者把家庭本周需要完成的任务写出来(前提是你们家有一块区域专门用来展示本周行程)
- ★ 可以用锋利的刀来切食物,并且能够在炉子上做一些简单的饭,诸如芝士通心粉或炒蛋之类的

小学中高年级生(9—12岁)

在家长简单的监督下完成上述所有任务

- ★ 帮忙洗车
- ★ 使用洗碗机以及烘干机
- ★ 把碗碟泡起来,然后拿到洗碗机里去洗
- ★ 清理厨房的台面和水槽
- ★ 清理镜子以及整个卫生间
- ★ 做简单的餐食,比如说煎蛋或者是意大利面

十几岁(13—18岁)

可以独立完成上述所有任务

- ★ 修剪草坪
- ★ 照管一个年纪更小的孩子
- ★ 换灯泡和真空包装袋
- ★ 为全家设计并且烹饪出简单的餐食
- ★ 帮家里人买杂货或者是做其他的事情
- ★ 学着保养汽车、自行车以及其他的家用电器

精华知识要点以及延伸资讯

本书采用的并不是育儿手记而是以新闻叙述的语言呈现的。如果想要了解学徒型育儿模式的实用建议,您可以登录www.katherinerlewis.com,也可以参考本书所列举的材料。

自我管理

家长渴望保护孩子,不让他们受到任何伤害,而这么做有可能会损耗孩子的心理健康,因为冒险或者是经历困难反而能够帮助孩子学习自我管理能力。

孩子们并不缺乏好好表现的心理动机,而是缺乏相应的技巧。与其采用奖惩制度,家长应该为孩子提供自我管理的训练和榜样。

要注意分析影响孩子行为的各个因素,比如计划安排得过满、缺乏睡眠或缺乏户外活动、电子产品使用过量、膳食不均衡,或者是还没有被诊断出来的学习、注意力或者是情绪失调症。

家长的意义并不是在于确保孩子把每一件事情都做对,而是逐渐赋予孩子越来越多的独立权和责任,教会孩子获取成功所需的技巧,并且在孩子们失败的时候,做他们的情感后盾。你要把旧的育儿观念忘掉,不要再想什么样的奖惩措施能够让孩子听话,你应该琢磨的是孩子需要培养怎样的技能。

联结

同理心和肢体接触能够帮助人类进行自我管理，当父母或者是某个亲近的家属表达同理心或者是跟你进行肢体接触的时候，力量就更大了。成年人可以按照波士顿五大基本原则，通过简单的5个步骤来帮助孩子习得管理功能、情绪管控能力以及认知技巧。如果想要了解更多信息，可以登录 www.boston.thebasics.org 进行查阅。

沟通

通过问问题的形式，刺激孩子进行批判性思考，而不要直接帮他们解决问题，少说话多聆听，不要认为你很清楚问题都出在哪里，要听一听孩子是怎么说的。以对待朋友同等程度的尊重来跟孩子进行对话。为孩子提供信息，而不是直接给他们下命令。跟孩子提前商量好在什么样的情况下、以什么样的方式提醒他们遵守某些规矩，提醒的方式可以是通过动作或者眼神，而不是语言。

在打造新的沟通模式时，要记得"自己念叨随后走开"的技巧，尽可能不要说"不"，可以使用"当什么什么的时候，就怎么怎么样"的句式或者是积极语态。你也可以借鉴郝弗尔的"说服我"技巧。

不要给孩子贴标签，要描述孩子的行为，并且在你注意到他们积极品质的时候直接说出来。具体的言语反馈能够给孩子以鼓励，而泛泛的、大而化之的夸奖，有可能会让孩子泄劲。

罗斯·格林的模式囊括了积极聆听的技巧、寻找大人和孩子能够一致认同的解决方案、系统地一个个地处理问题。如果想要了解更多的信息，可以登录 www.livesinthebalance.org 网站或参阅格林的书籍，比如说最近推出的《养育有血有肉的人》。

能力

不要在学业成绩、运动表现以及艺术成就方面投入过多的关注，而是应该把注意力更多地放在情绪管理、执行功能以及生活技能上面。这样对于孩子的心理健康有好处，从而让他们养成为家庭、学校和社会做贡献的心态。

郝弗尔在书中提出了系统构建孩子各项技能的结构，可以先从小的、孩子能够胜任的事情做起，让过程变得有趣，同时家长也要跟小孩子们一起完成这些任务。

帮助孩子们找到能够提升自我管理能力的方式，无论是给孩子一个安静的角落、让孩子去远足、给孩子提供解压玩具、跟孩子谈心、给孩子一个拥抱或者是其他相关的工具，都可以。PAX 良好行为训练游戏能够在不额外侵占课堂时间的情况下，帮孩子培养社交情感技能，您可以登录 paxis.org 网站参阅详情。

不当行为就像是野草，当你以关注来浇灌的时候，它就会疯长。你要忽视那些行为，转而强调那些自己愿意看到的行为。

界限、常规和榜样

对于任何行为的后果，应该是由亲子双方共同协商决定的，而且在事先制定这些后果的时候，要秉持尊重、合理和直截了当的原则，同时保证这些结果是跟不当行为或举措有直接关联的。让孩子在经历的过程中得到教训，既没有必要斥责孩子，也没有必要在孩子心情沮丧的时候进行干预。

对于成年人自身来说，心情不好或者是在自我控制方面有困难也没问题。不要操心周围的人是怎么看待你的育儿模式的。为了给孩子树立一个健康的压力管控、冲突解决、以尊重为前提的沟通以及电子产品使用方面的榜样，你应该进行相应的学习。如果实际情况跟你预想的不一样，但仍然在可以接受的范围，那也要保持开放的心态。你要知道学习这些技能是会花费时间的。

如果孩子一直抗拒一项任务，可以让他来负责这件事，或者是找那个配合度最低的孩子帮忙。家庭作业是孩子自己需要负责的内容，如果老师布置的作业太多，你可以提议让孩子表达自我主张，或者是帮助孩子把自己的主张表达出来。使用电子产品应该是某一种特权，同时也伴随着相应的责任，尽可能不要插手兄弟姐妹的争斗，永远都不要选边站。

尽力寻找跟你持相似育儿观念的人，或者是积极打造这样的社群，来构建支持网络。使用新工具的时候要有耐心，把注意力放在解决问题上面，而不是修正孩子上面。

鸣 谢

我对于儿童行为的理解，是建立在心理学家、科研人员和教育从业者数十年来的辛勤工作和研究突破的基础上的，他们全都将自己的事业投诸这样一个重要的议题之中。对于家长培训课程当中教导过我的老师帕蒂·坎切列尔、苏·克拉克、玛琳·戈尔茨坦、琳达·杰瑟普、琳妮·马克斯和克里·马约加，我表示万分的感谢，是你们第一次启发我质疑自己长期以来对于育儿和亲子关系方面的固有念头。

我永远都要感激我的代理人理查德·潘恩愿意相信这个选题，也感谢他愿意相信书籍真的能够改变人的生活。我的手稿经过编辑本杰明·亚当斯的妥善处理，这使我感到非常幸运，我们对于这本书怀抱着同样的愿景，而且本杰明还为我提供了无价的编辑和叙事方面的指导。非常感谢伊莉莎·罗思坦以及整个墨水池管理团队为本书所做的宣传和贡献。感谢公共事务出版社和阿歇特图书集团里面的每一位工作人员，包括林赛·弗莱德科夫、皮特·加尔索、杰米·莱费尔、彼得·奥斯诺斯、克莱夫·普里德尔、梅丽莎·雷蒙德和梅丽莎·维罗尼西，是你们贡献才力，才能让这本书问世。

要不是因为莫妮卡·鲍尔林让我在杂志上面发表文章，这本书就不会出现。非常感谢莫妮卡还有她在《琼斯母亲》的另外两名同事迈克·梅凯尼克和玛丽安·思哲迪－马扎克，是他们发现了这个故事潜在的价值，并且以非常专业的态度重塑了这个故事，把它展现在公众之前。本书第 7 章的内容曾经在《琼斯母亲》杂志当中以《惩罚的终结》为名发表过。

我也对罗斯·格林、尼娜·达兰、利·罗宾逊和中央学校的老师，以及那些向我敞开家门的家长们心怀感恩，感谢他们在我还没有任何成果的情况下就愿意让我前去观摩，也感谢他们在随后的几年当中，一直都有耐心接受我的跟踪采访和情况核查。特别感谢薇琪·郝弗尔、丹尼斯·恩布里、奥林匹亚·威廉姆斯、布兰迪·戴维斯及其俄亥俄大道小学的同事们，卡迪·埃米施、梅丽莎·罗斯布莱特及其在美国儿童医院的同事们，纳迪亚·尼夫斯、乔尔·杨、宁·托特纳姆和罗纳德·弗格森，感谢大家不吝赐教，也感谢大家愿意让我参观你们的工作流程。还要对于跟我分享了个人育儿经验、对孩子的失望与希望故事的每一位家长，致以深深的感谢。

作为一个不坐在办公室里面的独立记者，我非常依赖具有深度思考能力的读者们的反馈和鼓励，感谢大家的提议以及你们的文字。我也从以下机构当中得到了勇气与灵感：

- ★ 美国国家美术馆
- ★ 那些我有幸曾经在凯瑞全球善行中心、波因特研究所、雷格岱基金会和弗吉尼亚创意艺术中心共事过的才华横溢的艺术家和作家
- ★ 华盛顿特区丰富的写作社群
- ★ 美国亚裔记者协会

有许多人为我提供了建议、及时的资讯或者是得来不易的人生经验，感谢我的导师们，感谢我的家人，在这长达 6 年的写作征程中为我提供源源不断的支持，也带给我无限激情。爸爸妈妈，感谢你们永远都陪伴在我左右，谢谢你们帮我做电子编辑、照顾孩子、接送孩子上下学，有时候这些帮助是我们事先安排好的，还有时候是临时的，

真的很感谢你们的帮忙,最重要的是感谢你们在我的事业根本看不到出路的时候,仍然对我保持着坚定不移的信心。我的孩子们既是这本书的灵感来源,也是积极参与者,麦迪、阿娃和萨曼莎,你们都令我成了更好的母亲,也令我成了一个更好的人。感谢你们让我人生的旅途中,充满了喜悦和挑战,也少不了犯傻的时刻和未知的丰富。我永远挚爱的伴侣布莱恩,在我一周又一周地为遣词造句而挣扎的时候,开开心心地挑起了照顾孩子和打理家务的重担。感谢你付出的时间和精力,感谢你能够成为我人生中、家庭里和相互了解的旅程中的真正伴侣。

参考文献

Chapter 1 孩子越来越难管，聪明爸妈怎么办？

1. Statistics on parents' time with children are taken from a Pew Research Center analysis of American Time Use Survey data by Juliana Me nasce Horowitz, Kim Parker, Nikki Graf, and Gretchen Livingston, "Americans Widely Support Paid Family and Medical Leave, but Dif fer over Specific Policies," March 23, 2017, www.pewsocialtrends.org/2017/03/23/americans–widely–support–paid–family–and–medical –leave–but–differ–over–specific–policies/.
2. Data on the drop in discipline problems were found on the Maine Juvenile Justice Advisory Group website, www.maine.gov/corrections/jjag.

Chapter 2 不听话会传染

1. Description of research from email correspondence with Elena Smirnova and her translation of Elena O. Smirnova and Olga V. Gudareva, "Igra i Proizvol 'nost u Sovremennykh Doshkol' nikov" ("Play and Intentional ity in Modern Preschoolers"), *Voprosy Psikhologii* 1 (2004): 91‐103.
2. Elena Bodrova, Carrie Germeroth, and Deborah J. Leong, "Play and Self regulation: Lessons from Vygotsky," *American Journal of Play* 6, no. 1 (2013): 111.
3. Jean M. Twenge, "Time Period and Birth Cohort Differences in Depressive Symptoms in the US, 1982‐2013," *Social Indicators Research* 121, no. 2 (2015): 437‐454.
4. Jean M. Twenge, *iGen: Why Today's Super-Connected Kids Are Growing Up Less Rebellious, More Tolerant, Less Happy—and Completely Unprepared for Adulthood—and What That Means for the Rest of Us* (New York: Simon & Schuster/Atria Books, 2017).
5. Yalda T. Uhls, Minas Michikyan, Jordan Morris, Debra Garcia, Gary W. Small, Eleni Zgourou, and Patricia M. Greenfield, "Five Days at Out door Education Camp Without

Screens Improves Preteen Skills with Nonverbal Emotion Cues," *Computers in Human Behavior* 39 (2014): 387–392.

6. Ethan Kross, Philippe Verduyn, Emre Demiralp, Jiyoung Park, David Seungjae Lee, Natalie Lin, Holly Shablack, John Jonides, and Oscar Ybarra, "Facebook Use Predicts Declines in Subjective Well-being in Young Adults," *PloS One* 8, no. 8 (2013): e69841.

7. Dimitri Christakis, "Media and Children," TEDxRainier, posted to You Tube on December 28, 2011, https://www.youtube.com/watch？ v =BoT7qH_uVNo.

8. Pooja S. Tandon, Chuan Zhou, Paula Lozano, and Dimitri A. Christakis, "Preschoolers' Total Daily Screen Time at Home and by Type of Child Care," *Journal of Pediatrics* 158, no. 2 (2011): 297–300.

9. For American Academy of Pediatrics report on kids and digital media, see Yolanda (Linda) Reid Chassiakos, Jenny Radesky, Dimitri Christakis, Megan A. Moreno, and Corinn Cross, "Children and Adolescents and Digital Media," *Pediatrics* 138, no. 5 (2016): e20162593.

10. Dimitri A. Christakis, Frederick J. Zimmerman, David L. DiGiuseppe, and Carolyn A. McCarty, "Early Television Exposure and Subsequent At tentional Problems in Children," *Pediatrics* 113, no. 4 (2004): 708–713.

11. Trina Hinkley, Vera Verbestel, Wolfgang Ahrens, Lauren Lissner, Dénes Molnár, Luis A. Moreno, Iris Pigeot, et al., "Early Childhood Elec tronic Media Use as a Predictor of Poorer Well-being: A Prospective Cohort Study," *JAMA Pediatrics* 168, no. 5 (2014): 485–492.

12. D. A. Christakis, J. S. B. Ramirez, and J. M. Ramirez, "Overstimulation of Newborn Mice Leads to Behavioral Differences and Deficits in Cogni tive Performance," *Scientific Reports* 2 (2012): 546.

13. Victoria J. Rideout, Ulla G. Foehr, and Donald F. Roberts, "Generation M2: Media in the Lives of 8- to 18-Year-Olds," A Kaiser Family Foundation Study (Menlo Park, CA: The Henry J. Kaiser Family Foundation, Jan uary 2010).

14. Kathleen Ries Merikangas, Jian-ping He, Marcy Burstein, Sonja A. Swan son, Shelli Avenevoli, Lihong Cui, Corina Benjet, Katholiki Geor giades, and Joel Swendsen, "Lifetime Prevalence of Mental Disorders in US Adolescents: Results from the National Comorbidity Survey Replication–Adolescent Supplement (NCS-A)," *Journal of the American Academy of Child and Adolescent Psychiatry* 49, no. 10 (2010): 980–989.

15. Peter LaFreniere, "Evolutionary Functions of Social Play: Life Histories, Sex Differences, and Emotion Regulation," *American Journal of Play* 3, no. 4 (2011): 464–488.

16. Sergio Pellis and Vivien Pellis, *The Playful Brain: Venturing to the Limits of Neuroscience* (London: Oneworld Publications, 2013). Peter Gray, *Free to Learn: Why Unleashing the Instinct to Play Will Make Our Children Happier, More Self-Reliant, and Better Students for Life* (New York: Basic Books, 2015).

17. Jane E. Barker, Andrei D. Semenov, Laura Michaelson, Lindsay S. Provan, Hannah R. Snyder, and Yuko Munakata, "Less-Structured Time in Children's Daily Lives Predicts

Self-Directed Executive Functioning," *Frontiers in Psychology* 5 (2014).
18. Roberta M. Golinkoff and Kathy Hirsh-Pasek, *Becoming Brilliant: What Science Tells Us About Raising Successful Children* (Washington, DC: American Psychological Association, 2016).
19. Sandra L. Hofferth and John F. Sandberg, "Changes in American Children's Time, 1981–1997," in *Children at the Millennium: Where Have We Come From? Where Are We Going?*, vol. 6, edited by Timothy Owens and Sandra L. Hofferth (Oxford: Elsevier Science/JAI, 2001), 193–229.
20. Sandra L. Hofferth, "Changes in American Children's Time: 1997 to 2003," *Electronic International Journal of Time Use Research* 6, no. 1 (2009): 26. "America's Tutor Boom: By the Numbers," *The Week,* October 13, 2011, http://theweek.com/articles/481041/americas-tutor-boom-by-numbers.
21. Liz Moyer, "Tutoring Kids: The Pressure Is On," *Wall Street Journal,* The Juggle Blog, October 13, 2011.
22. Richie Poulton, Terrie E. Moffitt, and Phil A. Silva, "The Dunedin Multidisciplinary Health and Development Study: Overview of the First 40 Years, with an Eye to the Future," *Social Psychiatry and Psychiatric Epidemiology* 50, no. 5 (2015): 679–693.
23. Richie Poulton, Simon Davies, Ross G. Menzies, John D. Langley, and Phil A. Silva, "Evidence for a Non-Associative Model of the Acquisition of a Fear of Heights," *Behaviour Research and Therapy* 36, no. 5 (1998): 537–544.
24. Richie Poulton, Ross G. Menzies, Michelle G. Craske, John D. Langley, and Phil A. Silva, "Water Trauma and Swimming Experiences Up to Age 9 and Fear of Water at Age 18: A Longitudinal Study," *Behaviour Research and Therapy* 37, no. 1 (1999): 39–48.
25. Richie Poulton, Barry J. Milne, Michelle G. Craske, and Ross G. Menzies, "A Longitudinal Study of the Etiology of Separation Anxiety," *Behaviour Research and Therapy* 39, no. 12 (2001): 1395–1410.

Chapter 3 "熊孩子"与大脑发育有关？！

1. Joseph Ledoux, *Synaptic Self: How Our Brains Become Who We Are* (New York: Viking Adult, 2002).
2. Joseph Ledoux, *The Emotional Brain: The Mysterious Underpinnings of Emotional Life* (New York: Simon & Schuster, 1996).
3. Daniel J. Siegel and Tina Payne Bryson, *The Whole-Brain Child: 12 Revolutionary Strategies to Nurture Your Child's Developing Mind* (New York: Delacorte Press, 2011).
4. Harry T. Chugani, Michael E. Behen, Otto Muzik, Csaba Juhász, Ferenc Nagy, and Diane C. Chugani, "Local Brain Functional Activity Following Early Deprivation: A Study of Postinstitutionalized Romanian Orphans," *Neuroimage* 14, no. 6 (2001): 1290–1301.
5. Vincent J. Felitti, Robert F. Anda, Dale Nordenberg, David F. Williamson, Alison M.

Spitz, Valerie Edwards, Mary P. Koss, and James S. Marks, "Relationship of Childhood Abuse and Household Dysfunc tion to Many of the Leading Causes of Death in Adults: The Adverse Childhood Experiences (ACE) Study," *American Journal of Preventive Medicine* 14, no. 4 (1998): 245–258.

6. Other resources that are helpful for understanding the ACE study include: Centers for Disease Control and Prevention (CDC), "Adverse Childhood Experiences (ACEs)," www.cdc.gov/violenceprevention /acestudy/; and ACES Too High News, "ACEs Science 101: ACEs Sci ence FAQs," https://acestoohigh.com/aces–101/.

7. Nadine Burke Harris, "How Childhood Trauma Affects Health Across a Lifetime," Ted talk video, posted to YouTube September 2014, https:// www.ted.com/talks/nadine_burke_harris_how_childhood_trauma _affects_health_across_a_lifetime/transcript ? language=en.

8. Gershoff, Elizabeth Thompson Gershoff, "Corporal Punishment by Parents and Associated Child Behaviors and Experiences: A Meta–analytic and Theoretical Review," *Psychological Bulletin* 128, no. 4 (2002): 539. Ming–Te Wang and Sarah Kenny, "Longitudinal Links Between Fathers' and Mothers' Harsh Verbal Discipline and Adolescents' Conduct Prob lems and Depressive Symptoms," *Child Development* 85, no. 3 (2014): 908–923.

9. James A. Coan, Hillary S. Schaefer, and Richard J. Davidson, "Lending a Hand: Social Regulation of the Neural Response to Threat," *Psychologi cal Science* 17, no. 12 (2006): 1032–1039.

10. George W. Brown, G. Morris Carstairs, and Gillian Topping, "Post–hospital Adjustment of Chronic Mental Patients," *The Lancet* 272, no. 7048 (1958): 685–689.

11. Jill M. Hooley, "Expressed Emotion and Relapse of Psychopathology," *An nual Review of Clinical Psychology* 3 (2007): 329–352.

12. "Criticism and the Course of Mental Disorders," in *Social Neuroscience: Brain, Mind, and Society*, edited by Russell K. Schutt, Larry J. Seidman, and Matcheri S. Keshavan (Cambridge, MA: Harvard University Press, 2015).

13. Jill M. Hooley and John D. Teasdale, "Predictors of Relapse in Unipolar Depressives: Expressed Emotion, Marital Distress, and Perceived Criti cism," *Journal of Abnormal Psychology* 98, no. 3 (1989): 229.

14. Jill M. Hooley, Staci A. Gruber, Laurie A. Scott, Jordan B. Hiller, and Deb orah A. Yurgelun–Todd, "Activation in Dorsolateral Prefrontal Cortex in Response to Maternal Criticism and Praise in Recovered Depressed and Healthy Control Participants," *Biological Psychiatry* 57, no. 7 (2005): 809–812.

15. Jill M. Hooley, Greg Siegle, and Staci A. Gruber, "Affective and Neural Re activity to Criticism in Individuals High and Low on Perceived Criti cism," *PLoS One* 7, no. 9 (2012): e44412.

16. Jill M. Hooley and David J. Miklowitz, "Perceived Criticism in the Treatment of a High-Risk Adolescent," *Journal of Clinical Psychology* 73, no. 5 (2017): 570–578.
17. Jill M. Hooley, Staci A. Gruber, Holly A. Parker, Julien Guillaumot, Jadwiga Rogowska, and Deborah A. Yurgelun-Todd, "Cortico-Limbic Response to Personally Challenging Emotional Stimuli After Complete Recovery from Depression," *Psychiatry Research: Neuroimaging* 171, no. 2 (2009): 106–119.
18. Olivia L. Conner, Greg J. Siegle, Ashley M. McFarland, Jennifer S. Silk, Cecile D. Ladouceur, Ronald E. Dahl, James A. Coan, and Neal D. Ryan, "Mom—It Helps When You're Right Here! Attenuation of Neural Stress Markers in Anxious Youths Whose Caregivers Are Present During fMRI," *PloS One* 7, no. 12 (2012): e50680.
19. Edward L. Deci, Nancy H. Spiegel, Richard M. Ryan, Richard Koestner, and Manette Kauffman, "Effects of Performance Standards on Teaching Styles: Behavior of Controlling Teachers," *Journal of Educational Psychology* 74, no. 6 (1982): 852.
20. Edward L. Deci, John Nezlek, and Louise Sheinman, "Characteristics of the Rewarder and Intrinsic Motivation of the Rewardee," *Journal of Personality and Social Psychology* 40, no. 1 (1981): 1.
21. Edward L. Deci, Allan J. Schwartz, Louise Sheinman, and Richard M. Ryan, "An Instrument to Assess Adults' Orientations Toward Control Versus Autonomy with Children: Reflections on Intrinsic Motivation and Perceived Competence," *Journal of Educational Psychology* 73, no. 5 (1981): 642.
22. Kathleen E. Anderson, Hugh Lytton, and David M. Romney, "Mothers' Interactions with Normal and Conduct-Disordered Boys: Who Affects Whom?" *Developmental Psychology* 22, no. 5 (1986): 604.

Chapter 4 老一套的育儿方法该淘汰了

1. Hesiod, *Works and Days,* 174, translation available at http://www.perseus.tufts.edu/hopper/text?doc=hes.+wd+180.
2. Julie Bort, Aviva Pflock, and Devra Renner, *Mommy Guilt: Learn to Worry Less, Focus on What Matters Most, and Raise Happier Kids* (New York: American Management Association/AMACOM Books, 2005).
3. Judith Warner, *Perfect Madness: Motherhood in the Age of Anxiety* (New York: Riverhead Books, 2005).
4. Diana Baumrind, "Effects of Authoritative Parental Control on Child Behavior," *Child Development* (1966): 887–907.
5. Avidan Milevsky, Melissa Schlechter, Sarah Netter, and Danielle Keehn, "Maternal and Paternal Parenting Styles in Adolescents: Associations with Self-Esteem, Depression, and Life-Satisfaction," *Journal of Child and Family Studies* 16, no. 1 (2007): 39–47.
6. Koen Luyckx, Elizabeth A. Tildesley, Bart Soenens, Judy A. Andrews, Sarah E. Hampson,

Missy Peterson, and Bart Duriez, "Parenting and Trajectories of Children's Maladaptive Behaviors: A 12-Year Prospective Community Study," *Journal of Clinical Child and Adolescent Psychology* 40, no. 3 (2011): 468–478.

7. Laurence Steinberg, Susie D. Lamborn, Sanford M. Dornbusch, and Nancy Darling, "Impact of Parenting Practices on Adolescent Achievement: Authoritative Parenting, School Involvement, and Encouragement to Succeed," *Child Development* 63, no. 5 (1992): 1266–1281.

8. The data on working mothers come from the Bureau of Labor Statistics and a Pew Research Center analysis of American Time Use Survey data.

9. For a description of the University of Michigan's Panel Study of Income Dynamics, see the PSID website at https://psidonline.isr.umich.edu/Studies.aspx.

10. Melissa A. Milkie, Kei M. Nomaguchi, and Kathleen E. Denny, "Does the Amount of Time Mothers Spend with Children or Adolescents Matter?" *Journal of Marriage and Family* 77, no. 2 (2015): 355–372.

11. Carol S. Dweck, *Mindset: The New Psychology of Success* (New York: Random House, 2006).

12. Angela Duckworth, *Grit: The Power of Passion and Perseverance* (New York: Scribner, 2016).

13. Daniel H. Pink, *Drive: The Surprising Truth About What Motivates Us* (New York: Riverhead Books, 2009).

14. Nadine M. Lambert, Jonathan Sandoval, and Dana Sassone, "Prevalence of Hyperactivity in Elementary School Children as a Function of Social System Definers," *American Journal of Orthopsychiatry* 48, no. 3 (1978): 446.

15. Patricia N. Pastor, Cynthia A. Reuben, Catherine R. Duran, and LaJeana D. Hawkins, "Association Between Diagnosed ADHD and Selected Characteristics Among Children Aged 4–17 Years: United States, 2011–2013," NCHS Data Brief 201 (Hyattsville, MD: National Center for Health Statistics, May 2015).

16. Jeffrey P. Brosco and Anna Bona, "Changes in Academic Demands and Attention-Deficit/Hyperactivity Disorder in Young Children," *JAMA Pediatrics* 170, no. 4 (2016): 396–397.

17. Harris Cooper, Jorgianne Civey Robinson, and Erika A. Patall, "Does Homework Improve Academic Achievement? A Synthesis of Research, 1987–2003," *Review of Educational Research* 76, no. 1 (2006): 1–62.

Chapter 5　用"学徒型"养育模式代替"命令—服从"模式

1. Vicki Hoefle, *Duct Tape Parenting: A Less Is More Approach to Raising Respectful, Responsible, and Resilient Kids* (New York: Routledge, 2012).

2. The data on sleep are from National Sleep Foundation, "National Sleep Foundation 2014

Sleep in America Poll Finds Children Sleep Bet ter When Parents Establish Rules, Limit Technology, and Set a Good Example," March 3, 2014, https://sleepfoundation.org/media-center /press-release/national-sleep-foundation-2014-sleep-america-poll-finds-children-sleep.

3. Candice A. Alfano and Amanda L. Gamble, "The Role of Sleep in Child hood Psychiatric Disorders," *Child and Youth Care Forum* 38, no. 6 (2009): 327–340.
4. Natalie D. Riediger, Rgia A. Othman, Miyoung Suh, and Mohammed H. Moghadasian, "A Systemic Review of the Roles of n-3 Fatty Acids in 9781610398381_HCtext2P.indd 246 2/8/18 1:53 PMSelected Bibliography 247 Health and Disease," *Journal of the American Dietetic Association* 109, no. 4 (2009): 668–679.
5. Lisa M. Bodnar and Katherine L. Wisner, "Nutrition and Depression: Im plications for Improving Mental Health Among Childbearing-Aged Women," *Biological Psychiatry* 58, no. 9 (2005): 679–685.
6. Edward L. Deci, Richard Koestner, and Richard M. Ryan, "A Meta-analytic Review of Experiments Examining the Effects of Extrinsic Rewards on Intrinsic Motivation," *Psychological Bulletin* 125, no. 6 (1999): 627–668.
7. Edward L. Deci, "Effects of Externally Mediated Rewards on Intrinsic Motivation," *Journal of Personality and Social Psychology* 18, no. 1 (1971): 105–115.
8. Richard M. Ryan, "Control and Information in the Intrapersonal Sphere: An Extension of Cognitive Evaluation Theory," *Journal of Personality and Social Psychology* 43, no. 3 (1982): 450–461.
9. Rudolf Dreikurs, with Vicki Stolz, *Children: The Challenge: The Classic Work on Improving Parent-Child Relations—Intelligent, Humane, and Eminently Practical* (New York: Plume 1991).
10. Betty Lou Bettner and Amy Lew, *Raising Kids Who Can: Use Good Judgment, Assume Responsibility, Communicate, Effectively Respect Self and Others, Co operate, Develop Self-esteem, and Enjoy Life* (Media, PA: Connexions Press, 1990).

Chapter 6 真诚联结：缔造强健亲子关系的第一要素

1. Myron A. Hofer, "Hidden Regulators in Attachment, Separation, and Loss," *Monographs of the Society for Research in Child Development* 59, nos. 2–3 (1994): 192–207.
2. Myron A. Hofer, "Maternal Separation Affects Infant Rats' Behavior," *Be havioral Biology* 9, no. 5 (1973): 629–633.
3. Danya Glaser, "Child Abuse and Neglect and the Brain: A Review." *Journal of Child Psychology and Psychiatry and Allied Disciplines* 41, no. 1 (2000): 97–116.
4. Betty Hart and Todd R. Risley, "The Early Catastrophe: The 30 Million Word Gap by Age 3," *American Educator* 27, no. 1 (2003): 4–9.
5. Public high school graduation rates are taken from National Center for Ed ucation

Statistics, "Public High School Graduate Rates," updated April 2017, https://nces.ed.gov/programs/coe/indicator_coi.asp.

6. The statistics on the achievement gap are from The Achievement Gap Initiative at Harvard University, "Facts on Achievement Gaps," http://www.agi.harvard.edu/projects/FactsonAchievementGaps.pdf.

Chapter 7　积极沟通：不包办、少命令，共情式聆听

1. Ross W. Greene, *The Explosive Child: A New Approach for Understanding and Parenting Easily Frustrated, Chronically Inflexible Children* (New York: HarperCollins, 1998).
2. Ross W. Greene, *Lost at School: Why Our Kids with Behavioral Challenges Are Falling Through the Cracks and How We Can Help Them* (New York: Scribner, 2008).
3. Shaun Ho, Sara Konrath, Stephanie Brown, and James E. Swain, "Empathy and Stress Related Neural Responses in Maternal Decision Making," *Frontiers in Neuroscience* 8 (2014).
4. Sara H. Konrath, William J. Chopik, Courtney K. Hsing, and Ed O'Brien, "Changes in Adult Attachment Styles in American College Students over Time: A Meta-analysis," *Personality and Social Psychology Review* 18, no. 4 (2014): 326–348.
5. Thomas H. Ollendick, Ross W. Greene, Kristin E. Austin, Maria G. Fraire, Thorhildur Halldorsdottir, Kristy Benoit Allen, Matthew A. Jarrett, et al., "Parent Management Training and Collaborative and Proactive Solutions: A Randomized Control Trial for Oppositional Youth," *Journal of Clinical Child and Adolescent Psychology* 45, no. 5 (2016): 591–604.

Chapter 8　提升自我管理能力：让孩子学会解决问题

1. Heidi R. Riggio, Ann Marie Valenzuela, and Dana A. Weiser, "Household Responsibilities in the Family of Origin: Relations with Self-efficacy in Young Adulthood," *Personality and Individual Differences* 48, no. 5 (2010): 568–573.
2. Marty Rossman, "Involving Children in Household Tasks: Is It Worth the Effort？" University of Minnesota, College of Education and Human Development, September 2002, http://ww1.prweb.com/prfiles/2014/02/22/11608927/children-with-chores-at-home-University-of-Minnesota.pdf.
3. Suicide and self-harm data are taken from CDC, National Center for Injury Prevention and Control, "Injury Prevention and Control: Welcome to WISQARS™," www.cdc.gov/injury/wisqars (accessed August 17, 2017).
4. Rashelle J. Musci, Catherine P. Bradshaw, Brion Maher, George R. Uhl, Sheppard G. Kellam, and Nicholas S. Ialongo, "Reducing Aggression and Impulsivity Through School-Based Prevention Programs: A Gene by Intervention Interaction," *Prevention Science* 15,

no. 6 (2014): 831–840.
5. Depeng Jiang, Rob Santos, Teresa Mayer, and Leanne Boyd, "Latent Tran sition Analysis for Program Evaluation with Multivariate Longitudinal Outcomes," in *Quantitative Psychology Research*, edited by L. A. van der Ark, D. M. Bolt, W.-C. Wang, J. A. Douglas, and M. Wiberg, proceed ings of the 80th annual meeting of the Psychometric Society, Beijing, 2015 (Springer International Publishing, 2016), 377–388.
6. Kenneth A. Dodge and Nicki R. Crick, "Social Information–Processing Bases of Aggressive Behavior in Children," *Personality and Social Psychol ogy Bulletin* 16, no. 1 (1990): 8–22.

Chapter 9 确立界限，才能规约行为

1. Jane Nelsen, *Positive Discipline: The Classic Guide to Helping Children Develop Self-Discipline, Responsibility, Cooperation, and Problem-Solving Skills* (New York: Ballantine, 2006).
2. Sara Bennett and Nancy Kalish, *The Case Against Homework: How Home work Is Hurting Our Children and What We Can Do About It* (New York: Crown Publishers, 2006).
3. Alfie Kohn, *The Homework Myth: Why Our Kids Get Too Much of a Bad Thing* (Cambridge, MA: Da Capo Press, 2006).
4. Emory Luce Baldwin and Linda E. Jessup, *Parenting with Courage and Un common Sense*, 3rd ed. (CreateSpace Independent Publishing Platform, 2015).

Chapter 10 放弃做完美父母，但要努力成为孩子的榜样

1. Julie Lythcott-Haims, *How to Raise an Adult: Break Free of the Overparenting Trap and Prepare Your Kid for Success* (New York: Henry Holt and Co., 2015).
2. Jessica Lahey, *The Gift of Failure: How the Best Parents Learn to Let Go So Their Children Can Succeed* (New York: Harper Collins, 2015).
3. Ronald C. Kessler, Patricia A. Berglund, Olga Demler, Robert Jin, Kathleen R. Merikangas, and Ellen E. Walters, "Lifetime Prevalence and Age-of Onset Distributions of DSM-IV Disorders in the National Comorbidity Survey Replication (NCS-R)," *Archives of General Psychiatry* 62, no. 6 (June 2005): 593–602.
4. Mental health prevalence data are taken from National Institute of Men tal Health (NIMH), "Questions and Answers About the National Co morbidity Survey Replication (NCSR) Study," www.nimh.nih.gov /health/topics/ncsr-study/questions-and-answers-about-the-national -comorbidity-survey-replication-ncsr-study.shtml.
5. Research results on meditation benefits are available at National Center for Complementary and Integrative Health, "Meditation: In Depth," https://nccih.nih.gov/health/meditation/overview.htm.

6. Kevin W. Chen, Christine C. Berger, Eric Manheimer, et al., "Meditative Therapies for Reducing Anxiety: A Systematic Review and Meta analysis of Randomized Controlled Trials," *Depression and Anxiety* 29, no. 7 (2012): 545–562.
7. Madhav Goyal, Sonal Singh, Erica M. S. Sibinga, et al., "Meditation Pro grams for Psychological Stress and Well-being: A Systematic Re view and Meta-analysis," *JAMA Internal Medicine* 174, no. 3 (2014): 357–368.
8. Jason C. Ong, Rachel Manber, Zindel Segal, et al., "A Randomized Con trolled Trial of Mindfulness Meditation for Chronic Insomnia," *Sleep* 37, no. 9 (2014): 1553–1563.

Chapter 11　持久改变：建立育儿支持网络

1. Charles Duhigg, *The Power of Habit: Why We Do What We Do in Life and Business* (New York: Random House, 2012).
2. Jennifer Wyatt Kaminski, Linda Anne Valle, Jill H. Filene, and Cynthia L. Boyle, "A Meta-analytic Review of Components Associated with Par ent Training Program Effectiveness," *Journal of Abnormal Child Psychology* 36, no. 4 (2008): 567–589.

图书在版编目（CIP）数据

不奖不罚：如何让难管的孩子拥有自控力/（美）凯瑟琳·雷诺兹·刘易斯著；张越译. —上海：上海社会科学院出版社，2020

书名原文: The Good News About Bad Behavior: Why Kids Are Less Disciplined Than Ever And What to Do About It

ISBN 978-7-5520-2981-9

Ⅰ.①不… Ⅱ.①凯… ②张… Ⅲ.①自我控制—儿童教育—家庭教育 Ⅳ.① G78

中国版本图书馆 CIP 数据核字（2020）第 036472 号

THE GOOD NEWS ABOUT BAD BEHAVIOR
Copyright © 2018 by THE GOOD NEWS ABOUT BAD BEHAVIOR
This edition arranged with InkWell Management, LLC.
through Andrew Nurnberg Associates International Limited

上海市版权局著作权合同登记号：图字 09-2019-999 号

不奖不罚：如何让难管的孩子拥有自控力

著　　者：（美）凯瑟琳·雷诺兹·刘易斯
译　　者：张　越
责任编辑：赵秋蕙
特约编辑：黄珊珊
封面设计：主语设计
出版发行：上海社会科学院出版社
　　　　　上海市顺昌路 622 号　邮编 200025
　　　　　电话总机 021-63315947　销售热线 021-53063735
　　　　　http://www.sassp.cn　E-mail：sassp@sassp.cn
印　　刷：河北鹏润印刷有限公司
开　　本：710 毫米 × 1000 毫米　1/16
印　　张：19.5
字　　数：260 千字
版　　次：2020 年 8 月第 1 版　2020 年 8 月第 1 次印刷

ISBN 978-7-5520-2981-9/G · 907　　　　　　　　　　定价：49.80 元

版权所有　翻印必究